经治财法

中国农村法治论坛　第5卷

农村土地“三权分置”法治保障研究

主编／卢代富

法律出版社 | LAW PRESS

前　言

为了繁荣农村经济法治研究，寻求化解“三农”问题的法律对策，西南政法大学中国农村经济法制创新研究中心、经济法学科点、经济法学院和经济法研究中心从2009年起举办“中国农村法治论坛”，从每次会议中遴选优秀论文集辑出版。

2016年7月2日，由中国经济法学研究会主办，西南政法大学经济法学院、经济法学科和中国农村经济法制创新研究中心承办的“2016年度中国经济法治高端论坛暨第八届中国农村法治论坛”在西南政法大学顺利举办。论坛的主题是“农村土地‘三权分置’的法律保障”，来自各地高校及实务部门的50余名专家学者参加了此次论坛。本书汇编了本次会议的优秀论文。

西南政法大学
中国农村经济法制创新研究中心
2018年3月

目　录

2016年年度“中国经济法治高端论坛暨第八届中国农村法治论坛”观点综述

房建恩*

目　次

一、农村土地“三权分置”的制度创新与政策目标

农村土地“三权分置”,是对我国农村集体土地所有权与农户土地承包经营权“两权分离”改革之后的又一次重大创新,它代表了未来农地制度改革的基本方向。根据原农业部部长韩长赋的解读,“三权分置”是引导土地有序流转的重要基础,既可以维护集体土地所有者权益,保护农户的承包权益,又能够放活土地经营权,解决土地要素优化配置的问题;既可以适应第二、第三产业快速发展的需要,让农村劳动力放心转移就业、放心流转土地,又能促进土地规模经营的形成。提出农村土地“三权分置”的重要意义何在?其政策目标是什么?要解决的核心问题是什么?对此,学者们对政策文件进行了梳理,针对我国现行农村土地制度运行中存在的问题,提出如下观点。

刘俊教授认为,农村土地“三权分置”的改革,是国家精心设计的一次重大的农村土地制度的改革,具有不亚于20世纪80年代初土地承包经营制度改革的意义。中央关于“三权分置”的政策文件,从第一次提出到之后每一次的深化,越来越正式地将农村土地“三权分置”提出来。关于农村土地“三权分置”的改革,已经不是就某一个方面的单项改革,而是一个非常重大的、关于农村土地经营制度的比较全面的改革。农村土地“三权分置”的实质,是将农村土地的实质性

* 西南政法大学经济法学院副教授,法学博士。

权利，完全固化给农户这样一个主体。农村土地承包经营权，是长久不变的、实实在在的物权。把土地经营权分离出来，目的是解决其在市场上流转的问题。

高圣平教授认为，“三权分置”的学说旨在用土地承包权表达身份、保障的性质；用经营权的问题，强调市场化因素。这一政策的提出，主要是针对现行农村土地承包经营权流转的制度设计不能满足生产资料市场配置需求的问题。

陈小君教授认为，“三权分置”是要落实集体所有权、稳定农户承包权、放活土地经营权。这三句话内涵丰富，反映了坚持公有制、保护农民权益、振兴农业发展等多重目标考量。关键问题在于是否放活、怎么放活。从现行制度设计来看，放活的主要障碍在于抵押难，这也是“三权分置”要解决的主要问题。

刘云生教授认为，“三权分置”政策话语将土地承包经营权解析为农户承包权和土地经营权，将土地承包经营权所包含的身份性和流转性区分，在强调身份性，稳定农户承包权的同时，真正的目的在于放活土地经营权，赋予其强大的财产功能和市场可变空间。

高飞教授认为，“三权分置”表达为承包权和经营权分置。政策部门想达到的最主要目的有三项：一是破除土地承包经营权流转的身份限制，解决“有承包资格的不种地，想种地的没有承包资格”的问题；二是培育新型的农业经营主体；三是解决融资难问题。经过实地调研，“三权分置”要解决的实质性问题主要是农地融资问题以及成员权收益分配问题。

管洪彦副教授通过对“三权分置”的政策脉络进行梳理，认为党的十八届三中全会以后，农村土地“三权分置”的改革思路逐渐清晰，经过“前期酝酿、明确确认、更加清晰、继续巩固”四个阶段的演变过程，“三权分置”的政策内涵和实现路径逐步明确和清晰。农村土地“三权分置”改革，是改革开放后承袭“两权分置”改革以来的持续性政策创新，代表了未来新型农地制度改革的基本方向。

房建恩副教授认为，从制度演进逻辑和政策文本解释来看，“三权分置”政策的目标具有系统性和层次性特征。第一，实现规模经营是“三权分置”的初级目标；第二，农地权利抵押融资是“三权分置”的直接目标；第三，粮食安全和农业现代化是“三权分置”的产业目标；第四，促进人地分离，提升城镇化水平是“三权分置”的社会发展目标；第五，新型工业化、信息化、城镇化、农业现代化，新“四化”同步发展是“三权分置”的终极目标。

王楚嘉处长认为，“三权分置”的改革，最核心的就是要解决二轮承包以来整个农村耕地分布小型化造成的低效，以期取得更好的经济效益和社会效益。

综上，各位专家学者对“三权分置”在宏观方面的政策意义上基本达成共识，农村土地“三权分置”的改革，是国家精心设计的一次重大的农村土地制度的改革，代表了未来新型农地制度改革的基本方向。在不突破农地制度改革三条底线的前提下，在保护农民权益的基础上，进一步促进农村土地经营权有序流转，发展适度规模经营，发展现代农业，加快城镇化进程。但在微观层面上，“三权分置”解决问题的重心或者着力点为何，是农地流转问题还是农地融资问题，尚有细微的认识分歧。

二、农村土地“三权分置”的“三权”关系和法律表达

“三权分置”政策话语的法律表达，是一个有争议的问题。如何解释农村土地“三权分置”，我们是不是要将“三权分置”摆脱传统理论的桎梏？如何理解承包经营权这一独立出来的、不同于以前“两权分离”的模式？“三权分置”的内涵是“所有权 + 承包权 + 经营权”，还是“所有权 + 成员权 + 经营权”，抑或“所有权 + 土地承包经营权 + 土地经营权”？这些问题是目前民法学界主导的“三权分置”学术讨论的论争焦点。

（一）“三权分置”下“三权”的内涵与法律表达

首先，关于“三权分置”政策法律研究或者表达的逻辑前提，大部分学者认为，“三权分置”是为了解决之前“两权分离”无法解决的问题而提出的改革部署。在对“三权分置”进行理论研究和法律表达时，要有鲜明的中国语境下的问题意识。黄河教授认为，研究问题时要从中国实际出发，不能硬套西方法学理论。我国农民集体所有权本身就是一种很特殊的制度。法律必须要有可操作性，现实中一些农村土地方面的法律没有可操作性，“三权分置”法律制度的设计要解决这个问题。张志辽教授认为，对于中央决策的认识，要考察中国有特色的决策模式。中央决策是定性、定位不定量。中央决策一般只是指示一个方向，所以政策话语并不一定是能为法学研究直接引用的术语。刘俊教授提出，农村土地“三权分置”改革涉及权利制度的设计问题，用传统的民法理论是解释不通的，必须按照解决中国问题的目标和思路，构建解决中国问题制度的理论，这才是我们应该秉持的研究方法和态度。刘云生教授提出，解释当前的“三权分置”政策，需要区分中国语境和西方语境、正名与务实的关系。当然，“三权分置”终究还是农村土地权利配置的问题，在坚持中国问题的研究语境下，相关法律关系的厘清必须在现有法律制度的基础上，实现体系性的自洽性。

其次，关于“三权分置”下“三权”的内涵与法律表达，学者们的观点如下。

刘俊教授认为，农村土地“三权分置”下三种权利的关系如下：第一，农村土地集体所有权不能被当作私权。集体所有权是在公有制理论上解决传统以土地私有制为基础不能解决的问题所设定的权利，是非常有价值的。农村土地集体所有权应向虚化的方面走，虚化是有法律价值和法律意义的，只有在设定土地承包经营权时才能发挥它的作用和意义。第二，从农村土地集体所有权上产生的土地承包经营权，是一个混合性的权利，它既包含着以成员权为基础、具有身份性、承担着保障功能的权利，也包含着以土地这样一个客体为基础的、纯粹的物权。农村土地“三权分置”的核心点在于具有身份属性的部分，留在土地承包经营权中，把作为物权的部分分离出来，作为一个独立的物权流转。这能够解决传统“两权分离”无法解决的保障性和财产性无法兼顾的问题。第三，分离出来的土地经营权是独立的、物权性的权利。

陈小君教授认为，“三权分置”政策话语的法律表达，应当符合法律逻辑、运行的实证需求以及农民的认知。集体土地所有权的意义在于终极处分权，以及土地承包经营权或者土地经营权期满之后向集体所有，也就是农民集体所有回归。坚持集体所有权的意义在于农民不会失去农民身份。稳定承包权，就是要在固化成员权的基础上保障农民权益。成员权不仅涉及农民的土地承包经营权，而且涉及宅基地使用权、集体收益分配权等权利。土地经营权应当是一种用益物

权,是土地承包经营权的剩余期限内的土地使用权的流转形成的物权性质的权利。

高圣平教授认为,“三权分置”学说的提出,受到了西方的产权经济学和制度经济学学说的影响,采取了权利束的观念。但我们现行的权利结构,是在土地所有权的基础上成立一个土地经营权,是一个物权的负担。我国民法上没有权利束的观念,没有基于英美财产法的观念。因此,“三权分置”的法律表达是个难题。从路径依赖、修法成本出发,“三权分置”的农户承包权,是指土地承包经营权,然后在土地承包经营权上设立土地经营权。如果采取“土地承包经营权 + 土地经营权”结构安排,会引发更大争议,会涉及分离出来的土地经营权的性质认定问题。主导《中华人民共和国农村土地承包法》修改的农业部的主流意见是将其认定为一项债权。但这种做法会在登记规则、债权转让规则以及抵押规则方面与现行民事法律规定存在一些冲突,这可能是需要进一步研究的问题。

刘云生教授认为,“三权分置”无法通过物债二元区分理论来解释,可以从罗马法或中国传统的经济史上得以解释。“三权分置”实际上是对民间早就出现的现象的一种认定、一种发现,而非发明。如果能够实现效率价值、安全价值,能够保护农民权利,那么集体土地所有权做实做虚,土地经营权是物权还是债权,无非就是一个技术路径、方法选择的问题。

高飞教授认为,“三权分置”将土地承包经营权分设为承包权和经营权的政策话语,不能直接替代法律表达。“三权分置”应该是所有权、成员权和农地利用权的分置。成员权是从所有权中分设出来的,而不是从承包经营权中分设出来的。土地承包经营权是用益物权,那种认为土地承包经营权中含有承包权,承包权本身具有身份性的观点,在物权法中是不能成立的。稳定土地承包经营权,实际上就是稳定成员权。通过将土地承包经营权分设为承包权和经营权,解决农地抵押融资问题,可能是比较简单化的做法,需要进一步加强研究。

宋宗宇教授认为,对于农村土地“三权分置”,中央的文件表达实际上就是三句话,即坚持所有权、稳定承包权、放活经营权。真正要有所作为的是放活,放活经营权是改革的方向。土地经营权抵押在法理上说不通,在现行法律上又有障碍,因此就要借助于权利质押来解决。未来的改革方向是,土地经营权借助于物权制定民法典这样一个契机,将其作为一个新型的物权类型。

耿卓教授提出,农地“三权分置”政策的法律表达,存在法学与经济学话语的冲突问题。政策背后的经济理论体现的是英美财产法理论,而我们是一个继受大陆法系传统的国家。英美财产法和大陆财产法理论的分歧和对接,是一个世界性难题,还需要进一步探讨。从经济学来说,对权利束或者一个财产权利可以做无数分割,以应对实践中各种不同的需求,这是英美法系的思路。但是在大陆法系是物债二分的两种权利,这是否能回应社会现实需求,是值得思考的。

袁震副教授认为,在农村土地承包经营权转包、入股、抵押、信托流转的实践中,呈现出在农村土地承包经营权上再次设定物权性耕作经营权,以实现农村土地权利“三权分置”的现实需要。“经营权”在民法典中的塑造必须立足于民法典编纂的体系化及科学化的需要,一方面需要在债权法体系内通过完善农地租赁等法律制度来实现;另一方面需要在物权法体系中通过创设相当于永佃权的新用益物权方式来实现。通过家庭承包方式获得的土地承包经营权的相当所有权属性,为物权性耕作经营权的创设奠定了借鉴永佃权及农育权制度的法理基础,物权性耕作经营权的创设并不违背同一物上不能并存互不相容的物权的原则。

王楚嘉处长认为，农村土地“三权分置”的改革，体现马克思重新建立劳动者的个人所有制的一种论证。长久稳定的土地承包权是社会主义公有制的有效实现。土地承包经营权本身是农民土地所有权的一部分权利，在某种程度上更像是自物权，由此产生的经营权更契合物权法定原则中用益物权的性质。

（二）土地经营权的物权抑或债权性质问题

“三权分置”的重要创新在于放活土地经营权。土地经营权的法律属性如何，是物权还是债权？学者对此观点不一。

大多数学者认同土地经营权是一项物权，是用益物权。刘俊教授认为，分离出来的土地经营权是独立的、物权性的权利。从登记角度来讲，要对其进行自物权性质的登记，否则，进行他物权登记流转的价值目标就难以实现。陈小君教授认为，对该问题的讨论应回到法律研究的问题意识上。土地经营权的分离主要解决抵押问题。土地经营权应当是一种用益物权，是土地承包经营权的剩余期限内的土地使用权的流转形成的物权性质的权利。张志辽教授认为，“农村土地经营权”这一概念是有出处的，《行政诉讼法》第12条第1款第7项，明确采用了“农村土地经营权”这一术语，也应属于物权法定。农村土地经营权已是物权没有任何争议。袁震副教授提出土地经营权是一种物权性质的权利，经营权分置实现的法律路径是创设物权性的耕作经营权。

农业部的主导观点认为土地经营权是债权，部分学者从物权法定的角度出发也持此观点。高圣平教授提出，主导《中华人民共和国农村土地承包法》修改的农业部的主流意见是将其认定为一项债权。宋宗宇教授和管洪彦副教授认为，在物权法定原则下，土地经营权肯定就是债权性质，不是物权性质，但将来修法的方向宜将其确定为一项用益物权。

李俊教授从大陆法系的法律演进角度提出，物债二元区分理论意义正在向实用主义变迁。租赁权完全吸收了传统永佃权的内涵。在欧洲现代农地法结构里，意大利等国家都有农业法或农业合同法，其实就是农业租赁合同法，使以租赁为中心形成了整个欧洲大陆法系的权利结构的新模式。我们不应再坚持物债二元区分，而要用实用主义的眼光去对待它。租赁时间长短并不重要，而在于如何看待租赁的责任，如何看待改良责任在租赁过程中设定在使用权人、所有人身上的不同责任。

刘云生教授认为，“三权分置”无法通过物债二元区分理论来进行解释，租赁权的物权化是个逻辑陷阱。在物权和债权的二元结构下，租赁权的位置是最难确定的，特别是不动产租赁权。只有在最具体、最特别的情形下才能得出结论，否则单纯地从债权物权二元抽象区分，是没有意义的，只能解决理论问题，而不能解决实务问题。

（三）土地经营权的登记问题

张志辽教授认为，从不动产登记的角度来讲，如果农村土地经营权来自农户承包经营取得的土地经营权，则要做两次登记：一是土地承包经营权的登记；二是农村土地经营权的登记。如果不是以农户承包的方式取得的，而是通过招标、拍卖、公开协商等方式取得的，作为权利取得人，既可以申请农村土地经营权的登记，也可以先申请土地承包经营权的登记。

王楚嘉处长认为，应该厘清经营权是物权或债权后才能进行登记。在重庆市的实践中，目前存在物权和债权两种类型的登记。物权纳入的是不动产物权登记；债权纳入的是合同的登记，仍然保留在原来的行政主管部门。纳入债权登记则未能体现物的归属，发挥物的效用。土地经营权已经具有用益物权的特点，但由于目前上位法约束，地方性法规创设用益物权困难，但可以采取在重庆市等地试点的方式，将土地经营权纳入不动产登记类型。

综合上述观点，“三权分置”作为政策话语，其法律表达涉及经济学与法学话语的冲突，法学领域尚有农户承包权与土地经营权的性质与关系之争议，中国问题与西方理论、大陆法系与英美法系财产法、正名与务实之分别。目前，学界对“三权分置”下农户承包权的认识不一，有实体性的成员权说、土地承包经营权说和资格性的成员权说等观点。多数意见倾向于将农户承包权理解为土地承包经营权，但对这种权利仍有用益物权和相当所有权或者自物权两种解释路径。关于分离出来的土地经营权，与学术界主张用益物权性质的主流观点相异，农业部的官方意见认为其是一种债权性质的权利。前者意在加强实际耕作经营者的权利，解除权利抵押的法律障碍，并主张将其纳入不动产登记；后者的发展方向是债权物权化。在此意义上，两者路径虽不同，但并无实质差别。当然，亦有学者主张摒弃物债二元区分结构。

三、农村土地“三权分置”的利益平衡和风险防范问题

保障农民权益是“三权分置”的目标和底线，能否在产权、利益明晰到农户的基础上，真正让收益尽可能落实到农户手上，也是学者普遍关心的问题。对此，既有宏观的讨论，也有关于微观层面的土地经营权流转模式中的农民利益保护与风险防范问题。

周昌发副教授认为，土地经营权人通常面临农业的高风险、低利润窘境，农民的承包权收益得不到保障，或者导致土地闲置，无法达到放活经营权的预期。主要风险包括农户的土地承包权被架空；土地保障功能异化；农村秩序混乱。获得土地经营权的市场主体在实现自身的权益的过程中，如果经营得非常好，能够受让很多土地，就可能在农产品的价格和竞价权等方面产生垄断嫌疑。如果经营得不好，则可能产生违约。

陈志教授认为，土地经营权信托流转，是放活土地经营权的一种方式。土地经营权信托流转中的潜在风险，就是农民主体地位弱化、农民诉求边缘化问题。对此，在制度设计时，要注意以下问题：一是明确产权；二是明确权责；三是适度监管；四是生态监控；五是信息监管。

李蕊教授认为，土地经营权信托流转模式具有理论上的合法性和正当性。农地流转信托的法律价值在于实现农地的“三权分置”，发现农村土地的市场资源价值；驱动城乡要素对接，破解农业要素配置难题；多维度保障农民权益。农地信托实践面临的法律障碍包括：委托主体土地股份合作社法律地位亟待确认；受托主体信托公司保障激励机制乏善可陈；信托财产登记制度付诸阙如；农地信托监管处境窘困。为此，应当建立信托机构风险保障和激励机制，包括农地信托责任保险、风险保障基金、金融财税政策支持；型构农地信托多维监管机制。同时，要构造农地信托协同监管机制，强化监督过程中的公众参与制度。

杨红朝副教授认为，“三权分离”核心还是在分离土地的“社会保障属性”和“财产属性”，但从根本上来说，两种属性冲突的解决还是一个长期过程。土地经营权不仅是一个权利问题，它还涉及土地的许多经营性风险。农民的承包权利实现，借助土地流转收益，其中涉及新型农业主体的经营风险、经营能力及信用问题。新型农业主体出于经济效益考虑，可能会改变农地用途，导

致“非农化、非粮化”问题的发生，以致土地经营权的实现具有更大的不确定性。

刘恒科教授认为，“三权分置”是在两权分离基础上农村土地产权制度的进一步改革，是因应农地流转实践中出现的基层创新的调整需要和法治回应。立法应关注和回应基层的实践和农民的创造，夯实利益协调和风险防范制度。“大地主，小佃农”可能造成流转困难，但“小地主，大佃农”问题可能引起的利益冲突及协调需要进一步论证。实践中，无论是政府推动还是市场运行的土地流转，都是将农户的土地流转收益定位为农地农用时的土地产生收益变现价值，无法承载原本土地承包经营权的价值内涵。

四、农村土地“三权分置”推进中的政府作用及保障机制

高飞教授提出，在主张土地经营权市场化流转的同时，怎样认识政府干预作用是一个需要思考的问题。现在的规模经营在很多地方已经成了政绩工程，有的流转不是自愿的，干预的倾向比较明显，反租倒包比较严重，这种现象值得警惕。

黄茂钦教授认为，农村土地“三权分置”法治保障的内在逻辑，在于处理好市场和政府之间的关系。不仅在于市场优化配置资源的“市场法治”，而且在于“政府法治”，为“三权分置”的法治保障发挥政府作用。政府作用的领域主要在于土地经营者的市场准入问题；农业市场经营秩序问题；标准化与农产品质量问题；农村基础设施建设法治保障问题等。

周昌发副教授认为，土地经营权人经营得好，就可能产生农产品的价格和竞价权垄断问题，如果经营不好，则可能产生违约，承包人的土地权益得不到保障。因此，如何从经济法的角度，在制度设计上保障和平衡土地承包权农户的私权主体以及享有土地经营权的主体之间的利益，包括国家的所有权以及社会公共利益，也就是承包权人农户和涉及广大公众的权益，是需要进一步研究的问题。

房建恩副教授认为，从中国当前社会经济发展的进程和时代特征来看，法治更应该保障的是“三权分置”政策目标的实现，以及由此可能获得的社会整体发展利益。“三权分置”政策的立法表达一定要等一个合适的立法调整窗口期，这个时机应该是在“二轮土地”承包期满之际。

在上述观点中，黄茂钦教授的观点具有一定的代表性。其认为，“三权分置”法治保障的重点是厘清市场与政府的关系；“三权分置”的法律表达主要涉及的是民法层面的“三权”权利关系和权利配置问题，是一种“市场法治”，但更要发挥好政府作用，体现“政府法治”。

五、新型城镇化与农村土地制度改革面临的其他问题

农村土地制度改革是一项涉及面广且及其复杂的系统性改革，在本次论坛上，与会专家除了围绕论坛的主题展开讨论外，还针对农村土地制度改革中的土地所有权市场构建、土地产权多元化等问题发表了观点。

邹爱华教授认为，加强新型城镇化实施，应当建构土地所有权市场。他从“人的城镇化”与市场主导的城镇化的现实需求、土地资源利用的效率等方面论证了土地所有权市场建设的必要性，还从土地所有权市场构建的可行性以及宪法修改的具体操作对土地所有权市场构建障碍克服提出了立法设想。

李昌庚副教授从2004年《中华人民共和国宪法》第10条的争议出发，提出现行宪法的规定能够适应现实需要，并无释宪或修宪的必要，但是通过审视2004年《中华人民共和国宪法》第10条的规定，反映土地产权多元化的趋势则具有现实意义。如果城市的土地也可以包括集体所有，则能够解决土地征收、农村集体所有土地流转等问题，但由于这已经属于土地所有制改革的范畴，故应采取慎重态度。

林森博士对农民宅基地和农村集体建设用地进行了交叉比较研究，从主体、性质、取得和流转方式等方面比较了两者的区别，认为这两种“建设用地”二分法存在问题。他通过对成都市和重庆市在农民宅基地和集体建设用地的抵押融资、指标交易等方面的改革进行评介，提出了宅基地通过合同单向地转化为集体建设用地的发展趋势。

于凤瑞博士从法律适用的角度，对房屋合建合同纠纷中因违法而无效时的损害赔偿责任确定问题进行了实证研究，认为裁判中的难点主要有合同无效过错比例在合同双方之间的划分以及宅基地使用权升值部分，应否纳入房屋升值的损失两个方面。她还运用公平原则、信赖利益理论和缔约过失责任等理论和观点，分析了司法实务中处理相关纠纷需要考量的因素。

农村土地“三权分置”改革的法治路径

杜志勇[*]

目　次

一、前言

2014年1月20日中共中央、国务院印发2014年中央一号文件明确提出，“在落实农村土地集体所有权的基础上，稳定农户承包权、放活土地经营权”。2014年11月中共中央办公厅、国务院办公厅在《关于引导农村土地经营权有序流转发展农业适度规模经营的意见》中首次将“坚持农村土地集体所有权，稳定农户承包权，放活土地经营权”称为农村土地“三权分置”。后历经2015年、2016年的中央一号文件及中共中央办公厅、国务院办公厅《深化农村改革综合性实施方案》和全国人大常委会《关于授权国务院在北京大兴区等232个试点县(市、区)、天津市蓟县等59个试点县(市、区)行政区域分别暂时调整实施有关法律规定的决定》等文件，至2016年3月中国人民银行等部门联合公布《农村承包土地的经营权抵押贷款试点暂行办法》，在政策层面，显然已构建起以农村土地“三权分置”为核心的新一轮农地改革蓝图。党的十八届四中全会通过的《中共中央关于全面推进依法治国若干重大问题的决定》强调，必须更好发挥法治的引领和规范作用，实现立法和改革决策相衔接，做到重大改革于法有据、立法主动适应改革和经济社会发展需要。因此，农地“三权分置”改革由政策层面上升到法律层面，是落实改革于法有据的必然选择。农地“三权分置”的法律内涵及三权之间的关系是农地“三权分置”制度化的逻辑前提，以当前农业发展现状为基础，探索“三权分置”实现路径，不仅有利于建构我国农地权利体系，更

* 厦门大学法学院民商法学博士研究生。

有利于保护农业相关主体权益。

二、农村土地"三权分置"实践基础

关于农地"三权分置"改革的讨论不能局限于问题本身,还要注重分析改革背后的现实问题,以奠定共同讨论的基础。学界关于"完善土地承包经营权权能"改革方案和农地"三权分置"改革方案的争议,[1]在性质上就是一个民法学中的事实判断问题,应以当前农业发展实践为标准做出判断。农地"三权分置"的实现路径,也理应以我国农业发展实践为基础,分析中国实际,解决中国问题。

(一)农地改革政策梳理

面对农业发展现代化转型,城乡一体化进程加快,2014 年 1 月中共中央、国务院发布的《关于全面深化农村改革加快推进农业现代化的若干意见》明确提出,农村土地"三权分置"改革,这是继党的十八届三中全会提出全面深化改革后出台的第一个指导农业发展改革文件。2015 年 11 月中共中央办公厅、国务院办公厅印发的《深化农村改革综合性实施方案》作为农业发展顶层设计,不仅明确肯定了农地"三权分置"改革,还指出了农地"三权分置"改革的具体实施路径,即"实行'三权分置',对突破现行法律法规的重大改革,要按程序报批,取得授权,在一定范围内开展试点"。随即,2015 年 12 月全国人大常委会就作出了《关于授权国务院在北京大兴区等 232 个试点县(市、区)、天津市蓟县等 59 个试点县(市、区)行政区域分别暂时调整实施有关法律规定的决定》,明确上述试点地区可以突破现行相关法律,以实现试点地区农地改革于法有据。

2016 年 3 月 15 日中国人民银行、中国银行业监督管理委员会、中国保险监督管理委员会、财政部、农业部联合印发《农村承包土地的经营权抵押贷款试点暂行办法》,允许获得土地承包经营权的农户和通过农地流转获得土地经营权的农业经营者,以土地经营权抵押获得融资。至此,在政策引导层面,显然已经形成了一个以农地"三权分置"为核心的顶层改革,但法律规范层面上目前仍存在缺位。除上述试点地区可以土地经营权抵押融资外,仍有很多地区依然在探索土地承包经营权抵押、入股合作社等流转方式,造成实践中存在两种不同的农地抵押标的。因此,有学者主张:"变革的目标就是要在纯化土地承包经营权制度功能的同时,最大限度地实现其作为独立物权的各项法律权能,将土地承包经营权真正打造成具有确定法律含义和健全权能体系的民事权利;这种功能转型和权能实现不仅是还原土地承包经营权之独立物权属性的客观基础,也是农村社会管理创新的应有之义。"[2]但基于我国农业发展现状,土地承包经营权抵押并不是

---

[1] 为表述方便,本文将法学界关于农地改革的主流观点总结为"完善土地承包经营权权能方案",即主张赋予土地承包经营权以完整的用益物权权能,使其自由流转和抵押,不再受到法律限制。以此与经济学界提出的农地"'三权分置'改革方案"相对应。法学界的主要观点可参见高圣平:《新型农业经营体系下农地产权结构的法律逻辑》,载《法学研究》2014 年第 4 期;高圣平:《农地金融化的法律困境及出路》,载《中国社会科学》2014 年第 8 期;陈小君:《我国农村土地制度变革的思路与框架——十八届三中全会〈决定〉相关内容解读》,载《法学研究》2014 年第 4 期;赵万一、汪青松:《土地承包经营权的功能转型及权能实现——基于农村社会管理创新的视角》,载《法学研究》2014 年第 1 期。

[2] 赵万一、汪青松:《土地承包经营权的功能转型及权能实现——基于农村社会管理创新的视角》,载《法学研究》2014 年第 1 期。

农业发展所急需的,土地经营权抵押制度的构建才是当务之急,农村土地“三权分置”改革方案的确定,有其自身存在的特殊价值和意义。

(二)当前农业发展现状

若赋予土地承包经营权以完整的用益物权权能,实现农地自由流转和抵押必然不是问题。但以当前农业发展实践来考察,在稳定土地承包关系长久不变的政策引导下,土地承包经营权依然承载着社会保障功能,并不能实现完全自由流转。

其一,根据农地流转数据统计分析,债权性质的土地经营权抵押才是农业发展的需求。截至2014年上半年,全国农村承包耕地流转面积达3.8亿亩,是2008年年底的3.4倍,流转比例占承包耕地总面积的28.8%,比2008年年底提高20个百分点。这反映出近几年来,我国农地流转规模呈不断增长趋势,但这只能说明农地总“流转”量在不断增加,并不能反映出具体流转方式所占的增长比例。根据《中国农业统计资料2014》有关数据(见表1、图1),其中以“转让”方式(物权流转方式)流转农地的比例只占所有流转土地2.9%,剩余97%的农地流转方式都是以非转让方式(债权流转方式)流转,即一定期限的流转,并不涉及土地承包经营权的物权变动。因此,土地经营权抵押融资主要是为了实现农业经营者土地经营抵押融资,而不是农户的土地承包经营权抵押融资。

其二,从农民生活现状分析,农地依然还承载着社会保障功能。土地承包经营权若自由流转,农民就会失去土地上的一份保障。根据国家统计局《2014年国民经济和社会发展统计公报》显示,截至2014年年末,我国农村常住人口约6.2亿人,占总人口比重45%,若加上流动人口2.53亿,农村人口近8.75亿。我国是传统农业型国家,虽然近几年从事农业的人口数量在不断减少,但是农民群体依然是一个庞大的群体,相关农地制度的设计必然会影响社会的最大范围。随着我国城市化进程不断加快,从事非农业生产的农民数量也在不断增长。根据上述统计公报,2014年我国城镇常住人口7.49亿,城镇化率54.77%,然而减去农民工人口,户籍人口的城镇化率却只有36.3%。2012年中国统计年鉴数据显示,我国农村居民平均每户常住人口3.9人,农户总数约2.5亿,农民工数量2.63亿人。若平均计算,每户就会有1个农民工,但一个4口之家仅靠一个农民工供养,是远远不够的。国家统计局发布的《2014年全国农民工监测调查报告》显示,全国农民工总量为27,395万人,但农民工人均月收入仅为2864元。很多学者在反对农地“三权分置”时提道,当前农村人口大量进城务工,从而以获得非农收入为主,不再需要耕种土地,也不需要农村土地的社会保障。可见这种理解与农民实际生活现状存在一定偏差。根据2014年中国统计年鉴数据,农村居民人均可支配收入总为10,488.9元,其中经营净收入4237.4元,占总数40.39%,农业经营性收入就包含在其中,也占不小比例。土地承包经营权是我国农民享有的最为核心的财产性利益,土地承包经营收入至今仍是农户家庭的最基本收入来源。[1] 因此,在我国现代发展转型期,土地依然是农民的重要生活保障,不能因为经济发展而危及农民的

---

〔1〕 根据调查,农产品收入在家庭收入中的比重为80%以上的占受访农户总数的17.6%,比重为50%~80%的占21.6%,两项合计占39.2%。换言之,有接近4成的农民仍把土地承包经营收入作为主要来源。这组数据来源于赵万一、汪青松:《土地承包经营权的功能转型及权能实现——基于农村社会管理创新的视角》,载《法学研究》2014年第1期。

基本生存利益。土地承包经营权依然还承载着农民的社会保障功能,完全赋予土地承包经营权权能的做法并不切合农业发展实际。

表1　2014年家庭承包耕地流转情况统计

数据＼项目	数量（公顷）	比去年增长比例（%）	占总数比例（%）
家庭承包耕地流转总面积	26,892,978	18.3	—
按流转形式划分			
转包	12,523,253	17.5	46.5
转让	796,504	7.3	2.9
互换	1,568,861	11.6	5.8
出租	8,914,540	23.8	33.1
股份合作	1,808,277	14.6	6.7
其他形式	1,281,543	11.3	4.7
按流转去向划分			
流转入农户的面积	15,696,123	14.5	58.3
流转入专业合作社的面积	5,892,512	27.3	21.9
流转入企业的面积	2,588,321	20.6	9.6
流转入其他主体的面积	2,716,023	20.6	10.0

资料来源:《中国农业统计资料(2014)》。

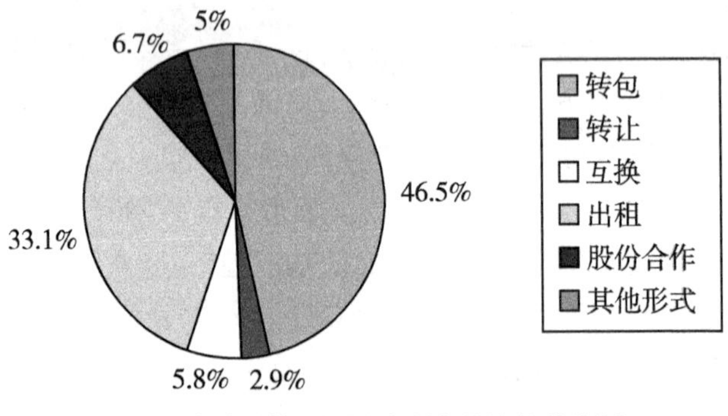

图1　农地流转不同形式所占总流转数比例

(三)农地“三权分置”文化积淀

文化是孕育一项新制度的基础和摇篮。农地“三权分置”改革的确立,与我国固有的乡土文化也有着密切联系。制度规范及其习惯权利,既是文化习惯的产物,也是文化习惯的有机构成。[1]

〔1〕参见谢晖:《论新型权利生成的习惯基础》,载《法商研究》2015年第1期。

农地“三权分置”改革产生于我国农业实践基础上，有着深厚的历史文化基础。一是集体主义对农地改革的影响，即坚持集体土地所有权。改革开放后，虽然人民公社制度被废除，但这并没有改变我国自1956年“三大改造”完成后在农村形成的集体主义观念。我国宪法所确立的基本农业经营制度，“这是历史的选择，是坚持农村基本经营制度的‘灵魂’，是实现农民共同富裕的基础，也是中国特色社会主义道路的重要制度特征”。[1] 二是传统观念对农地改革的影响，即稳定土地承包权。改革开放后，农地分配到农民手中自营，土地已成为农户所享有的最基本社会保障。当前立法中，“户”已属于我国现行民事立法认可的独立类型的民事主体，[2] 土地使用权必须具体落实到个体农户。[3] 在中国，以血缘关系为基础的家户长期居于主导地位，是整个社会的基本组织单位，是中国传统社会的“细胞”，由此形成数千年中国的家户经营传统。[4] 因此，稳定土地承包关系长久不变，就要兼顾我国农村以户为基本单位进行经营的历史传统和情感认识。三是法治理念对农地改革的影响，即有序放活土地经营权。改革开放以来，随着我国法治化水平、现代化水平的不断提升，法治理念、文化逐步深入人心，依法改革成为我国改革中的共识。要善于以法治凝聚改革共识，以法治引领改革方向，以法治规范改革程序，以法治确认、巩固和扩大改革成果。[5] 土地经营权流转必须要有法制基础、法治思维，才能实现土地经营权的有序流转。因此，农地“三权分置”改革不仅承载着传统的文化因素，而且还融入着现代文化理念。诚如马克思等经典理论家所指出的：“权利永远不能超出社会的经济结构以及由经济结构所制约的社会文化观念。”[6] 综上，农地“三权分置”改革，即坚持土地集体所有权，稳定土地承包权，放活土地经营权，在我国都有着深厚的文化基础和历史积淀。

三、农村土地“三权分置”法律内涵

农村土地“三权分置”改革有其深刻的实践背景，但土地“三权分置”的法律内涵及三权之间的关系与政策内涵并不完全等同，应运用法律的逻辑把“三权分置”的内涵表达出来，以实现其相关的法律制度构建。

（一）政策与法律之间存在张力

农地“三权分置”改革政策内涵与法律内涵不同，政策逻辑与法律逻辑不同。

首先，政策与法律之间存在一定的张力。“改革的许多成果都需要通过法律确认下来”，但改革成果上升为法律规范并非照抄照搬，需要遵循立法逻辑和规律。我国物权法已经明确将土

---

〔1〕 孙中华：《关于农村土地“三权分置”有关政策法律性问题的思考》，载《农业部管理干部学院学报》2015年第3期。

〔2〕 参见王利明主编：《民法》，中国人民大学出版社2015年版，第57页。

〔3〕 参见张千帆：《农村土地集体所有权的困惑与消解》，载《法学研究》2012年第4期。

〔4〕 参见徐勇：《中国家户制传统与农村发展道路——以俄国、印度的村社传统为参照》，载《中国社会科学》2013年第8期。

〔5〕 参见张文显：《法治与国家治理现代化》，载《中国法学》2014年第4期。

〔6〕 [德]马克思、恩格斯：《马克思恩格斯选集》（第3卷），中共中央马克思恩格斯列宁斯大林著作编译局编译，人民出版社1972年版，第12页。

地承包经营权定性为一项用益物权，是根据土地承包合同而产生的物权。若根据农地"三权分置"的政策逻辑，把土地承包经营权直接拆分为土地承包权和土地经营权两项权利，则有违法律上权利产生的逻辑。

其次，政策上的农地"三权分置"改革以经济学界的产权理论为基础，而法律中的"三权分置"应以权利配置为基础，两者建立的基础不同。对西方经济学产权理论的借鉴，还需要经过与中国具体实践相结合的过程。

再次，政策上的路径依赖不同于法律制度上的路径依赖。我国20世纪80年代建立的家庭承包制度，在政策引导下，首次实现了集体土地所有权与土地使用权的分离，在法律上建构了"集体土地所有权＋农户土地承包经营权"的权利体系。此次农地"三权分置"改革，在政策上再次提出农地权利分离。可以说这是我国农地制度变迁中的政策路径依赖，但是，第一次政策上农地权利分离与法律上所有权与使用权分离相符合，并不意味着此次权利分置改革依然直接与法律上的权利分离相符合。

最后，政策上采用农地"三权分置"而不是农地"三权分离"或"三权分立"，这也体现出两者的不同。根据《康熙字典》解释，"置"有设、立的意思。《辞海》中对"置"的解释也包含"设立"的意思。《现代汉语字典》中的"置"也有设立的意思。而根据《康熙字典》《现代汉语字典》关于"离"的解释，其都指分开、分离之义。而"立"也指独立之义。农地"三权分置"，其实暗含的是农地上三种权利分别设立的意思，体现的是一种法律逻辑，而不是纯粹的政策逻辑。2015年11月《深化农村改革综合性实施方案》也指出"放活土地经营权，就是允许承包农户将土地经营权依法自愿配置给有经营意愿和经营能力的主体，发展多种形式的适度规模经营"，此处用的是"配置"而非"分离"。综上，笔者认为，对农地"三权分置"改革内涵的理解，不能将政策认识与法律认识混为一谈，而应有法律思维。

（二）权利设定遵循法律逻辑

直接从土地承包经营权中分离出土地承包权或土地经营权，有违法律权利设置的逻辑。土地承包经营权分为土地承包权和土地经营权。前者体现农地的社会保障功能；后者体现农地的经济价值。这种解释虽然可以很好地阐释农地"三权分置"的价值取向和改革目的，但是直接将这种认识上升为法律认识，仍是欠妥当的。

首先，土地承包经营权是一项权利，而不是一个权利组合。土地承包经营权是农户享有的一项用益物权，有占有、使用、收益和部分处分权能，是一项独立的权利类型，而不是承包与经营两项权利的组合。虽然农户获得土地承包经营权，有一定的身份限制和条件，但是这种限制和条件还不足以使其成为一项独立的权利即土地承包权。

其次，土地承包经营权本身就包含了农业经营者经营土地的权利。若将其拆分为土地承包权和土地经营权，土地承包权不包括土地经营的权利，那么土地承包权就仅指获得承包土地的一种资格或条件，而一种资格或条件是很难被称为一项独立的权利类型的。有学者就主张将分离后的土地承包权定性为独立的成员权。这种解释虽然可以说明土地承包权的属性，但是并不能说明承包权的具体权利类型。成员权概念是一个抽象的法学概念，其统领和涵摄下位概念，像物权、债权等概念同样是法学逻辑抽象思维的产物，法律规范中并没有其明确的定义。王利明教授就认为,成员权是一种复合性权利,总体上可分为共益权和自益权两部分。[1] 因此,在农村集体经济组织中,农民基于特定集体成员身份,享有成员权,具体就包括土地承包经营权、宅基地使用权、村务重大事项决定权、监督权、撤销权(《中华人民共和国物权法》第63条)等。成员权概念只是说明基于一定的身份条件而享有不同的具体权利类型,其自身并不是一个独立的权利类型。将土地承包权解释为成员权,还需继续界定土地承包权是债权还是物权属性,是租赁权还是用益物权。此外,农户目前享有的土地承包经营权本身就包含了经营土地的权利,土地经营权从土地承包经营权中分离之后,若继续采用土地承包经营权的概念,那么土地承包经营权也就仅剩下形式上的意义了。

再次,土地承包权和土地经营权分别独立,难以确定两者产生的依据。土地承包权如何获得,是一项法定权利还是意定权利?土地经营权如何产生,是法定方式还是意定方式?其与土地承包经营权之间是什么关系?这些都将是理论上的难题。

复次,我国目前正在大力推进土地承包经营权登记颁证工作,农户获得的是土地承包经营权证,而不是土地承包权证和土地经营权证。若将土地承包经营权证等同于土地承包权证,那么农户是否还要申请获得土地经营权证,才能经营土地,这明显与实践相悖。若将土地承包经营权证等同于土地经营权证,那么农户如何获得土地承包权证,这又是问题。

最后,将土地承包经营权拆分为土地承包权和土地经营权的理解将与农地权利体系相冲突。我国物权法以物的所有和使用为基础而构建,形成了所有权与用益物权相区分的权利结构。若承认土地承包权与土地经营权分别独立,都认可为物权,那么两者肯定不是所有权,而将是用益物权。在农户未将土地经营权流转的情况下,其就会享有两项用益物权。用益物权包含占有、使用、收益的权能。土地承包权和土地经营权,除了权利获得的条件和行使方式不同外,两者几乎一样,这有违一物一权原则。同时,将家庭承包土地承包经营权两分,而“四荒”土地的土地承包经营权是否也“两分”,这将造成土地承包制度整体两分或体系混乱。因此,直接从土地承包经营权中分离出土地承包权或土地经营权的解释,有违法律权利设定的逻辑,也难以与农业生产实践相协调。

(三)民法学视角下的三权关系

农地“三权分置”改革,不是将土地承包经营权拆分为土地承包权和土地经营权,而是在农户拥有土地承包经营权基础上,赋予通过农地流转而获得农地经营权的农业经营者,获得独立土地经营权的法律地位,实现土地经营权自由流转和抵押融资功能。此时,农地权利就可以表达为“集体土地所有权+农户土地承包经营权+其他农业经营者土地经营权”的架构。这种解释与农地“三权分置”改革政策所提出的“坚持集体土地所有权、稳定土地承包权和放活土地经营权”的主旨并不相违。党的十八届三中全会提出,在现有的农地权利之上,稳定土地承包关系并保持长久不变。土地承包经营权作为农民享有的基本土地权利,是实现土地承包关系长久不变的权利基础。根据《中华人民共和国物权法》(以下简称《物权法》)、《不动产登记暂行条例》和《不动

---

〔1〕 参见王利明、周友军:《论我国农村土地权利制度的完善》,载《中国法学》2012年第1期。

产登记暂行条例实施细则》等相关规定，进一步完善土地承包经营权登记颁证工作，也为稳定土地承包关系长久不变奠定了坚实的基础。放活土地经营权，赋予土地经营权独立法律地位是农业现代化发展的重要途径。未来我国农地权利将形成以集体土地所有权为基础，农户土地承包经营权为核心，土地经营权为新型农地权利的土地权利体系。这既符合我国当前的国情，也为未来农业的现代化、规模化发展奠定了基础。

农业经营者通过农地流转获得的土地经营权，在法律没有明确将其定性为物权之前，其还是债权属性。通过土地承包经营权转包、出租等债权方式获得土地经营权的农业经营者，要实现其权利标的融资功能，只能选择债权质押的方式。但以土地经营权质押的方式实现农地融资功能，与我国的农业实践和质押特点并不相符。若农业经营者获得的土地经营权为物权性质，其就可以选择以土地经营权抵押的方式实现农地融资功能。根据当前农地“三权分置”改革的指导，放活土地经营权，实现土地经营权抵押融资功能，就是要赋予土地经营权以物权性质，实现农地抵押融资功能。农户在其土地承包经营权之上，为他人设定物权性质的土地经营权，是实现农地“三权分置”改革目标的关键。综上所述，通过对农地“三权分置”内涵的法律理解，改革的重点应是赋予土地经营权以物权属性，实现其自由流转和抵押融资功能。

四、农村土地“三权分置”实现路径

农村土地“三权分置”改革在依法治国背景下，由政策层面上升到法律层面，首先需厘清农地之上的权利关系，继而分步骤、分阶段修改相关法律规范，从而全面实现农地制度构建。

（一）坚持宪法统领地位

坚持依法治国首先要坚持依宪治国，坚持依法执政首先要坚持依宪执政。宪法是国家根本法，也是我国其他法律制度的基础。1982 年的《中华人民共和国宪法》（以下简称《宪法》）第 6 条确立了我国社会主义公有制性质；第 8 条则确立了家庭经营为基础、统分结合的双层农业经营体制。这两个条文其实就已明确了我国农业发展所需坚持的基本原则和基本制度，任何一项农地制度的构建都不能突破这个宪法底线。在农地“三权分置”改革中，坚持集体土地所有权，就是坚持社会主义基本经济制度。但集体作为与国家相对应的土地所有权主体，集体如何行使权利，这在法律中还缺乏明确规定。我国宪法所确立的家庭承包经营制度中，“承包经营户”的主体性质也并不清晰。“户”是一个形式主体还是一个独立实体，法律条文规定模糊。《宪法》第 10 条第 1 款规定：“城市的土地属于国家所有。”同条第 2 款规定：“农村和城市郊区的土地，除由法律规定属于国家所有的以外，属于集体所有；宅基地和自留地、自留山，也属于集体所有。”但“城市”的边界在哪里，国家是否可以任意征收集体土地？这些都有待讨论。因此，面对众多实践中所需解决的问题，要在不轻易修改宪法的原则下发挥宪法在法律体系中的统领作用，就要推动全国人大常委会依法行使解释宪法的权力，为相关改革提供法律依据。首先，解释《宪法》第 8 条关于“家庭承包经营”的具体内涵，明确家庭承包经营是以户为主体还是以农民个人为主体，以此解决土地承包经营权得失变丧及继承等问题。其次，解释《宪法》第 10 条第 1 款，界定城市范围，从而明确集体范围，为集体行使土地所有权奠定基础。最后，解释《宪法》第 10 条第 3 款，按照扩大解释方法，土地使用权不仅指国有建设用地使用权和宅基地使用权，土地经营权是一种土地使用权,也可以依照法律规定自由转让。综上,通过全国人大常委会解释相关《宪法》条款,为农地制度顶层设计提供宪法依据,有利于发挥宪法在我国法治建设中的引导作用。

(二)明晰农地权利关系

农地“三权分置”改革建立在农村集体土地之上,无论是横向还是纵向都涉及众多权利主体和不同法律关系,只有明确不同主体间的权利义务关系,才能充分实现规范构建。

首先,明确农地权利主体。其一,集体土地所有权由集体成员享有。目前我国法律还没有具体规定集体成员如何行使土地所有权,所以在未来立法中应当明确权利行使方式。笔者认为,我国立法上应从公法和私法两个视角,明确规定集体成员如何行使集体土地所有权。在公法层面上,应确立集体主体地位,界定集体土地范围,与基层自治组织厘清关系,明确集体行使权利的程序。在私法层面上,应允许集体依法自由行使土地所有权,真正实现基层群众依法自治。其二,“农户享有土地承包权”表述并不准确,土地承包经营权应该由农民个人享有,农户只是一个法律上的形式主体。在我国,无论是农村承包经营户还是个体工商户都不是一个独立的权利主体,真正的权利主体应该是“户”后面的自然人。稳定土地承包权就是稳定农民的土地承包经营权,坚持农民的土地承包权主体地位是稳定土地承包关系长久不变的必然要求。其三,放活土地经营权,意味着实现土地经营权自由流转,土地经营权主体并不受过多限制,以充分发挥市场在资源配置中的基础性作用。

其次,明确权利内容。其一,集体享有土地所有权是指集体经济组织成员对本集体范围内的土地享有所有权,即占有、使用、收益和处分权能,但权利行使应限制在法律允许的范围内。其二,土地承包经营权是用益物权,其权利主体享有占有、使用、收益等权能,但因其特殊的社会保障功能,当前法律限制其自由流转和抵押权能具有正当性。其三,土地经营权是土地承包经营权人为其他农业经营者设定的一定期限的农地利用权利。当土地经营权以债权形式存在时,其只具有相对效力,并不能抵押。当土地经营权以物权形式存在时,具有对世效力,具有抵押等权能。根据物权法定原则,只有法律赋予土地经营权物权地位时,其才具有抵押等权能。

最后,明确法律术语选择。其一,沿用土地承包经营权概念。第一,“土地承包经营权”是我国具有特色的一个概念,代表着特殊的含义和背景。土地承包经营权概念自20世纪80年代农地改革初期产生以来,已经在我国沿用了近40年的时间,法律概念的含义和其背后的改革意义都已经深入百姓心中,具有深厚的文化基础。第二,土地承包经营登记颁证工作已在全国范围内展开,改变土地承包经营权概念将造成法定权利与权利证书名称不一致的现象。第三,中共中央、国务院《深化农村改革综合性实施方案》提出,在有条件的地方开展农民土地承包经营权有偿退出试点。若放弃土地承包经营权概念而采用其他概念,则在以后农地有偿退出时就会出现退出的权利与权利名称不一致的现象,徒增改革成本和管理成本。第四,土地承包经营权是土地经营权产生的权利基础,也是农地“三权分置”内涵的体现,若改变权利名称,则将对权利体系造成一定影响。其二,使用土地经营权概念。第一,土地经营权是一项具有特定内涵的权利,与其他经营权有着明显区别。农地“三权分置”提出放活土地经营权,赋予农业经营者土地经营权以物权性质,就区别于债权性质的土地经营权,物权性质的土地经营权需要登记公示才能设立。土地经营权包含“土地”要素,其与企业经营权并不相同。第二,土地经营权概念已经在政策中广泛使用,且官方已赋予其明确含义。[1] 第三,实践中,试点地区已经开始颁发土地经营权证。但各试点地区颁发证书名称仍有所不同,应在立法上尽早统一土地经营权名称,以降低未来统一名称难度。例如,上海市《农村土地经营权抵押贷款试点实施办法》就规定在土地经营权抵押时,给当事人颁发《农村土地经营权抵押登记证》。第四,土地经营权概念只是农地新型权利的一个代称,并不会对土地经营权所代表的权利内涵造成实质性的影响。因此,在立法上选择土地经营权概念时,应综合考虑法律因素和社会因素,准确立法。

(三)确立修改法律步骤

目前,在我国民事立法中,《中华人民共和国民法通则》《中华人民共和国农村土地承包法》(以下简称《农村土地承包法》)、《物权法》等都规定了相关土地承包经营制度,却无土地经营权相关规定。即使通过对现行法律扩充解释或漏洞填补方法,也都无法构建一个完整的土地经营权制度。因此,需要促进相关立法的及时修改,明确规定土地经营权制度。2015 年 8 月全国人大常委会又一次明确把修改《农村土地承包法》列为条件比较成熟、任期内拟提请审议的第一类立法项目,这就为农地“三权分置”改革法制化提供了良好的契机。根据物权法定原则,物权的种类必须由法律明确规定,因此,修改法律可以分步进行。

第一步,修改农村土地承包法。《农村土地承包法》是我国一部专门调整农村土地承包方面的法律,是农村土地制度构建的基础。农地“三权分置”,新设土地经营权为物权,实现其自由流转和抵押的权能,首先就需要通过立法的方式予以规定。根据物权法定原则,新型物权可以由法律予以规定,《农村土地承包法》相对于《物权法》是特别法,因此,土地经营权制度可以先由《农村土地承包法》予以规定。

第二步,修改物权法。2007 年颁布的《物权法》在我国充分发挥着“明确物的归属,发挥物的效用”的作用,是调整民事财产权关系的基本法。物权法有很强的稳定性,在一般情形下,不可任意变动。但随着社会经济的发展和需要,也有必要适时调整法律相关规定。《物权法》未做修改时,可以由《农村土地承包法》规定土地经营权。在修改民法典物权篇时,明确规定土地经营权制度,确定其为一项用益物权。关于土地经营权抵押的相关规定,不必修改《担保法》,直接修改《物权法》即可。随着我国物权法的颁布实施,根据新法优于旧法的原则,《担保法》中与《物权法》相冲突的规定就已经失去效力。

五、农村土地“三权分置”制度保障

农地改革是我国城乡一体化进程中的重要一环,事关农民切身利益,是实现我国农业现代化及城乡统筹发展的必然要求。根据农地“三权分置”改革的法律内涵,应完善相关配置制度措施,一方面为农地资源市场化交易提供规范依据,另一方面也要充分保护农民切身利益。

---

〔1〕 2015 年 1 月国务院办公厅《关于引导农村产权流转交易市场健康发展的意见》(国办发〔2014〕71 号)明确将土地经营权概念界定为,以家庭承包方式承包的耕地、草地、养殖水面等经营权,可以采取出租、入股等方式流转交易,流转期限由流转双方在法律规定范围内协商确定。

（一）完善不动产统一登记制度

随着我国农业领域市场化程度不断深入，农地财产权归属清晰是农地产权流转交易的基础。我国目前大力推动土地承包经营权登记颁证工作，就为农地流转交易奠定了基础。通过农地财产权登记，可以有效保护权利人利益和交易第三方利益，维护交易安全。笔者认为，在“三权分置”改革背景下，土地经营权的设立、转让和抵押也都要进行登记。土地承包经营权虽然基于承包合同设立——这是由我国农村发展现状所决定的，但土地经营权的设立不能与土地承包经营权的设立等同。土地经营权是农户为其他农业经营者设定的用益物权，若不登记即可成立，那么其与债权性质的农地经营权没有差别。土地经营权登记设立，有利于维护交易安全，促进农地产权高效率的流转。我国《不动产登记暂行条例》第5条列举了十项不动产登记类型，最后一项是兜底条款，即“法律规定需要登记的其他不动产权利”。因此，该条例并没有局限于现有的9种不动产登记权利类型，这就为法律规定的其他需要登记的权利提供了依据。只要法律明确规定某种权利需登记设立，即可适用《不动产登记暂行条例》的相关规定。上文已述，要设立土地经营权为新型农地用益物权。首先应对《农村土地承包法》等条款进行修改，确立土地经营权为物权，在适时情况下，再通过《物权法》予以规定。只要《农村土地承包法》规定土地经营权是法定物权，那么就可以依照该条例进行登记。此外，还应根据不动产统一登记制度，明确土地经营权证书名称。针对实践中不同试点地区颁发各种各样土地经营权证书的做法，在未来土地经营权登记时，应确立统一名称，颁发统一证书。此外，确立土地经营权登记制度，还有利于保护相关当事人权利，及时化解土地经营权纠纷。

（二）健全农村产权交易平台

在农地“三权分置”改革背景下，赋予农民更多的财产权，不仅可以提高农民收入，也可以缩小城乡差距。但当前广大农村地区还缺乏一个健全的农业产权交易市场，即使农民享有众多的财产权，也难以直接在市场上交易流转。2014年12月出台的国务院《关于引导农村产权流转交易市场健康发展的意见》就指出，建立多种形式的农村产权流转交易市场和服务平台，发挥信息传递、价格发现、交易中介的基本功能，逐步发展成集信息发布、产权交易、法律咨询、资产评估、抵押融资等为一体的为农服务综合平台。现阶段我国很多地区也已经开始了农村产权交易平台的建设和试点，如黑龙江省宝清县农村产权交易服务中心、重庆市奉节县土地流转服务中心等。发挥农村产权交易平台作用，要注重以下几个方面：

首先，农村产权流转交易平台是一个服务于农村经济发展的重要组织，必须坚持以公益性为目的，不能以营利为目的，这是现阶段农村产权交易市场建立的重要原则。农业发展现代化转型是一个渐进的过程，全国各地区发展程度不一致，产权交易市场的建立还需要一个不断完善和适应的过程，因此，在初步建立产权交易市场时可以充分发挥政府的引导作用并强调公益性质的目的。

其次，农村产权交易平台的组织形式可以是事业单位法人，也可以是企业法人。农村交易平台的组织形式不同，其中所体现的管理目的也不同。随着我国治理体系和治理能力的现代化发展，很多国家强制性质的管理组织都逐步转向为社会治理和公众共同治理，体现了社会管理向社会治理的转变。农村产权交易平台的建设，可以根据一个地区的农业发展现状和农村市场发育状况，设立不同组织形式的交易平台。但无论是哪一个组织形式的交易平台，都承担着同样的职责和目的，只是其组织内部的组建形式不同。

再次，应厘清农村产权交易平台与农村产权登记机构的关系。土地经营权设立和抵押均经登记设立，但土地经营权登记机构与农村产权交易平台不同。农村产权交易平台不能担当起农村产权登记的职责，原因有三：其一，我国的不动产有统一的登记机构；其二，交易平台发挥的是促成交易的功能而不是权利登记公示的职能；其三，不动产登记由国家机关办理，彰显国家的公信力，而农村产权交易平台的机构性质不具有国家机关性质。

最后，农村产权交易平台还有乡级、县级或省级的划分，这样可以发挥上级机关对下级机关的指导作用，也便于实现产权信息的互通共享。此外，通过农村产权交易平台，可以为农户土地承包经营权抵押权和土地经营权抵押权的实现提供便利，利用大数据信息，提高抵押权实现效率。综上，农村产权交易平台建设为农村产权的查询、流转、评估和交易提供了重要的途径，对于实现农民的财产权价值和促进农业现代化发展都具有重要意义。

（三）扩展农地纠纷解决路径

在农地"三权分置"背景下，涉及的权利主体更加多样，权利义务关系更复杂，农地权利纠纷势必增长。农地权利纠纷主要有两种类型：一是农地权利归属纠纷，主要是指集体土地所有权、土地承包经营权等确权纠纷；二是农地权利利用纠纷，主要涉及农地权利行使过程中的纠纷。前者解决的途径一般为协商、行政复议、行政诉讼等方式；而后者解决的途径一般为调解、民事诉讼等方式。集体土地所有权争议一般涉及两个不同的基层自治经济组织，土地所有权一般由村民委员会代为行使，村民委员会虽然是群众性自治组织，但因其还承担一定的行政管理职能，因此，牵涉土地权属纠纷时，一般由共同的上级行政机关协调处理。上级行政机关处理此问题，具有较明显的优势，不仅较熟悉当地的情况，而且作为争议双方的共同上级机关有一定的威慑力。但是，这种方式也有其弊端，主要表现为现行法律规定，处理此类纠纷必须行政程序前置，当事人不能直接向人民法院提起民事诉讼。笔者建议，在处理这类农地纠纷时，只要不涉及基层政权和行政管理等事项，可以扩大当事人自由选择纠纷处理的路径，这样更有利于当事人之间矛盾的化解。

上述第二种类型矛盾纠纷，主要涉及土地经营合同纠纷，与基层政权的联系并没有那么紧密，因此不必设立行政裁决前置程序。然而，面对各种各样的农地权利利用纠纷，全部依靠法院裁决也不现实，有必要扩充其他的纠纷解决途径。首先，提高当事人之间纠纷防范意识，尽量在合同中约定纠纷处理的办法和方式，减少不必要的管辖权争议。其次，发挥好仲裁解决纠纷的作用。当事人经济合同纠纷可以采用仲裁的方式解决，这样不仅可以节约诉讼成本，也可以提高纠纷处理的效率。最后，引入第三方纠纷处理机制。可以在农地产权交易中心设立专门的纠纷处理程序，更便捷地处理当事人之间的纠纷。农地产权交易中心掌握着农地交易的大量信息，利用大数据存储，便于证据调取和使用。因此，根据不同农地纠纷属性设置不同的救济途径，是在农地资源市场化流转进程中高效解决农地纠纷的必然选择。

六、结语

农村土地"三权分置"改革是对当前我国农业发展现状的积极回应，也是进一步实现我国农业现代化、规模化发展，实现城乡一体化的必然选择。土地承包经营权依然承载着社会保障等公共价值,这奠定了农地“三权分置”改革的逻辑起点。“三权分置”的法律内涵决定了此次农地改革实现的法治路径,即以修改《农村土地承包法》为契机,把握民法典编纂历史机遇,最终实现农地“三权分置”的法律规范表达。以集体土地所有权为基础,土地承包经营权为核心,土地经营权为重点的农地权利体系构建,契合改革于法有据,契合改革有法可依,契合早日实现中国梦。

附:

一、修改《农村土地承包法》的立法建议

增加条款:

1. 第　条:土地经营权是指农业经营者通过与农户签订农地使用权合同,从而获得经营农地的权利。土地经营权自登记时设立,未经登记,不产生物权效力。

2. 第　条:土地经营权期限可以由当事人约定,但不得超过农户所享有的土地承包经营权剩余期限。

3. 第　条:通过农地使用权合同获得的土地经营权可以依法采取转让、出租、入股、抵押等方式流转,不需经过农户或发包方同意,但不得改变农地农业用途。

4. 第　条:农户以土地承包经营权、农业经营者以土地经营权为标的抵押的,应当办理抵押登记。抵押权自登记时设立。

5. 第　条:当抵押权不能实现时,农户以家庭土地承包经营权设定抵押的,可以将土地承包经营权采取强制管理等方式实现抵押权,不得转让农户土地承包经营权;以土地经营权直接抵押的,参照《物权法》第195条抵押权实现办法。

修改条款:

1. 修改第32条,增加家庭土地承包经营权“抵押”权能,修改后为:通过家庭承包取得的土地承包经营权可以依法采取转包、出租、互换、转让、抵押或者其他方式流转。

2. 修改第37条第1款,增加“土地承包经营权抵押备案规定”,修改后为:土地承包经营权采取转包、出租、互换、转让或者其他方式流转,当事人双方应当签订书面合同。采取转让方式流转的,应当经发包方同意;采取转包、出租、互换、抵押或者其他方式流转的,应当报发包方备案。

二、修改民法典中物权编的立法建议

增加条款:

1. 第　条:农业经营主体依照农村土地承包法的规定,对依法享有的土地经营权,可以采取出租、入股、抵押等方式进行交易流转。

2. 第　条:土地经营权自登记时设立,未经登记,不产生物权效力。

修改条款:

1. 修改原《物权法》第128条,增加家庭土地承包经营权“抵押”权能,修改后为:土地承包经营权人依照农村土地承包法的规定,有权将土地承包经营权采取转包、互换、转让、抵押等方式流转。流转的期限不得超过承包期的剩余期限。未经依法批准,不得将承包地用于非农建设。

2. 修改原《物权法》第180条第1款第3项,明确土地承包经营权和土地经营权为抵押标的,修改后为:土地承包经营权或土地经营权。

重生抑或否证？
——农地“三权分置”下的家庭承包农地继承问题

洪海林[*]　徐舒浩[**]

目　次

一、导言：农地“三权分置”背景下解决家庭承包农地继承问题的契机

土地承包经权继承问题一直是学界较关注的一个问题，党的十八届三中全会提出要“确保农村土地承包关系长久稳定”，其“长久稳定”四字被解读为进一步巩固了土地承包经营权的财产权性质，在此情势下，土地承包经营权能否继承、继承人主体范围、继承标的（土地类型）等问题再一次引发争论。就现有立法而言，2002年制定的《中华人民共和国农村土地承包法》（以下简称《农村土地承包法》）分别于第31条和第50条确认了“林地承包人”“四荒地承包人”死亡后，其继承人可以在承包期内“继续承包”（学界现在普遍承认该“继续承包”的说法就是指继承法上的继承），却并未交代家庭承包农地下承包经营权的继承问题，而当下之争论也多是围绕家庭承包农地可否继承而展开。〔1〕与此同时，中共中央、国务院连续3年在中央一号文件中，给予农村土地权利体系“三权分置”构设以充分关注，使“夯实土地使用权”与“做虚土地所有权”并行的土地权利改革总体价值方向渐趋清晰，也在一定程度上为土地承包经营权可否继承的讨论提供了一个实质性的契机：一方面，权能分离、重组后的农户承包权是否还适于继承？另一方面，在被设计为一项纯粹的财产权利后，土地经营权是否当然能够继承？在梳理学界现有观点的基础上，本文将对学界的部分学理解释、政策解读作出回应，以期为厘清上述问题作出一些有益尝试。

---

* 西南政法大学副教授，法学博士。
** 西南政法大学民商法学院硕士研究生。

〔1〕本文中出现的土地承包经营权，若无特别说明，概指家庭承包农地的承包经营权。

二、学理论争的流变——以《物权法》为分水岭

自20世纪70年代末开始，我国实行的家庭联产承包责任制，通过将土地权属关系与土地使用关系相分离，而构造了土地集体所有权与土地承包经营权“两权分置”的农村土地权利体系基本结构。自此以后，关于土地承包经营权的性质问题便存在颇多说法，在一定程度上影响人们对于家庭承包农地可否继承的判断。而围绕家庭承包农地之继承，历来有肯定论与否定论之争，随着时间推移，争论双方攻守之态势、论证之理据又有微妙差别，大体可以《中华人民共和国物权法》（以下简称《物权法》）的颁布为分水岭，分为两个阶段。

（一）第一阶段

《物权法》出台前，否定论者主张土地承包经营关系是承包合同关系，承包人死亡后的“继承人继续承包”是合同的法定概括移转，属于合同主体变更，而不涉及继承问题。[1] 况且农地所有权人是集体或者国家，土地承包人享有的承包权属于承包经营合同所创设之经营管理权，而非财产权，固然无法继承。[2] 而肯定论者驳之以土地承包经营权的用益物权与财产权属性，认为在承认土地承包经营权为财产权的前提下，唯有赋予其继承权才能体现该种权利完整的用益物权价值。[3] 由于长期以来土地承包经营权的财产权性质都无法得到立法的明示肯认，否定论的上述理由在很长的一段时间内都较强势。

（二）第二阶段

然而，随着2007年《物权法》的出台，形式陡然逆转，《物权法》将“土地承包经营权”（第十一章）设专章规定于第三编“用益物权”之下，表明在立法层面正式承认土地承包经营权的物权属性。基于此，以债权债务关系来总括土地承包关系显然已经无法涵盖土地承包经营权的所有权能，而在用益物权背景下，土地承包经营权的继承被肯定论者看作其处分权能的必然延伸，此其法理论基础层面。在法政策考量上，肯定论者更是认为，无论是1985年《中华人民共和国继承法》、1993年《中华人民共和国农业法》抑或2002年《农村土地承包法》都在家庭承包农地的继承问题上采取了模糊处理的策略，既未明确肯定，亦无当然排斥，这实际上是为法构造层面作肯定性尝试创设了空间，[4]此为其一。其二，党的十七届三中全会《中共中央关于推进农村改革发展若干重大问题的决定》提出要“赋予农民更加充分而有保障的土地承包经营权，并且现有土地承包关系必须保持稳定并坚持长久不变”，5年之后的党的十八届三中全会《中共中央关于全面深化改革若干重大问题的决定》进一步将“确保农村土地承包关系长期稳定”中的“长期稳定”修改为“长久稳定”，一字之差，却昭示了农村土地制度的某种深层次变革，土地承包经营权的财产权

---

〔1〕 参见彭万林主编：《民法学》，中国政法大学出版社1994年版，第734～737页。

〔2〕 参见刘春茂主编：《中国民法学·财产继承》，中国人民公安大学出版社1990年版，第99～100页。

〔3〕 参见丁关良：《土地承包经营权若干问题的法律思考——以〈农村土地承包法〉为主要分析依据》，载《浙江大学学报》（人文社会科学版）2004年第3期。

〔4〕 参见汪洋：《土地承包经营权继承问题研究——对现行规范的法构造阐释与法政策考量》，载《清华法学》2014年第4期。

性质得到进一步肯认，其作为用益物权的存续期限性亦被淡化，有学者甚至指出，这一宣誓表明土地承包经营权将被“永佃化”，其享有继承权当为土地承包经营权永佃化的逻辑必然。[1] 应该看到，《物权法》颁布之后，肯定论者“咄咄逼人”，而否定论则退于守势。

（三）新近的观点

值得注意的是，新近以来，否定家庭承包农地继承性的学理论据逐步转向对集体经济组织成员权的阐释：在法构造上，以“农户”为单位的家庭承包方式规避了单个承包户成员去世时其承包份额的继承问题，故承包关系的变更仅发生在“绝户”或承包期限届满这两种情形下；在法政策上，承包地的所有权属于集体经济组织，这种所有权关系在一定程度上派生出农民在集体经济组织中的成员权身份。质言之，在集体经济组织沦为集体经营性资产、土地资源性资产所有权的虚位主体时，成员权身份能够使其归于实在，即将农民还原为所有权主体。在此基础上，又发展出两种观点：最高人民法院认为，家庭承包是集体经济组织内部的一种生产方式，其目的是使人人都享受集体土地资源产生的福利，所以家庭承包首先具有社会保障的功能，若集体经济组织外部的人通过继承方式取得承包经营权，则会损及集体内部农民的福利保障，其成员权的保护功能亦无从体现。[2] 刘宝玉教授则指出，成员权保障在法律制度设计上已昭然若揭，尤其体现于不同种类承包地的取得在程序和权利范围上的差异。例如，家庭承包农地的取得主体限定为农户，取得方式为“平等、协商、公平合理”取得，取消农业税且流转上作出种种限制；而“四荒地”的取得则以竞价为原则，尚需缴纳税费，流转上亦无限制，难以察觉立法者有社会保障的意图。[3]

在对土地承包经营权用益物权性质做出妥协的前提下，否定论者从社会保障的功能论视角出发而限制用益物权的处分权能，这一立场立刻招来学者的批判。郭明瑞教授认为，土地承包经营权不是为特定人设定的人役权，不具人身专属性，家庭承包农地所具有的社会保障功能亦不能阻止其享有继承性，否则用益物权的财产价值难以得到彰显。[4]

（四）小结

本文认为，《物权法》出台之后，理论氛围上的总体风向对肯定论较有利，否定论新近提出的论据，难以撼动土地承包经营权以财产权（物权）名义所设定的种种权利，其中就包括继承权。然而，不得不指出的是，土地权利“三权分置”构设的实现将会在整体上扭转学理层面的共识。继2014年与2015年两个中央一号文件之后，2016年中央一号文件第三次提出农村土地集体所有权、农户承包权、土地经营权之间“三权分置”的土地权利构设，其表述也从2015年的“界定三权之间的权利关系”进一步深化为“完善‘三权分置’办法，明确农村土地承包关系长久不变的具体规定”。在此情势下，土地承包权向集体成员权回撤（做虚所有权），土地经营权向土地使用权

---

〔1〕 参见高圣平：《新型农业经营体系下农地产权结构的法律逻辑》，载《法学研究》2014年第4期。

〔2〕 参见最高人民法院民事审判第一庭编：《最高人民法院农村土地承包纠纷案件司法解释理解与适用》，人民法院出版社2005年版，第51页。

〔3〕 参见刘宝玉、李运扬：《农村土地承包经营权的继承问题探析》，载《北方法学》2014年第2期。

〔4〕 参见郭明瑞：《也谈农村土地承包经营权的继承问题——兼与刘宝玉教授商榷》，载《北方法学》2014年第2期。

靠拢(做实使用权)的政策逻辑已然显现。毫无疑问,在未来土地权利改革话语下,真正有价值的问题在事实上已从“土地承包经营权可否继承”转化为“农户承包权与土地经营权各自分别可否继承”。在本文看来,就学理逻辑与政策导向而言,不但还原为集体成员权的农户承包权不可继承,由于土地经营权具有一种“为他人设定权利”的先天结构,虽贵为一项纯粹的财产权利,但同样无法被承包人的继承人所继承。

三、农地“三权分置”下家庭承包农地继承问题之再考量

(一)农地“三权分置”的源起与批评

农地“三权分置”的提法脱胎于“两权分置”,最早又被叫作“三权分离”。“两权分置”虽早已有之,却迟至《物权法》颁布后才最终以物权体系的形态固定下来。然而,我国经济学界依然认为土地集体所有权与土地承包经营权二分的结构对唤醒土地规模经营、盘活土地要素资源、拓宽农业融资方式构成实质性的阻碍,便主张将农村集体土地产权二分结构进一步分割,形成三种权利:集体所有权、农户承包权、土地经营权。其中,土地所有权归属集体经济组织,自不待言。土地承包权由农民保留,具体权利则由家庭承包户行使,土地经营权依法流转(包括抵押、入股)。由此,在农地生产耕作领域,农户在保留土地承包权的同时可选择析解出土地经营权,将土地经营权转让、出租、抵押、入股等,从中获取对价、资本或者收益。[1] 在他们看来,通过“三权分离”梳理土地产权关系,一方面,可以尊重农民的集体组织成员身份,稳定发包方与承包方之间的承包关系;另一方面,可以盘活土地要素,提高土地资源的产出效率和融资能力,做到“保护承包权以求公平,用活经营权以求效率,实现公平与效率有效统一”。[2]

起初,法学界对于“三权分置”的土地产权设计是强烈质疑的。丁关良教授指出,土地承包权和土地所有权、土地承包经营权就性质而言不在同一层次。前者严格来讲是取得土地承包经营权的主体资格,且土地承包经营权是一项完整的权利,依物权法定原则与一物一权原则,不能够被分割为内涵和性质均无法界定的“土地承包权”与“土地经营权”。[3] 而在高圣平教授看来,“三权分离”论的逻辑起点是将土地承包权还原为带有强烈身份性质的集体经济组织成员权,而通过土地经营权的流转来最大限度盘活土地资源性资产的利用效率,达到收益最大化,势必要动摇土地承包经营权的物权保护,它“在一定程度上反映了我国农地产权制度演进过程中的路径依赖”。

但是,上述观点并未被立法者采纳。2014 年 11 月中共中央办公厅、国务院办公厅印发《关于引导农村土地经营权有序流转发展农业适度规模经营的意见》,在其基本原则中提出要“坚持农村土地集体所有权,稳定农户承包权,放活土地经营权”,在具体措施中强调“抓紧研究探索集体所有权、农户承包权、土地经营权在土地流转中的相互权利关系和具体实现形式”。2015 年 2

---

〔1〕 参见傅晨、刘梦琴:《农地承包经营权流转不足的经济分析》,载《经济体制改革》2005 年第 6 期。

〔2〕 张红宇:《农业规模经营与农村土地制度创新》,载《中国乡村发现》2013 年第 2 期。

〔3〕 丁关良:《农村集体土地产权三权分离论驳析——以土地承包经营权流转中“保留(土地)承包权、转移土地经营权(土地使用权)”观点为例》,载《土地经济与管理》2009 年第 4 期。

月1日发布的中央一号文件延续了上述立场。中共中央、国务院《关于加大改革创新力度加快农业现代化建设的若干意见》指出：“抓紧修改农村土地承包方面的法律，明确现有土地承包关系保持稳定并长久不变的具体实现形式，界定农村土地集体所有权、农户承包权、土地经营权之间的权利关系。”显然，鉴于农村土地制度具有强烈的政策导向性，因此，固守理论周延的阵地，排斥“三权分置”的态度已经独木难支。

（二）农地“三权分置”否定家庭承包农地继承性的逻辑线索

随着2015年中央一号文件的出台，采取解释论立场，为“农户承包权”“土地经营权”的权利形式争取一种圆满物权表达的观点在法学界开始占据主流。为调和农户承包权与土地经营权的兼容并存问题，两种最新的解释引人注意：第一种解释认为，“三权分置”下的土地承包经营权原是一完整物权，当农民自主经营承包土地时，该项权利并不分割或者衍生出其他权利，唯当农户在该项用益物权之上再行设立一项土地经营权时，农户所有之土地承包经营权方转化为使用权能与占有权能受限的“土地承包权”。质言之，农户为他人设定的土地经营权乃是在其原用益物权之上再行创生一项用益物权，或谓“权利用益物权”，农户保留的土地承包权必须容忍该项权利，让渡部分权能，[1]根据该种解释之特质，本文暂拟其为“派生论”。第二种解释针锋相对，认为“三权分置”并非旨在原有土地承包经营权之上新设一个用益物权，而是要通过“权能分解”来重构并厘定“承包”与“经营”这两种目的与功能均迥异的权利。而权能分离（通过土地流转）后农户所保留的那部分权能还原为土地承包权，因流转而分离出去的部分权能则汇集成土地经营权，[2]本文将此观点称为“分离论”。

在这里，一个前置性的问题是，若赋予继承人对于家庭承包农地的继承权，则继承标的究竟是土地承包权还是土地经营权？或许可以认为，对于农户而言，其起初取得的权利就是一项完整权利——土地承包经营权，若该项权利可以继承，则其派生或者分离出的权利亦可继承，自不待言。但也应当注意，在“三权分置”推行之后，农户承包权与土地经营权已经被不同权利主体享有，原土地承包经营权作为一种完整的权利形式实不复存在，这是讨论继承问题的既定前提与真实情境。因此，作为一种方法论选择，在农地“三权分置”下将农户承包权与土地经营权提炼出来并单独考察，或许是一种更加现实的做法。

1. 土地承包权

土地承包权的首要目标是稳定，“稳定”在土地法意义上便是抑制流转，无论是“派生论”还是“分离论”都强调相对于土地经营权，土地承包权与原权利（土地承包经营权）以及土地集体所有权的关系更加密切，恰好说明了这一点。在“三权分置”改造过程中，如果说“派生论”还是在原有用益物权之上新设用益物权，因而保留了土地承包权的物权属性，那么“分离论”为了实现权利稳定的目标，则是对土地承包经营权权能进行了彻底解构。虽然，分离之后的土地承包权依然确定为物权，但该种物权是否名存实亡、形同虚设则是值得重新考量的。我们知道，土地经营权可以依法转让，也可以设定抵押、入股或者信托，是“三权”之中最活跃的一项权利，故而拥有

[1] 参见朱继胜：《论“三权分置”下的土地承包经营权》，载《河北法学》2016年第3期。

[2] 参见李国强：《论土地流转中“三权分置”的法律关系》，载《法律科学》2015年第6期。

原土地承包经营权的绝大多数权能，而农户所保留的权能是否能使土地承包权成为实际上的一项物权，因而具有可继承性，不无疑问。甚至远为复杂的是，未来的立法者在剥离出土地承包经营权的“经营权”后，为了达至平衡，势必要从土地所有权中析解出部分权能来补偿土地承包权，防止其空心化，所以，土地承包权看似退化为集体经济组织身份权，实则已具有更复杂的权利结构。本文认为，在所有权与身份权的混合设定下，土地承包权的权利可分解为如下几点。

(1)成员权。成员权通常基于共有关系产生，在农村土地权利关系中则是基于集体土地成员身份产生，并成为土地集体所有权与土地经营权之间的纽带，对于前者可以主张承包人身份的维持权，对于后者可以在流转期限届满后主张土地经营权收回权。

(2)流转收益权。在土地经营权依法转让时，承包人享有土地承包权与土地经营权分离的对价请求权；在土地经营权依法抵押时，承包人享有相应的担保利益；在土地经营权依法入股、信托时，承包人享有相应出资、分红、收益的利益。

(3)退出权。退出权包含了一项本权利与数项从权利，本权利即是为退出的意思表示并达致承包经营权消灭、承包地收回之法律效果的形成权。从权利包括了土地征收补偿费请求权、土地承包经营权退出补偿请求权等。

“分离论”为土地承包权所厘定的权能体系在本质上依赖于一项核心权利——成员权，成员权是土地承包权稳定的根本，也是其他两项权利的前提，没有成员权则不可能存在流转收益权与退出权，流转收益权与退出权均由成员权派生，并受成员权属性(承包期限、承包地四至、承包地性质等)的限制。如此，土地承包权便无法回避一种人身专属性或者成员专属性的问题，在土地承包经营权继承问题的否定论者看来，这恰好证明家庭承包农地具有某种鲜明的“人役性”色彩。所以，分离论似乎在逻辑上否定了土地承包权的可继承性。

相较于“分离论”，“派生论”未进行权能分解，而将土地承包权保留为一项完整的用益物权，是否就避免了上述逻辑推理的结果呢？恐怕不然，原因在于“派生论”在自身立论的成立上需要面临一个追问，即用益物权之上是否可再设定一个用益物权，这一追问最终又归结为两个更加深层的问题：用益物权权能中的“占有”是否包括“间接占有”？若原用益物权消灭，派生用益物权是否当然消灭？本文认为，若“派生论”不能回应上述问题，它便无法给予土地承包权一种逻辑自洽的物权形态，更妄称证成土地承包权的可继承性。

2. 土地经营权

根据中共中央办公厅、国务院办公厅印发的《关于引导农村土地经营权有序流转发展农业适度规模经营的意见》的规定，土地经营权同样不可被承包人的继承人继承。我们知道，土地承包经营权流转的制定法依据一般是指《农村土地承包法》第32条以及《物权法》第128条，《物权法》第128条规定土地承包经营权人可通过“转包、互换、转让等方式”流转，《农村土地承包法》第32条的规定亦同，仅“出租”方式由于政策原因并未被《物权法》采纳，两部法律都对流转采取了开放性的列举方式，即在“等”外尚有创新流转形式之空间，很多学者借此认为该立法策略为“继承方式”流转的法构造保留了余地。可见，继承被认为是土地承包经营权的流转方式，[1]当

[1] 参见石胜尧：《土地承包经营权的继承：流转的依据与对策》，载《中国土地科学》2010年第1期。

属无异议。在上述国务院意见中，“实现所有权、承包权、经营权‘三权分置’，引导土地经营权有序流转”所指向的流转对象乃是土地经营权，而非土地承包权。这意味着即便继承人可以继承承包土地，其继承的标的也应当是土地经营权，而非农户承包权。然而，土地经营权相较于农户承包权而言具有一定程度上的派生性，根据“派生论”，它是依承包人的处分（创设）行为而产生，根据“分离论”，它的权能依赖于承包人“分离权能”的意思表示。于是问题便产生了：第一，承包户可否自己保有土地经营权？第二，当承包人在承包期届满前死亡（绝户）时，土地承包权消灭，土地经营权焉可独立苟存？

第一个问题关系到土地经营权设立的时间点，现有观点大都认为，土地经营权设立的时间点与承包人向他人转包、出租、抵押、入股等行使流转权利的时间点重合，实际上，也只有向他人处分土地承包经营权时，土地经营权才会被创设，此谓土地经营权具有“为他人设权”的先天结构。所以，不存在承包户自己保有土地经营权的可能性。但是还需注意，在承包户依法行使土地经营权收回权后，被收回的土地经营权是否当然消灭，这是值得考量的。例如，承包户甲为乙设立土地经营权，乙将土地经营权抵押给善意的丙，甲此后行使土地经营权收回权，若采取土地经营权当然消灭的立场，则势必要减损丙的担保利益，在这种情况下，是否应当允许土地承包人保有土地经营权，需要将来立法充分斟酌。第二个问题在将来立法中可能会有两种解决方案：其一，若承包人在承包期届满前死亡（绝户），土地承包权消灭，同时土地经营权也罹于消灭。在这种情况下，承包人继承人的继承也就不可能发生；其二，若承包人死亡（绝户）后，土地经营权并未随土地承包权的消灭而消灭（经营权人所享有之土地经营权可直接对抗土地所有权人），则继承主体当为土地经营权人的继承人，而非承包人的继承人。原则上，土地承包人不能保有土地经营权，故土地经营权人的继承人与承包人继承人不会出现重合，在例外情况下，土地承包人可以保有土地经营权，但该种“保有”仅是法律为兼顾第三人合法权益所作的拟制，不应视为对土地承包人继承人继承权的承认。所以，虽贵为一项涤除了“身份性”的纯粹财产权利，但土地经营权依然无法成为家庭承包户继承人继承的标的。

（三）小结

总之，由于“稳定农户承包权，放活土地经营权”这一土地权利改革逻辑的存在，农户承包权在土地集体所有权与集体经济组织成员权的双重设定下无法成为继承的客体，而由于土地经营权的派生性与依附性，在将来的立法中，若承包人死亡（绝户），无论土地经营权是否随着农户承包权的消灭而消灭，都不发生继承（而土地经营权人的继承人如何继承土地经营权，有待立法明确）。可以预见的是，若“三权分置”构设在将来立法中落实，家庭承包农地的可继承性将会更加黯淡。

四、余论：现有政策表述支持家庭承包农地的继承吗

（一）“土地承包关系”的长久稳定还是“土地承包权”的长久稳定

党的十七届三中全会通过的《中共中央关于推进农村改革发展若干重大问题的决定》提出要“赋予农民更加充分而有保障的土地承包经营权，并且现有土地承包关系必须保持稳定并坚持长久不变”，这里的“长久不变”被视为永远不变，即无期限。有学者借此认为，这一举措的实质

“就是为了充分保障农民享有土地承包经营权这一财产权”，[1]而长久不变之财产权必然会赋予土地承包经营权以可继承性。此一论断从物权稳定性角度看待土地承包经营权的继承，固然有其说服力，唯其前提有待商榷。该决定之表述乃“现有土地承包关系的长久不变”而非“土地承包经营权的长久不变”。从表述来看，一方面，该决定增加“现有”作为前缀，表明长久不变的对象是当下的、这个历史阶段的土地承包关系，而非未来的，进一步私权化的土地承包关系；另一方面，该决定斟酌使用“土地承包关系”而非“土地承包经营权”，似乎暗示决策层更强调以土地承包方式形成的集体经济组织与承包农户之间的权利义务关系之稳定，而非物权意义上的绝对权关系之稳定。实际上，党的十八届三中全会通过的《中共中央关于全面深化改革若干重大问题的决定》“确保农村土地承包关系长久稳定”的表述也延续了这一态度。可见，所谓“长久不变”的表述并不天然支持土地承包经营权（家庭承包农地）可以继承的论断。

（二）“集体资产股份”的继承权抑或“土地资源性资产”的继承权

另有学者指出，党的十八届三中全会通过的《中共中央关于全面深化改革若干重大问题的决定》明确要“赋予农民对集体资产股份占有、收益、有偿退出及抵押、担保、继承权”，这为改革现行土地承包经营权继承问题提供了绝佳契机。唯需注意的是，此处的“集体资产股份”涉及集体资产量化的问题。1995 年《国务院关于加强农村集体资产管理工作的通知》规定，集体资产包括集体所有的土地、森林、滩涂、水面、草原、荒地等自然资源，以及集体所有的各种流动资产、固定资产、长期投资、无形资产以及其他资产。而实践中对集体资产还有广义与狭义之分，狭义的集体资产仅指经营性资产与非经营性资产，广义的集体资产还包括土地等资源性资产。[2] 在集体资产股份化改革中，一般认为集体资产量化范围应当逐步放开，首先应对集体经营性资产进行量化，而土地等较难评估作价的资源性资产可以暂不量化，不进行股份化改革，在此指导下，部分地区即便对承包土地进行股份化改革，成立农村土地合作社，也仅是鼓励农民自由联合、自愿入股，并未大范围大规模推动土地资源量化。[3] 因此，《中共中央关于全面深化改革若干重大问题的决定》中的“集体资产股份”至少在现阶段并不当然包括土地资源性资产，而所谓赋予集体资产股份以继承权恐怕也难以直接推动土地承包经营权继承问题的解决。

---

[1] 张培荣：《农村土地承包经营权继承制度若干问题研究》，中国社会科学院研究生院 2014 年硕士学位论文，第 2 页。

[2] 参见黄延信等：《对农村集体产权制度改革若干问题的思考》，载《农业经济问题》2014 年第 4 期。

[3] 参见朱聪聪：《农村集体资产股份化改革研究——基于温州的实践》，华中师范大学政法学研究院 2014 年硕士学位论文，第 34 页。

论集体收益分配权：以土地征收补偿费分配为研究对象

郜永昌*

目　　次

一、导论

2012年《政府工作报告》中写道："土地承包经营权、宅基地使用权、集体收益分配权是法律赋予农民的财产权利，任何人都不能侵犯。"《国家人权行动计划(2012—2015)》在基本生活水准权利部分写道："做好土地确权登记颁证，切实保护农民的土地承包经营权、宅基地使用权和集体收益分配权。"[1]上述两项政策性宣告，表明集体收益权是保证农民基本生活水准的财产性权利。所谓集体收益分配权是指基于农村集体成员身份而享有对集体资产的平等收益分配的权利，依据该概念，该权利与土地承包经营权及宅基地使用权，其权利享有均以成员资格的确认为

* 西南政法大学副教授，法学博士、华东政法大学博士后研究人员。

〔1〕《国家人权行动计划(2012—2015)》，载凤凰新闻：http://news.ifeng.com/mainland/detail_2012_06/11/15206496_0.shtml，最后访问日期：2018年1月18日。

前提。在土地征收补偿计算及分配过程中,同样涉及集体资格的确认问题。[1] 随着国家在农村推行社会保险制度(包括新型养老保险及新型农村合作医疗保险),集体成员资格认定不仅关系相关利害关系人在土地承包、土地补偿款分配、宅基地分配等利益分配,同时也是妇女权益保护、[2]户籍、社会保障等方面的个体利益分配具有直接关系。

然而,既有研究成果对于集体成员资格之分析尚不充分,大量集中于对土地承包经营权与宅基地使用权的流转的关注;或仅将农经组织成员资格等同于村民资格;或仅从诉讼角度分析成员资格问题。个别成员的分配权被剥夺体现出的分配不公,直接影响农村社会稳定,表现为以征收分配纠纷的激增,与司法无法提供充分救济具有直接关系。与农民成员所得分配不公现象具有直接的因素在于,由于缺乏法律规范,在农村集体资产分配过程中形成"内部人控制"现象,极容易导致腐败行为的发生,且已经有众多类似案例见诸报端。[3] 据了解,农村征地制度改革在即,拟将土地征收补偿费在现有标准基础上提高10倍,[4]面对巨额土地征收补偿费应如何保证每个集体成员的公平分配?应如何控制其中的腐败行为?当成员的权利受到侵犯时,怎样进行救济?假设我们并不认为集体土地所有权是一种"空权利",则我们必须基于现有法律规范分析集体土地收益分配之法律规范,必须在分析"(农村)集体经济组织"这一广泛而又暧昧不明的概念之后,才能理解由村民委员会(村民小组)代为行使集体土地所有权的暂时性制度安排。

二、集体收益分配权的研究起点:(农村)集体经济组织

(一)现有法律对"农村集体经济组织"的规定

农村集体经济组织,主要是指以土地为依托、以土地的集体所有为纽带、以农民为成员的一种经济合作组织。我们必须将集体经济组织与村民委员会相区别。

---

〔1〕 土地补偿费的计算需要界定集体经济组织成员资格。按《中华人民共和国土地管理法》(以下简称《土地管理法》)的规定,生产安置人口以农村集体经济组织为单位,按照被征收的耕地数量除以征地前平均每人占有耕地的数量计算。平均每人占有耕地的数量由所在农村集体经济组织的总耕地面积除总人口确定,而总人口就是具备集体经济组织成员资格人员的总数。实际工作中,土地是具有具体形态的实物,各方很容易就其面积达成共识;而集体经济组织成员资格由于没有法律界定标准,往往成为多方争执的焦点,造成利益纠纷和群众信访增加。

〔2〕 2005年修改后的《中华人民共和国妇女权益保障法》第55条规定:违法本法规定,以妇女未婚、结婚、离婚、丧偶为由,侵害妇女在农村集体经济组织中各项权益的,由乡镇人民政府依法调解,受害人也可以依法向农村土地承包仲裁机构申请仲裁,或者向人民法院起诉,人民法院应当依法受理。

〔3〕 根据最高人民检察院的统计数据,在2008年全国立案侦查的涉农职务犯罪案件犯罪嫌疑人中,农村基层组织人员4968人,占42.4%。其中,村党支部书记1739人,村委会主任1111人。2009年全国检察机关开展查办涉农职务犯罪专项工作,重点查办发生在征地补偿、粮食直补、退耕还林和农村基础设施建设等环节的职务犯罪案件,立案侦查涉嫌职务犯罪的农村基层组织人员多达7175人。参见徐伟:《李钺锋委员:高度重视农村"两委"集体腐败问题》,载网易新闻:http://news.163.com/11/0307/20/6UIPC4VB00014AEE.html,最后访问日期:2018年1月18日。

〔4〕 关于该新闻请参见《土地征收补偿或将提高10倍》,载和讯网:http://news.hexun.com/2012-11-29/148508574.html,最后访问日期:2018年1月18日。

据统计，我国目前有众多法律、行政法规或司法解释使用“农村集体经济组织”这一概念，最早来源于1982年《中华人民共和国宪法》第8条规定：“农村集体经济组织实行家庭承包经营为基础、统分结合的双层经营体制。农村中的生产、供销、信用、消费等各种形式的合作经济，是社会主义劳动群众集体所有制经济。参加农村集体经济组织的劳动者，有权在法律规定的范围内经营自留地、自留山、家庭副业和饲养自留畜。”这是我国法律体系中第一次出现了“农村集体经济组织”一词。根据该法第17条的规定，集体经济组织有独立进行经济活动的自主权。该法第111条规定设立村民委员会，并明确村民委员会是基层群众性组织。至此，在宪法层面上，农村“政社合一”体制被打破，农村集体经济组织初步取得独立地位。

1986年通过的《中华人民共和国民法通则》第27条规定：“农村集体经济组织的成员，在法律允许的范围内，按照承包合同规定从事商品经营的，为农村承包经营。”第74条第2款规定：集体所有的土地依照法律属于村农民集体所有，由村农业生产合作社等农业集体经济组织或者村民委员会经营、管理。已经属于乡（镇）农民集体经济组织所有的，可以属于乡（镇）农民集体所有。集体所有的财产受法律保护，禁止任何组织或者个人侵占、哄抢、私分、破坏或者非法查封、扣押、冻结、没收。

2002年修订的《中华人民共和国农业法》第2条第2款规定：“本法所称农业生产经营组织，是指农村集体经济组织、农民专业合作经济组织、农业企业和其他从事农业生产经营的组织。”此处，法律将农村集体经济组织同“农民专业合作经济组织”“农业企业”“其他从事农业生产的经营组织”并列为农业生产经营组织，其寓意与宪法的规定趋同，同样应理解为分布于农村各地的经济合作组织。2002年通过的《中华人民共和国农村土地承包法》第5条规定：“农村集体经济组织成员有权依法承包由本集体经济组织发包的农村土地。任何组织和个人不得剥夺和非法限制农村集体经济组织成员承包土地的权利。”

2004年修订的《土地管理法》第10条规定：“农民集体所有的土地依法属于村农民集体所有的，由村集体经济组织或者村民委员会经营、管理；已经分别属于村内两个以上农村集体经济组织的农民集体所有的，由村内各农村集体经济组织或者村民小组经营、管理；已经属于乡（镇）农民集体所有的，由乡（镇）农村集体经济组织经营、管理。”

另外，《中华人民共和国水法》（6处）、《中华人民共和国妇女权益保障法》（4处）、《中华人民共和国草原法》（8处）、《中华人民共和国畜牧法》（1处，第37条）等，同样使用集体经济组织或农村集体经济组织等名词，但鲜有对“农村集体经济组织”进行严格的界定。

我们已经将此概念作为论述农村集体经营体制改革或众多法律制度安排的假设前提，作为农村集体所有权的所有权代表，我们甚至认为该概念已经清晰到无须界定，但事实上正因为未对其进行界定，所谓的农村集体经济组织在实践已经有诸多变化而未为法律所确认，导致现有法律规范严格偏离农村实践。

（二）暂时性的制度安排：对村民委员会代管的分析

村民委员会主导分配的权力主要来源于《中华人民共和国村民委员会组织法》第2条的规定，该条明确了村民委员会的职责，第8条第1款、第3款进一步明确了村民委员会在发展经济方面的职责，其基本思路是“村民委员会应当尊重并支持集体经济组织依法独立进行经济活动的自主权",发挥一种法律监督的作用;第2款规定"村民委员会依照法律规定,管理本村属于村农民集体所有的土地和其他财产……"这就为村民委员会介入村集体经济组织管理提供了法律依据,但法律对此权力缺乏进一步的授权。[1] 结合土地管理法的规定可以看出,在农村集体经济组织缺位的地区,可以由村民委员会代管。

虽然法律授权村民委员会对部分资源进行管理,在实践中也有很多地区是由村民委员会行使代管融通,但两者之间不可否认存在重大差别:(1)时间不同,农村集体经济组织成立在先,村民委员会成立在后。(2)主旨不同。农村集体经济组织目的在于管理经营集体资产,而村民委员会主要是行使法律赋予的自治权利,理论上不应具有营利性。(3)职能不同。村民委员会主要行使村民自治职能,而集体经济组织主要是承担营利性的经济职能。两者之间的差别说明,集体经济组织的功能不能由村民委员会取代,目前的授权仅为一种过渡性制度安排。

这种过渡性安排的法律困境在于我们用非营利性的组织去处理营利性事务,而缺乏对原有农村集体经济组织这一营利性特征的强化、承认与保护,导致集体土地所有权代表虚拟、权能失效,这种过渡性制度安排与基层行政的便利性有关,即基层政府可以通过行政控制来实现对乡村土地的间接控制,从而也会疏于对所有权主体农村集体经济组织法人化制度推进。

(三)集体成员与村民的差别

虽然可以将村民委员会视为一种所有权主体的代管职能,直接导致集体成员与村民相混同,但从以下两方面,我们可以看出其他不同:

第一,两者来源不同,农村集体经济组织成员是由农村集体经济组织派生出来的,它的前身是人民公社社员(生产队社员),表现的是一种与财产相联系的经济权益,他们集体拥有对集体经济组织资产的所有权、占有权、分配权和处置权。而村民是与城市居民(市民)相对应的人口概念,也就是在农村居住且户籍落在农村的居民,所代表的是一个农村居民的公民身份。在现实生活中,集体成员与村民有可能并不存在一一对应的情况。另外,在年龄限制上,村民的资格取得是年龄限制,而集体经济组织成员则无此限制。

第二,两者的特性不同,成员资格的具有法定性、非劳工性、非股东性、平等性等特点。村民资格的最大的特性是基于村民委员会组织法所取得的,其具有相当的政治性色彩。

三、集体收益分配的权利主体

(一)集体成员资格的现有规范

前已述及,集体成员资格的认定与集体组织成员的诸多权益的享有与分配相关,但至今仍无法律对此作出规定,即使最高人民法院公开表态,但仍没有立法解释。部门规章中涉及土地征收

[1] 参见杨攀:《农村集体经济组织成员资格标准的法律分析与实践》,载《西南政法大学学报》2011年第3期。

补偿费分配问题，但事实上未对集体成员资格的分配予以规定。[1]

地方性法规或司法文件对此问题的规定也不统一。现有地方性立法规章或司法性文件对集体经济组织成员的认定，例如，山东、广东、天津、重庆等地对集体经济组织成员做出了稍有差异的认定。《山东省实施〈中华人民共和国农村土地承包法〉办法》第6条规定：符合下列条件之一的本村常住人员，为本集体经济组织成员：(1)本村出生且户口未迁出的；(2)与本村村民结婚且户口迁入本村的；(3)本村村民依法办理领养手续且户口已迁入本村的子女；(4)其他将户口依法迁入本村，并经本集体经济组织成员的村民会议2/3以上成员或者2/3以上村民代表的同意，接纳为本集体经济组织成员的。《重庆市土地管理规定》(渝府令〔1999〕53号)规定：“农村集体经济组织总人口为下达建设用地预办通知书之日在籍的常住人员(含现役义务兵、在校的大中专学生以及服有期徒刑、劳教人员)和在政府批准征地之日前，按户籍管理规定由区县(自治县、市)公安机关批准正常迁入及新出生的人员。”

2006年10月1日起施行的《广东省农村集体经济组织管理规定》(广东省人民政府令第109号)第15条规定了农村集体经济组织成员资格标准：“原人民公社、生产大队、生产队的成员，户口保留在农村集体经济组织所在地，履行法律法规和组织章程规定义务的，属于农村集体经济组织的成员。实行以家庭承包经营为基础、统分结合的双层经营体制时起，集体经济组织成员所生的子女，户口在集体经济组织所在地，并履行法律法规和组织章程规定义务的，属于农村集体经济组织的成员。实行以家庭承包经营为基础、统分结合的双层经营体制时起，户口迁入、迁出集体经济组织所在地的公民，按照组织章程规定，经社委会或者理事会审查和成员大会表决确定其成员资格；法律、法规、规章和县级以上人民政府另有规定的，从其规定。”

从现有实践来看，各地坚持户口标准，而未有全国立法的条件下，在很多地方性司法实践中，将集体经济组织成员资格通过“村民自治”的形式认定。我们认为，村民的集体经济收益分配权是以取得集体经济组织成员资格为基础的，而农村集体经济组织成员资格是公民的一项基本权利，与该成员的政治、经济、社会福利等一系列基本人权紧密联系，不属于村民自治事项，不应通

---

〔1〕 国土资源部《关于完善征地补偿安置制度的指导意见》(国土资发〔2004〕238号)规定：“……(四)土地补偿费的分配。按照土地补偿费主要用于被征地农户的原则，土地补偿费应在农村集体经济组织内部合理分配。具体分配办法由省级人民政府制定。土地被全部征收，同时农村集体经济组织撤销建制的，土地补偿费应全部用于被征地农民生产生活安置。”农业部《关于加强农村集体经济组织征地补偿费监督管理指导工作的意见》(农经发〔2005〕1号)规定：“土地补偿费应主要用于被征土地的农民生产生活需要。留归被征地农民部分的土地补偿费归农民个人所有，要充分尊重被征地农民的意愿，不得强迫农民参加商业保险；留归农村集体经济组织的土地补偿费属农民集体资产，应当用于发展生产、增加积累、集体福利、公益事业等方面，不得用于发放干部报酬、支付招待费用等非生产性开支。”此处只强调了用途以及将补偿费划分为农民所有和集体所有，并对集体所有部分的用途进一步限制。至于农民与集体之间分配的比例，用于分配给农民的部分如何在农民之间进行分配，并没有明确的实体规定，只是在下文作出了程序性的规定：“土地补偿费的分配、使用预算方案要经农村集体经济组织成员大会或成员代表大会批准，事后要将土地补偿费的实际开支、管理情况向农村集体经济组织成员大会或成员代表大会报告……”正是此处单纯程序性的规定为集体经济组织内部的补偿费分配纠纷留下了制度空间。劳动和社会保障部、国土资源部《关于切实做好被征地农民社会保障工作有关问题的通知》(劳社部发〔2007〕14号)对于土地补偿费、安置费用于被征地农民购买社会保障作出了规定，但没有关于集体土地征收补偿费分配问题的规定。可见，在行政规定层面，对于农村集体经济组织成员资格具体标准也缺乏明确规定。

过村民集体表决、投票等方式来决定。[1]

目前对集体经济组织成员的立法,主要存在无法单独立法的困境。现有一切法律均是以集体经济组织及其他成员资格界定清楚之假设而产生的法律规范,如民法通则、土地管理法、农村土地承包法、物权法等。但事实上,现有法律规范中没有对此问题作出规定,而再行制定单行法律同样无法将这一范围广泛的概念全部加入进去,导致在法律位阶、法律调整范围及法律调整对象上均无法再行对此进行加入。同时,全国各地集体经济组织的发展程度各异,地区差异又比较大,怎样实现既能统一立法又能照顾地区差异,确实考验立法者的智慧,因而有必要探讨理论上成员资格标准,以提供更多元化的思路。

(二)集体成员资格的标准理论探讨

1. 户口标准说

户口标准说是以是否拥有集体户口为判定成员资格的标准。这种标准有其合理性,也有其历史渊源。[2] 但是当户口不再成为证明集体成员身份的唯一依据时,通过户口标准认定即成为一个重要问题。户口所代表之身份具有唯一性,一个公民不可能同时在两个地方具有户口。在此标准项下,必须解决因为某种原因迁移出本地区的人员的成员资格认定问题,如服刑人员、大学生、现役军人,在此可引入非自愿迁移概念。如果是自愿迁出的,则不得享有集体经济组织成员资格;若是非自愿迁出的,则可以享有集体经济组织成员资格。同时,必须考虑迁入后的部分有户口的群体,但与村集体经济组织有协议而不享有分配权利的群体,如"空挂户"群体。

2. 成员资格认定说

成员资格认定说以是否享有土地使用权为标准,无论现在其是否依靠农业用地生活,只要没有放弃土地使用权,则具有集体经济组织成员资格。这种标准也是现在农民即使进入城市很多年,即使其土地已经撂耕或抛荒,仍然必须保证不愿意放弃土地的原因之一。在这种标准下,对于集体新增成员假设无法分配到宅基地或农用地,则会导致其无法被认定为集体经济组织成员。

3. 履行义务说

履行义务说,认为只要尽到了作为成员应尽的义务,如公粮征收、出义务工等,就享有收益分配权。认定是否具有集体成员资格往往以是否承担对集体经济组织的义务来界定。此种观点的缺陷在于目前对于集体经济组织成员的义务性事项越来越少,往往难以界定,此标准往往不足取。

4. 事实标准说

事实标准说,认为只要长期生活在该村组,即应具有集体成员身份,就享有集体收益分配权,但事实上很多地方的城乡结合部长期有外地人居住,很明显他们是无法享有集体收益分配权的。

---

〔1〕 参见杨媛:《强化农村集体收益分配权的司法救济保障农村民生》,使命与发展——第四届西部律师发展论坛论文,呼和浩特,第1页。

〔2〕 1958年1月9日开始实施的《中华人民共和国户口登记条例》第10条规定:"公民由农村迁往城市,必须持有城市劳动部门的录用证明,学校的录取证明,或者城市户口登记机关的准予迁入的证明,向常住地户口登记机关申请办理迁出手续。"该条例人为地将中华人民共和国公民划分为农业户口和非农业户口。该条例刚开始实施时,农民与市民的界限相当清楚,市民不允许转为农民,也没有人愿意由市民转为农民。

所以事实标准说也仅能作为参考标准。

5. 社会保障说

社会保障说是指以土地为其基本社会保障则应享有集体经济组织成员资格。此说具有一定的先进性，原因在于对于农村居民而言，必须考虑土地对其生活来源的社会保障（尽管实践中农民并不以此为保障），在农村试行社会保障的条件下，应考虑社会保障的分配公平性，保障公民在失去土地的时候能够得到相应的社会保障。

四、集体收益分配过程之监管

当司法机关认为应由立法机关依据立法法对成员资格问题作出进一步解释时，立法机关没有进行解释，必然会导致对于同一问题的处理在司法实践中出现矛盾和反复。例如，对于农村集体经济组织成员纠纷是否应由司法机关来处理，以及司法机关应采用何种救济形式对其进行救济，形成了不同的观点，造成在实践中裁决尺度的不统一，也导致了物权法及村民委员会组织法关于撤销权的法律规定无法落到实处。[1]

（一）司法机关不予受理的理由

不予以受理的观点在于机关无上位法支持来判定集体成员资格，出现此种纠纷应由相应行政机关处理。例如，2005 年最高人民法院《关于审理涉及农村土地承包纠纷案件适用法律问题的解释》第 1 条第 2 款规定，集体经济组织成员因未实际取得土地承包经营权提起民事诉讼的，人民法院应当告知其向有关行政主管部门申请解决。第 3 款规定：集体经济组织成员就用于分配的土地补偿费数额提起民事诉讼的，人民法院不予受理。即使司法机关认定该集体成员享有资格，但是仍然存在执行困难的问题。其原因在于，纠纷产生时已经将分配款项全部分配给村民，执行难度很大；同时，若将矛盾引向法院，将导致执行申请人与被申请人之间存在矛盾。

不介入的第二个理由在于村民自治。以土地征收补偿款分配为例，上述 2005 年司法解释规定，农村集体经济组织或者村民委员会、村民小组，可以依照法律规定的民主议定程序，决定在本集体经济组织内部分配已经收到的土地补偿费。征地补偿安置方案确定时已经具有本集体经济组织成员资格的人，请求支付相应份额的，应予支持。但已报全国人大常委会、国务院备案的地方性法规、自治条例和单行条例、地方政府规章对土地补偿费在农村集体经济组织内部的分配办法另有规定的除外。

（二）法院受理之后的解决纠纷的路径

最高人民法院研究室《关于人民法院对农村集体经济所得收益分配纠纷是否受理问题的答复》（法研〔2001〕51 号）写道：“农村集体经济组织与其成员之间因收益分配产生的纠纷，属平等民事主体之间的纠纷。当事人就该纠纷起诉到人民法院，只要符合《中华人民共和国民事诉讼

---

〔1〕《中华人民共和国物权法》（以下简称《物权法》）第 63 条规定，“集体经济组织、村民委员会或者其负责人作出的决定侵害集体成员合法权益的，受侵害的集体成员可以请求人民法院予以撤销”。《中华人民共和国村民委员会组织法》第 36 条第 1 款规定：“村民委员会或者村民委员会成员作出的决定侵害村民合法权益的，受侵害的村民可以申请人民法院予以撤销，责任人依法承担法律责任。”

法》第一百零八条的规定,人民法院应当受理。”

学理上,同样也有观点支持此类纠纷属于人民法院民事案件的受理范围。理由为:此类纠纷的产生在于集体经济组织成员对集体的经济收益是否享有所有权,其基础为集体所有权。理论界普遍认为,集体所有权是一种体现集体成员公有利益的私法权利,应是确保集体公有利益的民事权利,首先应由民法调整,那么在此基础上产生的纠纷,当然属于民事纠纷。

第一种路径为民事纠纷类型。理由是,此类纠纷的产生在于集体经济组织成员对集体的经济收益是否享有所有权,其基础为集体所有权。理论界普遍认为,集体所有权是一种体现集体成员共有利益的私法权利,应是确保集体共有利益的民事权利,首先应由民法调整,那么在此基础上产生的纠纷也当然属于民事纠纷。如将此类纠纷作为民事案件受理,一个关键的问题就是为何对当事人主体资格予以确定。其中又包括原告主体资格和被告的主体资格两个方面,本文将在后面进行分析。

第二种路径为行政纠纷类型。具体到土地征收补偿费用分配而言,行政纠纷路径的理由在于以下几点:(1)中华人民共和国村民委员会组织法规定了村民委员会有协助基层政府从事行政管理工作的公务职能。(2)《中华人民共和国土地管理法实施条例》第26条授予了村委会等基层组织对土地征用补偿费用的管理职权。(3)2000年4月29日全国人大常委会《关于〈中华人民共和国刑法〉第93条第2款的解释》明确规定,村民委员会等村基层组织人员协助人民政府从事下列行政管理工作,属于《中华人民共和国刑法》第93条规定的“其他依照法律从事公务的人员”,其第四项为土地征用补偿费用的管理,上列第四项全国人大常委会经讨论,该事项为公共事务,由此村基层组织对土地征用补偿费用的管理在性质上属于执行公务,不同于村基层组织对村集体其他收益的管理分配等属于民间性质的事务或者说是单位内部的事务。原因在于土地征用补偿费用是国家给予农村集体经济组织和村民个人的有关补偿费用,其中的安置补助等费用牵涉农村村民失去土地之后的生产生活及今后的出路问题,不同于民事买卖、交易、土地出租中所产生的其他村集体经济收益。对于该解释中的“土地征用补偿费用的管理”的内容,应当理解为包括分配、处理等内容,因为分配也是管理的一种形式和体现,若没有对该块土地征用补偿费用进行管理的权利,也就谈不上拥有对该块土地征用补偿费用进行分配的权利。(4)从司法判例来看,例如,贵州省高级人民法院审理贵阳某村张某某等163人与村民委员会、贵阳市某乡人民政府征用安置补偿费纠纷案件中,认为张某某等人与乡政府、村民委员会因征地补偿费及安置补偿费所引发的争议,不是平等主体之间的民事纠纷,人民法院不宜作为民事案件受理。[1] 具体而言,此类纠纷不属于人民法院民事案件受案范围,应由有关行政机关处理。若当事人对处理决定不服,可向人民法院提起行政诉讼,但将村委会视为行政主体似乎缺乏理论依据和法律根据,在实践中,如广东即通过这种路径给予当事人救济。

(三)司法处理多样性的后果

第一,基层政府对于村民自治之界限缺乏监管。《中华人民共和国村民委员会组织法》第27

---

〔1〕 参见唐德华主编:《民事审判指导与参考》,法律出版社2000年版,第228页。

条第2款规定:村民自治章程、村规民约以及村民会议或者村民代表会议的决定不得与宪法、法律、法规和国家的政策相抵触,不得有侵犯村民的人身权利、民主权利和合法财产权利的内容。在农村集体经济组织收益分配纠纷中,乡镇等基层政府对纠纷缺乏必要的化解手段,对部分农村干部也无法有效掌控。这一方面,说明当前农村地区基层民主化在扩大,国家赋予了农村更多的自治权力;另一方面,也体现了当前村民自治扩大化倾向与基层政府对农村事务管理的矛盾,当村民自治被滥用时,基层政府却束手无策。

第二,司法权因无法律规定支持而缺乏有效介入。司法权本身具有谨慎的特性,同时司法权在没有立法之支持时,往往会导致“无法司法”,导致裁决结果不统一,影响法律的安定性,甚至导致法院拒绝裁决(不予受理)。

五、集体收益分配权行使法律制度的完善

(一)通过确定集体成员资格理顺分配主体

集体成员资格必须予以确认,是确定原被告主体资格的重要环节。取得与丧失程序上除民主自治外,应有备案或公示程序,并赋予适当的国家干预,现将集体经济组织成员资格的处理提出如下设想。

1. 取得情形。原始取得与加入取得之区别:原始取得是基于自然地缘关系而取得的集体经济组织成员资格,而加入取得主要是基于婚姻、收养关系、移民关系等原因而取得的集体经济组织成员资格,并应在此基础上予以进一步细化。

2. 丧失情形。死亡、自然人的民事能力于死亡时终止,因此从死亡时起,集体经济组织成员资格即丧失。此外,还有取得其他集体经济组织成员资格、取得非农业户口并纳入城镇保障体系(大中专院校毕业受聘于国家机关、企事业单位,并有了稳定收入来源,或因招工、招干等已转变原有身份并纳入相应社会保障体系的)、取得非设区市非农业户口但取得城镇保障体系等,在此类人员中,也有极少数人员在招工、招干后虽未迁移户口(或户口没转非农)的,并在承包期内保留了原承包地,但这些人在原有身份改变后已经脱离了“以土地为生”的农村社会福利保障方式,而纳入了其他相应的社会保障体系,因此,这部分人员再无权享受农村集体经济组织成员的相应权益(包括征地补偿费分配和集体资产的分配权益)。

其基本完善路径在于:通过完善村民委员会组织法来完善相关制度,强化村民委员会的组织功能,赋予其法人地位应予以确定。通过完善土地承包经营制度,解决以户为主体的承包制度与物权法的个人主义的权利行使方式的冲突。

(二)通过界定完善分配客体

1. 界定集体资产的范围

依据《物权法》第58条规定,集体所有的不动产和动产包括:法律规定属于集体所有的土地和森林、山岭、草原、荒地、滩涂;集体所有的建筑物、生产设施、农田水利设施;集体所有的教育、科学、文化、卫生、体育等设施;集体所有的其他不动产和动产。由此我们可知,集体资产的范围包括如下内容:一是土地及资源补偿费,包括土地被征收后获得的补偿金、集体经济组织采用其他发包方式所获得的收益;二是集体土地范围内应获得的政策性支持与扶助资金;三是集体经济

组织兴办集体企业所获得的应予以分配的红利。

2. 将可分配资产价值化与股份化

推行集体经济产权制度改革,彻底厘清集体权益分配格局。其核心内容即将集体资产折合成一定数量的股份,并根据集体经济组织成员的身份、劳动年限、集体贡献等指标进行股权量化,通过人口股(基本股、户籍股)、劳龄股、特殊贡献股(奖励股)、集体股等多种股权类型相结合的方式,可以有效兼顾和协调新老集体成员的各方权益,可以实现"新老户"利益分配的精细和动态调整。

(三)通过民主自治监督分配过程

依据《物权法》的规定,对于如下事项,必须通过民主方式议决:土地承包方案以及将土地发包给本集体以外的单位或者个人承包;个别土地承包经营权人之间承包地的调整;土地补偿费等费用的使用、分配办法;集体出资的企业的所有权变动等事项;法律规定的其他事项。

(四)通过干预机制提供分配救济

对于行政主体之干预,可参考《中华人民共和国村民委员会组织法》第 36 条第 2 款的规定,由乡镇政府对村民委员行使监督职权,因而对于错误之村民会议决定,可申请乡镇政府进行监督,不监督则可以行政复议,对于行政复议决定可通过行政诉讼来解决。行政主体权力可以及时解决纠纷,将纠纷化解于基层。

司法权力干预的主要是解决以下四个问题:第一,原告的确定,是受权益侵害的公民法人或其他组织。第二,被告的确定,应以集体经济组织为被告,作为分配的执行者,村委会、村民小组、合作社等其他经济组织作为被告应该是没有问题的,以其他多数成员为被告的观点在审判实践中缺乏可操作性。第三,诉讼请求的设计,请求权行使应以权利存在为依据,如集体在与他人进行交易过程中,其权利受到损害,集体成员能否行使诉权,而非通过非诉讼途径行使权利。若其主张为给付请求权,按民法理论,请求权是指要求他人为特定行为的权利,是一种基础权利,必须先有基础权利存在,才可能由请求权的情形发生。因此,从立法的角度,集体经济组织不分配或不平等分配集体收益都可以认为是侵害了集体经济组织的成员权益,受到侵害的集体组织成员可以据此提起民事诉讼。若成员主张撤销已有自治决定,则为撤销请求权,《物权法》通过第 63 条第 2 款可作为行使撤销权的基础性权利。撤销诉讼理论上仍为一种形成权的行使,但是该形成权的行使及其期间在物权法中仍没有作出规定。第四,司法机关审查的限度,对于村民决议应在什么程度上进行司法审查? 主要有如下两种观点:其一,应尊重村民大会或村民代表会议依据中华人民共和国村民委员会组织法行使自治权,人民法院不应在民事审判中确认村民决议的效力,若该决议有违法情形,可不予适用,而不对决议本身进行评判;其二,对涉及以上财产收益分配内容的村民决议纠纷既然受理,人民法院就有权对其进行审查并确认其效力,因为具有以上内容的村民决议等实际上是行使集体所有权权能的行为,即行使私法权利的行为。对于其合法性及效力,人民法院当然有权予以审查。我国现行法律制度仅就村民自治作了较原则的规定,对于行使自治权过程的监督及对在此过程中侵犯公民合法权益时的救济则均无具体规定。本着"有权利就应有救济”的原则,司法权必须作为维护社会正义的最后一道屏障,必须对其救济进行规定。[1]

六、结论

权利之落实必须通过原权利设定与救济权行使来实现,否则将导致权利落空,使既有制度设计成为一种空制度,将本可以通过法律设定利益边界的事项转而向非法律途径解决将导致权利人利益失衡。

---

〔1〕 参见刘京甫:《农村集体经济组织收益分配纠纷案件审理问题研究》,载《河南社会科学》2005 年第 1 期。

“三权分置”下农地经营收益分配法律保障研究

刘恒科*

目 次

一、问题的提出

随着我国城乡结构从二元分割向互动融合的渐进式变迁，农户离农离地和土地承包经营权〔1〕流转现象日益加剧。统计资料显示，截至2014年年底，全国家庭承包经营耕地流转面积达4.03亿亩，占家庭承包耕地总面积的30.4%。〔2〕顺应农户保留土地承包权，流转土地经营权〔3〕的意愿，顺应农业经营者的抵押融资需求，顺应农地流转集中，发展适度规模经营和现代农业的趋势。2013年年底，中央农村工作会议提出“不断探索农村土地集体所有制的有效实现方式，落实集体所有权、稳定农户承包权、放活土地经营权”。2014年11月中共中央办公厅、国务院办公厅印发的《关于引导农村土地经营权有序流转发展农业适度规模经营的意见》（以下简称

---

* 西南政法大学经济法学专业博士研究生。

〔1〕 根据《中华人民共和国农村土地承包法》（以下简称《农村土地承包法》）的规定，土地承包经营权包括家庭土地承包经营权和以其他方式取得的土地承包经营权，即“四荒地”承包经营权。本文以家庭土地承包经营权为讨论对象。

〔2〕 参见李晨：《陈锡文：社会化服务助推家庭经营现代化》，载《中国科学报》2015年5月6日，第5版。

〔3〕 现行法律文本中只存在土地承包经营权的概念。《中华人民共和国物权法》（以下简称《物权法》）将土地承包经营权规定为一项用益物权。按照物权法定原则，土地承包权和土地经营权都不是严格意义上的法律概念。学界对于“三权分置”下权利的称谓持不同见解：对于承包权存在成员权性质的“承包权”和用益物权性质的农户家庭“土地承包经营权”两种解释；对于实际经营土地从事农业生产的权利名称及内涵意见分歧较大，形成“土地经营权”或者“经营权”，“承包土地使用权”，“土地承包经营权”，“次级土地承包经营权”，“耕作经营权”或者“耕作权”等不同的说法。笔者认为，“三权分置”中的“稳定农户承包权”所指的是农户家庭的土地承包经营权，“放活土地经营权”所指的是因流转产生的农地实际经营者的土地经营权。以下为行文方便，将发生了“权能分离”的土地承包经营权称为承包权或土地承包权，将实际经营农地的权利称为经营权或土地经营权。相应权利主体称为承包权人和经营权人。

《适度规模经营意见》)提出:"坚持农村土地集体所有权,实现所有权、承包权、经营权'三权分置',引导土地经营权规范有序流转。"农地"三权分置"是在我国城镇化进程中人地分离现象加剧的现实约束下,促进土地流转,优化农村土地资源配置,实现适度规模经营,保障粮食安全和农民增收的重要政策抉择,是农地产权制度变革的未来趋向。

随着有偿流转增多和农地确权登记工作的展开,农业经营的土地成本意识进一步增强,地租侵蚀规模经营利润成为农地"三权分置"可能带来并需要防范的负面效应。[1] 在实践中,一些地方将农地"三权分置"的重点放在乡村基层政权或者农村集体经济组织的强力推动上,往往直接确定土地租金价格,农户在土地经营权流转中的主体地位被忽略和抹杀,农户缺乏收益谈判和议价能力,以致权利受到损害。那么,如何在保障经营权人收益抑或承包权人利益之间作出权衡和考量呢?是应当由政府出台适度干预措施限定地租,还是发挥市场调节价格(租金)的作用?在国家粮食安全战略和土地用途管制的强约束条件下,农地规模经营收益分配制度构建需要回应并解答以上法律问题。

事实上,农村集体土地流转中的收益分配问题,一直是近年来学界研究的热点。法学界更多地关注农民集体土地征收以及集体经营性建设用地,在入市过程中的土地增值收益分配问题。相较之下,对于"三权分置"下农地收益分配问题的相关研究则是付之阙如。[2] 既有的研究文献大多侧重于从物权法的基本理论出发,探讨"三权分置"下农地产权制度的重构,并对各权利项下的收益范围进行简略的论述,而且尚未对经营收益和有偿退出、征收补偿等非经营性收益分配问题进行区别研究。[3] 就"三权分置"下的农地经营收益分配而言,大部分学者认为应立足于农户利益保护的角度展开深入研究。[4] 少数学者从保护经营权人的农业经营收益的角度,主张合理控制农地流转价格,建立合理良性的让渡对价机制和评估机制。[5] 有的学者从农业发展角度提出,土地流转费过高已成为我国农业不可承受之重,应当降低农业规模经营成本,[6]不宜把增

---

[1] 参见国务院发展研究中心农村经济研究部编:《集体所有制下的产权重构》,中国发展出版社2015年版,第107页。

[2] 据笔者在中国知网以摘要作为检索条件的搜索结果显示,截至2016年5月30日,摘要为"土地+流转+收益"的相关文献有2769篇;摘要为"征收+收益+分配"的文献有782篇,且最近5年文献占大多数比例;摘要为"集体经营性建设用地+收益"的文献共计159篇,且最近5年文献占绝大多数比例。摘要为"三权分置+集体经营性建设用地+收益"的仅为19篇。

[3] 大多数学者认为土地承包权的权利内容包括分离对价请求权、征收补偿获取权、有偿退出权;土地经营权的权利内容包括收益权、部分征收补偿请求权、补贴收益权、土地特别改良费用返还请求权。参见潘俊:《农村土地"三权分置":权利内容与风险防范》,载《中州学刊》2014年第11期;叶兴庆:《集体所有制下农用地的产权重构》,载《毛泽东邓小平理论研究》2015年第2期;李国强:《论农地流转中"三权分置"的法律关系》,载《法律科学》2015年第6期;蔡立东、姜楠:《承包权与经营权分置的法构造》,载《法学研究》2015年第3期。

[4] 参见李长健、张伟:《农民土地权益的利益结构与利益机制研究——基于农村社区的发展》,载《华中农业大学学报》(社会科学版)2016年第1期;彭素、罗必良:《基于农户视角的农民土地权益保护机制研究》,载《财贸研究》2013年第6期。

[5] 参见潘俊:《农村土地"三权分置":权利内容与风险防范》,载《中州学刊》2014年第11期。

[6] 参见党国英:《农业成本关乎中国中长期的发展》,载《农村工作通讯》2016年第6期。

加财产性收入作为土地流转改革的追求目标，其隐喻在于“三权分置”不能同时达成实现农业规模经营和农民增加收入的双重政策目标。亦有学者提出“按权能分配”的农村土地增值收益分配格局，并以此构建分配长效机制。[1]

总体而言，目前学界对农地经营收益分配的研究侧重于从承包权人收益保障视角展开，忽视了农地规模经营下的经营权人利益保护对承包人收益实现的重要作用，未能完全契合“三权分置”下农地经营收益分配的研究语境。对于农地经营收益分配的研究内容呈现零散化和碎片化特征，缺乏专门独立性的研究。鉴于此，本文在论证收益分配的适格主体和制度理念的基础上，从“政府—市场”关系的视角，探究“三权分置”下农地经营收益分配的法制完善进路，以实现承包权人和经营权人收益分配的长期有效均衡，促进农地规模经营的永续发展和城镇化战略的顺利推进。

二、“三权分置”下农地经营收益分配的适格主体和制度理念

“三权分置”下农业经营收益分配的核心命题在于，土地承包权人和土地经营权人如何就规模经营收益进行公平分配的问题。地租是维系两者法权关系的利益纽带。合理的收益分配制度旨在经营权人收益的基础上满足承包权人收益的实现，体现效率基础上的公平理念。分配制度设计应当同时兼顾两方面的目标：一是激励农地经营权人持续地经营农地并获得最大化的收益；二是保障规模经营收益在双方主体之间的有效均衡分配。

（一）“三权分置”下农地经营收益分配主体[2]的界定

收益分配的法律依据在于权利结构的制度安排。“三权分置”是我国农业经营体制的又一次重大变革，是在集体土地所有权和家庭土地承包经营权“两权分离”的基础上，新设“土地经营权”。作为一种政策话语，“三权分置”意在将土地承包经营权分设为承包权和经营权，并赋予经营权人更充实的权利，在坚持集体土地所有权，“稳定承包权”的基础上“放活经营权”。据此，应当遵循“主体—权利（力）—收益”的分析路径，考察所有权、承包权和经营权在农地经营收益分配中的地位和作用。笔者认为，对于“三权分置”的权利结构及其法律表达，不能完全陷入法教义学语境下权义结构的纯粹技术性设计，而应结合我国农地产权制度的经济社会结构展开分析。因此，“三权分置”下农地经营收益的分配主体的确当性，是一个我国经济社会结构基础上的权利配置命题。

1. 集体经济组织原则上不应成为收益分配主体

坚持集体土地所有权，是我国社会主义公有制的必然要求，是我国农地制度改革不可动摇的底线。在坚持集体土地所有权的基础上，落实所有权的基本权能，进而探索农民集体土地所有权的实现方式，是理论和实践中的重大课题。我国集体土地所有权的建立，是为了保障一定自然村

---

〔1〕 参见周跃辉：《构建“按权能分配”的农村土地增值收益分配格局》，载《农村经营管理》2015 年第 10 期。

〔2〕 农地经营收益分配应是参与农地收益产出的各生产要素就其应得所进行的分割和配给。分配主体是各生产要素权利主体。农村税费改革，使国家权力从基层撤出，从汲取型再分配者转型为规约者和补贴者。在“三权分置”语境下，笔者主要讨论所有权人、土地承包权人、土地经营权人的分配主体资格问题。

落地域范围内的农民成员对于村域内集体土地利益的代内和代际的公平分享，防止土地私有导致的贫富悬殊和两极分化。成员集体的保障功能是集体所有、集体分配下的土地自然保障功能的制度实现，以农业生产和家庭经营的紧密结合作为基本保障形式。农地的社会保障功能通过集体所有下的家庭小农经营的“农地农用”方式来实现。在家庭承包经营体制建立之初，这种保障仍然是有偿的，集体可以收取土地承包费，还可以通过“三提五统”实现“农村办社会”的公共职能。随着21世纪初农村税费改革的全面推行，集体经济组织不能直接从集体成员处获得承包费、村提留等收益。同时，根据《农村土地承包法》等相关法律规定，禁止集体参与农户土地承包经营权的流转决策和流转收益分配。[1]《物权法》规定，农民集体所有的土地，属于本集体成员集体所有。集体所有制就是集体的成员个人所有制。[2] 成员集体决定土地承包方案并将土地按户分配，从而享有土地承包经营权，实际上依据的是“自己在集体中作为所有权人一份子享有的地权”。[3] 在长久不变和成员权固化的背景下，农户的土地承包经营权权能不断充实，利益实现机制不断完善。因此，从农地制度演进和农户观念认知的角度来看，在“三权分置”农地改革中，集体经济组织原则上不应当通过向土地承包经营农户收取承包费抑或地租的方式，参与农地经营收益分配。在一些以集体经济组织或者村委会、村民小组名义直接将集体土地交由土地经营权人经营的场合，虽然合同双方可能是集体成员代表和土地经营权人，但是经营收益仍应当在承包权人和经营权人之间分配。

部分学者从方便小农生产，由集体提供公共产品和公共服务，促使集体经济有效实现的角度，提出建立体现所有权人意志，并服务于集体成员的地租制度。[4] 这种观点认识到了农村公共产品缺失对农户利益的损害，反思“重个体轻集体”的农地产权制度改革路径，具有合理性和启发性。但是，收取地租应当基于集体成员共同决议，且用于公共产品和公共服务用途。在农村人地分离阶层分化，缺乏有效监督和权力制约的情况下，地租制度很可能被滥用，成为新的农民负担。农村公共产品和服务均等化是经济社会发展的必然要求。在工业反哺农业，城市反哺农村的社会总体利益分配格局下，国家应当通过财政转移支付等途径负担起社会公平保障职责。集体收取地租，可能是“农村办社会”思路的延续，难以达到公共服务的供给目的。因此，笔者认为，在“三权分置”农地经营体制改革中，坚持集体土地所有权，就是坚持成员集体所有基础上的成员个体利益的实现，集体经济组织原则上不应当参与农地规模经营收益分配。基于农民集体决议收取租金并用于提供公共产品或服务，属于农村社区经济自治权的范畴，具有一定时空范围的合理性。

---

[1] 参见《农村土地承包法》第10条、第16条、第33条、第34条、第36条；《农村土地承包经营权流转管理办法》第2条、第6条、第7条之规定。

[2] 参见韩松：《坚持农村土地集体所有权》，载《法学家》2014年第2期。

[3] 孙宪忠：《推进农村土地“三权分置”需要解决的法律认识问题》，载《行政管理改革》2016年第2期。

[4] 参见耿卓：《农民土地财产权保护的观念转变及其立法回应——以农村集体经济有效实现为视角》，载《法学研究》2014年第5期。

2. 土地承包经营权人和土地经营权人是收益分配主体

在稳定土地承包权的基础上，放活土地经营权，两者的法律关系是农地经营收益分配的前置性命题。目前，对于“三权分置”下土地承包权和土地经营权的关系存在三种基本观点：一是主张维持现行法律规定的土地承包经营权及其流转之法权框架，即用益物权和经营权流转说；[1] 二是认为两种权利都属于用益物权，主张用益物权和权利用益物权说[2]或者双重物的用益物权说。[3] 三是认为承包权是成员权的具体体现，土地承包经营权和土地经营权都属于用益物权，即“成员权＋用益物权”说。[4]

笔者认为，“三权分置”的权利结构应是“成员集体土地所有权—农户家庭土地承包经营权—土地经营权”。土地承包经营权是用益物权。土地承包经营权人可以基于自愿有偿流转，在其上地承包经营权上创设土地经营权。土地经营权也应被设计为一种用益物权，可以对土地承包经营权人流转的承包经营土地，在土地承包经营权剩余期限内行使占有、使用、部分收益的权能。由于其权能并未超出土地承包经营权剩余权能的空间，且其设立以土地承包经营权主体明确的暂时放弃权能的意思表示为前提，因而不会造成权利冲突以及物权受侵犯的问题。[5] 土地经营权期限届满后，经营权人向土地承包经营权人返还土地，土地承包经营权人自可恢复权利之圆满状态；如果土地经营权与土地承包经营权的期限同时届满的，土地经营权人可径行向农民集体经济组织交回土地，使农民成员集体土地所有权处于权利圆满之初始状态。农民集体再行向其成员发包，土地承包经营权人权利亦不会受到影响。现行法律规定的土地承包经营权及其流转之法权框架具有较强的理论解释力，已能够实现农地“三权分置”所要达到的目标，应在强化经营权物权性流转的基础上予以维持。农地“三权分置”中的“稳定农户承包权”所指的是农户家庭的土地承包经营权，“放活土地经营权”所指的是因流转产生的农地实际经营者的土地经营权。前者具有身份性和财产性的双重属性，而土地经营权则不受身份限制，成为完全自由流转的财产权利。

在充实农民土地承包经营权并使之长久不变的既定政策选择下，农地“三权分置”确保农户作为集体成员与其所在集体法权关系的长期稳定，并为集体经济组织初始用地农户之外的实际土地经营者利用农地提供了制度保障，“兼顾了农地的社会保障功能和财产功能”。[6] 农地“三

〔1〕 参见陈小君：《我国农村土地法律制度变革的思路与框架——十八届三中全会〈决定〉相关内容解读》，载《法学研究》2014 年第 4 期；高圣平：《新型农业经营体系下农地产权结构的法律逻辑》，载《法学研究》2014 年第 4 期。

〔2〕 参见蔡立东、姜楠：《承包权与经营权分置的法构造》，载《法学研究》2015 年第 3 期；朱广新：《土地承包权与经营权分离的政策意蕴与法制完善》，载《法学》2015 年第 11 期。

〔3〕 参见张力、郑志峰：《推进农村土地承包权和经营权再分离的法制构造研究》，载《农业经济问题》2015 年第 1 期。

〔4〕 参见刘俊：《土地承包经营权性质探讨》，载《现代法学》2007 年第 2 期；丁文：《论土地承包权和土地承包经营权的分离》，载《中国法学》2015 年第 3 期。

〔5〕 参见郑若瀚：《土地承包经营权制度改革：逻辑、原则与制度选择》，载《西北农林科技大学学报》（社会科学版）2016 年第 5 期。

〔6〕 蔡立东、姜楠：《承包权与经营权分置的法构造》，载《法学研究》2015 年第 3 期。

权分置”为农户进城务工抑或在村种地提供了选择空间，如果进城务工，还可以保留回村种地获得最基本保障的资格；如果选择在村种地，可以通过农地流转获得其他进程农民的土地，渐次实现种田大户或者家庭农场的规模经营方式。易言之，在农地“三权分置”农业经营体制下，土地承包经营权人可以选择自行耕种，保有并维持土地承包经营权利之完整，农地经营收益完全由自己享有和支配；也可以选择保留承包权而出让土地经营权，根据土地经营权的不同流转形式，将农地交由实际经营者占有、使用。在市场流转场合，土地承包经营权人和土地经营权人成为农地经营收益分配的主体，地租是维系两者法权关系的利益纽带。土地承包权人最重要的权利就是获取流转收益权；对于经营权人而言，租金是其最重要的生产经营成本，直接决定其利润空间和介入规模经营的主观意愿。“土地承包权人的分离收益取决于经营权人对承包地的利用，经营权人利用承包地也有赖于其为承包权人提供分离收益。”[1]收益分配的公平与否，收益权利的保障程度直接关系“三权分置”改革的顺利推进和目标实现。

（二）“三权分置”下农地经营收益分配的制度理念

分配是利益在不同主体之间按照一定的原则和方法进行的分割和配给。[2] 公平是利益分配的永恒主题，体现在社会分配的各个环节。从社会利益的整体性分配角度出发，收益分配包括产生收益的资源的分配和资源利用产生的收益的分配。前者是生产性资源的分配，可以分为资源的初始分配和二次分配；后者是收入分配，分为初次分配和再分配环节。收益分配本质上是一个法权结构安排的问题，需要平衡协调法的公平和效率价值。一般来说，在生产性资源的初始分配阶段，应当保证社会成员获得大体上质量相当的资源，考虑资源获得的均等性和可及性，体现起点公平和初始公平；在初始资源配置的基础上，为保证可分配社会财富的最大化，应当以效率为价值引领，进行资源的二次分配，使资源尽可能地向更有效率的使用主体配置和流动。收入分配是利用资源获得的收益的分配，在初次分配阶段，主要考虑各种生产要素的贡献和应得，按生产要素分配；在政府主导的再分配环节，应体现收入分配的社会调节功能和公平目标。

“三权分置”下农地经营收益分配的公平理念是建立在效率基础上的公平。农地的农民成员集体所有制保障了现在和将来生活在集体土地上的人都能获得公平的初始农地资源分配。但是，以农地社会保障功能为立法基础的“均田分配”和“农地农用”制度，不可避免地导致农地的极度细碎化，劳动生产率低下，而且家庭农地经营长时期处于很低的保障水平，只能解决温饱问题，难以实现致富理想。随着城镇化进程的加剧，农地流转导致的人地分离常态化，农村社会阶层不断分化，适度规模经营成为促进农地资源高效集约利用，提升农业现代化水平的必然选择。“三权分置”的政策意蕴在于通过稳定承包权，放活经营权，一方面，解除已经或者未来进城务工农民的后顾之忧，使他们可以“带地进城”，并促使其通过土地经营权的流转获得比抛荒更划算的流转收益；另一方面，给在村经营农户或者集体经济组织以外的农地经营者吃下“定心丸”，使他们持续加大土地经营投入，获得规模经营收益。农地“三权分置”为承包权人和经营权人提供

[1] 张力、郑志峰：《推进农村土地承包权和经营权再分离的法制构造研究》，载《农业经济问题》2015 年第 1 期。

[2] 参见许明月：《论社会分配综合法律调整体系的构建——基于综合法律调节视角的思考》，载《现代法学》2012 年第 6 期。

了利益实现的选择空间,促使自由选择基础上的农地资源的优化配置。土地承包权人通过资源的二次分配,或者凭借农地生产要素参与农地经营权人的收入分配;土地经营权人通过农产品市场交易获得农业规模经营收益,有效地解决了土地承包权人经营能力或者意愿不足引致的自身经营效率低下问题,又激励土地经营权人充分利用自身经营能力赢得更多经营资源,获取规模经营收益,体现土地产权流转的边际产出拉平效应和交易收益效应。[1]

综合上述分析,农地"三权分置"下的收益分配应当是建立在效率基础上的公平分配,如果没有土地经营权人的效率最大化,就很难实现土地承包人的农地流转收益。因此,适当的制度安排应当是在保障经营权人收益的基础上满足承包权人收益的实现,应当同时兼顾两方面的目标:一是规模经营收益在双方主体之间的有效均衡分配;二是激励农地经营权人持续地经营农地并获得最大化的收益。

三、"三权分置"下农地经营收益分配的市场机制和政府作用

相比国家政策和法律层面对农户作为农地流转主体地位,并强化市场机制实现收益分配的反复强调,[2]学界看法不一,大致形成市场派、[3]公权派[4]和中间派[5]三种主要观点。这些观点争鸣正是农地产权制度渐进式改革过程中,政府与市场,公权和私权两种作用互构、博弈和缠绕的反映。"三权分置"的政策意蕴在于稳定承包权的基础上放活经营权,土地经营权是在农户家庭土地承包经营权之上创设的。农户是土地承包经营权流转的决策主体,是否放活经营权以及选择什么样的流转方式放活经营权,都必须以土地承包经营权主体明确的意思表示为前提,正是在此基础上才不会出现经营权与承包权两者的权利冲突以及土地承包经营权受侵犯的问题。因此,相对于政府(组织)权力型分配,市场协商型分配是更加可持续的农地收益分配方式。

(一)农地经营收益分配的市场机制

在农地"三权分置"农业经营体制下,土地经营权向财产权的本质回归,构成了农地经营收益分配市场机制的产权基础。土地经营权的取得并不受集体经济组织成员资格的限制,有意愿

---

[1] 参见姚洋:《中国农地制度:一个分析框架》,载《中国社会科学》2000年第2期。

[2] 例如,《适度规模经营意见》在提出"三权分置"的同时,也明确强调"坚持依法、自愿、有偿,以农民为主体,政府扶持引导,市场配置资源,土地经营权流转不得违背承包农户意愿、不得损害农民权益""土地承包经营权属于农民家庭,土地是否流转、价格如何确定、形式如何选择,应由承包农户自主决定,流转收益应归承包农户所有""没有农户的书面委托,农村基层组织无权以任何方式决定流转农户的承包地"。

[3] 市场派学者主张,应坚持农地流转的农民自主和依法自愿有偿原则,制止地方政府权力或基层组织对农民利益的侵害。参见韩松:《新农村建设中土地流转的现实问题及其对策》,载《中国法学》2012年第1期。

[4] 主张公权派的学者认为,从国内外的实施经验来看,单纯依靠土地承包经营权人"经济理性"的自发流转,不能实现适度规模经营的目标,不利于促进农业产业化和现代化的实现;应当在法律上确认国家公权力主体及农村集体组织对农村土地承包经营权流转的调控权和干预权。参见张路雄:《耕者有其田——中国耕地制度的现实与逻辑》,中国政法大学出版社2013年版,第170~181页。

[5] 中间派学者认为,土地流转的中国模式,体现为基层政府或者集体组织在农地流转过程中,对土地供需各方的双重代表和双向协调功能,节约了交易成本,作为介于"私权派(市场派)"和"公权派"的第三条道路,是应当坚持和需要进一步完善的。参见凌斌:《土地流转的中国模式:组织基础与运行机制》,载《法学研究》2014年第6期。

和能力的经营权人可以取得土地经营权,从事农业生产,获取规模经营收益。农户有权根据自身家计状况自由选择是否出让经营权,其主要影响因素是可预见未来流转时段内的生活来源和就业保障水平;对于经营权主体而言,农地流转成本的支出是经营投资预期收益的重要影响因素。因此,农地流转价格实际上也就成为流转主体双方对农地经营权未来收益的预期估价。价格的形成受到农地资源禀赋、农户个体家庭交易意愿、农地供求关系等因素的多重影响,由供需双方,即土地承包权人和土地经营权人之间通过讨价还价并最终以合同的方式呈现和确定。坚持以市场化的方式完善农地流转收益分配机制,发挥价格对合理配置农地资源的作用,是对土地承包经营权人和土地经营权人利益的兼容保护。

1. 土地承包经营权人利益保护的需要

农民集体是作为农户成员综合体的集体和作为集体成员的农户的有机统一,农民集体所有权的目的就是要实现本集体成员的利益。[1] 作为成员的家庭农户不能脱离集体而实现其受益权能,农民集体土地所有权正是以其成员受益权的实现为终极目的指向和评判标准。在不同的经济社会发展时期,农民集体土地所有权实现形式的变迁同样应当以成员受益权的最大限度实现为首要目标。无论是农民集体统一行使所有权及经营管理权,统一分配土地经营所得收益;或者是在农民集体所有并在集体统一指导下,农户分户行使土地承包经营权并取得分户收益;抑或是在坚持农民集体所有的前提下稳定土地承包经营权,通过承包经营权流转形成各种形式的规模经营,并从规模经营收益中获得相应的土地生产要素分配,均是本集体成员基于集体所有的土地而实现成员利益的方式。

在20世纪50年代合作社改造初期,农户对于其投入合作经营的土地享有入股收益权。高级合作社阶段,农地农户私人所有终结,集体所有制开始形成。集体所有的初衷是避免农地产权私有下农户个体差异导致的贫富不均和两极分化,实现土地资源对村内农户的公平保障。进入人民公社时期后,则又实行高度集中的政社合一的生产组织和社会管理形式,集体所有,统一经营,集体劳动,按工分分配,集体成员只能通过在本集体内的劳动贡献获得利益分配以维持基本的生存。产权制度的变迁总是以外部性的内在化为动因。在土地集体所有的所有制路径锁定状态下,集体劳动经营体制越发暴露出其局限性,农村土地制度改革围绕所有权和使用权分离,并不断强化使用权这一基本主线展开。[2] 家庭承包经营制采取“集体所有 + 分户经营”的模式,纠正了“一大二公”经营体制的弊端,在土地经营收益分配上实行“交够国家的,留足集体的,剩下都是自己的”,理顺了国家、集体和农户个体的关系,解决了粮食短缺和温饱问题。而且家庭承包经营的一个重要结果是赋予农民支配自己劳动力的自由,农业剩余劳动力可以实现跨地区和跨行业的自由流动。[3] 《农村土地承包法》出台后,农户对农地的分户使用不再包含“承包责任制”成分,而仅仅表现为单纯的占有、使用、收益、部分处分(有限制的流转)权能。根据《物权法》的规定,集体土地由本集体成员集体所有,集体所有权已被界定为“成员权”集体所有制;成员与

[1] 参见韩松:《论农民集体土地所有权的集体成员受益权能》,载《当代法学》2014年第1期。

[2] 参见刘守英:《中国土地制度改革的逻辑与出路》,载《财经》2014年第14期。

[3] 参见张路雄:《耕者有其田——中国耕地制度的现实与逻辑》,中国政法大学出版社2013年版,第97~98页。

集体之间是委托——代理关系,每个集体成员分配所得及享有的承包经营权,是由集体所有成员确定土地承包经营分配方案后,委托给集体组织发包而来;农户是土地承包经营权流转的主体。[1]《农村土地承包法》和《物权法》都确定了土地承包经营权人对于流转收益的所有权。农地"三权分置"改革实际是对土地承包经营权的进一步分化,通过释放土地经营权,试图解决饱受诟病的土地承包经营权功能超载和权能结构逻辑混乱[2]的问题,使其保障功能与财产功能相分离,政治功能与经济功能相分离。在法权关系上,则表现为身份权与财产权的分离,而分离与否的决策权在农户家庭土地承包经营权人手上。换言之,只有当土地承包经营农户基于自愿保留承包权,流转土地经营权时,才会出项"三权分置"的状态,否则,仍然是"两权分离"。

根据布坎南的观点,交易成本就是机会成本,是决策者在做出决策时,对其未来不可享受的放弃选项的成本预测。成本只由决策者承担,成本是主观的,它存在于决策者的头脑之中而不能通过外界观测来推演计算。自己是自己权益最忠实的守护者。交易成本的主观性为我们理解农户土地经营权流转行为提供了理论基础,且这种理论具有高度可信的经验事实支撑。由于城镇化发展程度的地域差异和农户个体家计状况的差异,农户出让土地经营权的意愿是不同的。规模经营的推进应当是一个基于农户自愿的市场主导的渐进自发的过程,"动地必先动人"。"如果农民有更好的就业机会,有更高的收入,有更可靠的保障,他会自愿离开土地,这是一个自然的过程。"[3]在经济社会发展程度较高的地区,非农就业的劳动力价值显著高于不计劳动力成本的农地劳作收益,农业人口能够向非农就业转移,土地规模经营得以在土地经营权流转的基础上自然形成。但是,在我国大部分地区,城镇化的发展远未达到让农民长时间放弃经营权而不影响其生活质量的程度,兼业农户占农户的绝大多数。[4] 在实践中,转包农户是按照转包之初签订协议获取每年每亩土地的固定收益额,与自家分散耕种的平均收益水平相当,但这种固定收益往往难以起到保障的作用。如果打工失业或者年龄偏大,或者因意外事故丧失劳动力,流转土地的农户生活就会陷入困境。因此,通过保有土地承包经营权的完整,兼业农户家庭内部劳动力分工可以实现收益的最大化和风险的最小化,收益和风险都可预期且在可控制范围内的。老人农业至少可以满足家庭微观粮食安全的需要,多余的粮食产出还可以通过市场交易补贴家用,节省了家庭货币支出,实现了生活意义和社会认同(打工就业没有比较优势);家庭内的中青年劳动力可以进城务工获得工资收入,提高家庭整体生活质量。弹性的社会结构,使得农户具有巨大的利益调整空间。正是农村的存在,正是因为土地在农民手上,所以农民通过"以代际分工为基础的半工半耕结构"获得了在城乡之间进退往返的自由空间。[5] 在这种保护型的城乡二元结构格局下,家庭小农经济的农业生产模式仍然是当前农业经营的基础和主流,而且也是未来长期坚持的

---

[1] 参见刘守英:《农村集体所有制与三权分离改革》,载《中国乡村发现》2014 年第 3 期。

[2] 参见赵万一、汪青松:《土地承包经营权的功能转型及权能实现——基于农村社会管理创新的视角》,载《法学研究》2014 年第 1 期。

[3] 陈锡文:《农村土地流转与改革试验》,载《农村工作通讯》2009 年第 9 期。

[4] 参见贺雪峰:《农村社会结构已发生重要变化》,载《新重庆》2016 年第 2 期。

[5] 参见贺雪峰:《小农立场》,中国政法大学出版社 2013 年版,第 50 ~ 56 页。

主动选择。[1] 在农民自愿流转土地的情况下，就业和生活保障应该是没有问题的。但在实践中，政府或村委会替村民做主，强制推行规模经营，甚至纳入考评指标，截留流转收益，这些都违反了国家政策法律规定，造成农民失地又失权，陷入贫困的境地。

从此意义来看，我们在理解农地"三权分置"的政策意图时，不能把稳定承包权简单地与固定成员权资格相等同，更不能将成员权资格同固定的地租收益相等同。在实践中，政府主导下的工商资本下乡，实行土地流转资本化，农户仅凭成员权收取相当于其土地承包经营权收入变现的固定租金，这种做法与我国农业在很大程度上仍属于自给自足的自我保障型经济[2]的总体现状相违背。同理，那种认为农地"三权分置"的未来发展路向是由集体收回耕地的承包权，再通过租赁的形式将耕地租给"善耕者"经营使用的观点[3]同样也是值得商榷的。

2. 土地经营权主体利益保护的需要

土地经营权主体通过农地流转市场，从农户手中获得农地规模经营条件，其根本目的在于自身利益最大化。相比于农户家庭个体经营而言，规模经营的农地流转成本和用工监督管理成本要显著上升，而且其土地单产率可能会较低，[4] 从经营主体追求利润最大化的行为规则考虑，农地规模经营收益应不低于农地流转成本和管理成本支出，否则，以农地流转而形成的规模经营将无法持续。因此，在单位面积的土地上增加机械、技术投入，增加劳动生产率，可以在一定程度上抵销规模经营成本的支出，从而获得规模经营收益。

对经营权主体而言，农地流转成本的支出是经营投资预期收益的重要影响因素。农地流转成本，主要包括农地流转信息收集的成本和农地流转价格。在农地流转市场机制条件下，农地流转价格机制、供求机制、竞争机制能顺畅地运行，可以有效解决信息不对称、价格难界定等问题，各类农地经营权主体得以在公平竞争条件下实现农地资源的合理配置。此外，通过农地经营权流转合同统一示范文本的使用，农地流转行为更加规范化，有利于经营权人在合同约定年限内形成稳定预期，增加农地投入，促使规模经营收益的最大化。在此，需要特别说明的是，农村土地流转市场是一种二元市场模式，除了各类政府建立的农地产权交易机构等正式市场以外，以转包和租赁为主要流转方式的农户间流转形成非正式市场机制。这种非正式市场的存在具有合理性和长期性，应当在鼓励引导其规范化、要式化的基础上发挥资源配置作用。

（二）农地经营收益分配的政府作用

1. 政府介入农地流转和经营收益分配之现状检视

农户是土地承包经营权流转的主体，有权依法自主决定是否流转和流转的方式。但近年来，大部分的农地流转主要是由县乡政府和村委会主导的农村承包地流转，[5] 许多地方在新农村建

[1] 参见贺雪峰、印子：《"小农经济"与农业现代化的路径选择——兼评农业现代化激进主义》，载《政治经济学评论》2015 年第 3 期。

[2] 参见韩松：《论农民集体土地所有权的集体成员受益权能》，载《当代法学》2014 年第 1 期。

[3] 参见陈小方、李主奇、杜富林：《农村耕地"三权分置"发展方向研究——以改革开放以来耕地权属变革为切入点》，载《探索与争鸣》2015 年第 3 期。

[4] 参见刘凤芹：《农业土地规模经营的条件与效果研究：以东北农村为例》，载《管理世界》2006 年第 9 期。

[5] 参见赵俊臣：《警惕基层政府操纵农地流转》，载《改革内参》2011 年第 10 期。

设中，把本来由承包农户自发流转的民事行为，变为了权力主导的流转行为。在推动农地流转，发展适度规模经营的政策背景下，政府权力介入农地流转，自有其生成的社会经济根源：第一，通过农户自发自主的农地流转，目前难以在短时间内达到集中连片和规模经营的效果，“存在严重的理论误区”，[1]地方政府运用政策激励引导或者行政权力强制农户流转农地；第二，土地经营权人通常是较强势的一些工商企业携资本下乡，为了节约与个体农户分别谈判的成本，往往倾向于通过地方基层政府或者村委会直接获取农地资源，而地方政府或村干部出于权力寻租或者完成上级下达的土地流转任务等混合动机，也乐意充当“流转中介”，为资本下乡铺平道路。那么，政府权力介入农地流转会对农地经营收益分配产生怎样的影响呢？对此，我们需要从地方政府和村集体两方面考察权力介入农地流转的行动逻辑。

地方政府基于利益驱动和政绩冲动在农地流转中承担多元化角色：一方面，基于组织引导者和服务提供者的角色间接介入农地流转。通过建立完善农村三级土地流转市场，创设农地流转平台，为供需双方提供信息沟通、合同鉴证、评估估价等综合服务；通过制定农地流转补贴标准，并向土地经营权人发放补贴，采取经济激励方式鼓励农地流转。这种比较温和的促进型的农地流转引导方式，尊重农地经营权流转供需双方的交易主体地位，而且流转补贴的发放也在一定程度上为意向交易者节约了谈判成本，符合国家的政策意图。另一方面，采用行政权力推动的方式直接参与流转过程。在这种情况下，政府取代农户与农地经营权人进行谈判的资格和地位，成为农地流转的“第一行动集团”，且以政府推动下的工商资本下乡为农地经营的主要方式。政府往往直接确定农地流转的价格，将农地流转片面理解为农户土地承包经营权收入变现，农民失去谈判话语权，极易因农地“被流转”而陷入“失地”又“失权”的贫困境地。[2] 在政府主导的资本下乡过程中，国家和地方的各项支农资源往往向工商资本富集，对于其他规模经营主体带来不公平的竞争环境，抑制了小农生存空间，客观上形成了与真正从事农业生产的老年农业和中农经济“争利”的局面。[3] 此外，资本下乡种田并不见得比家庭经营更有效率，反而可能造成农地资源的浪费。政府和村委会在主导承包地流转时，往往以经济利益和利润为目的实施改变土地农业用途的违法行为，反而增加了农地复耕的成本，减少了农民收益。

就村干部的行动逻辑而言，从村民自治的角度分析，村干部是通过村民选举产生的，村民与村干部之间形成“委托—代理”关系，理应作为农民集体的利益代言人。但实际情况更为纷繁复杂，社会学对村干部角色定位的研究比较充分，大致形成“村庄保护人”“国家代理人”“赢利型经纪人”三种代表性观点。尽管学界存在很多分歧，但是几乎没有人完全否认该群体存在一定程度的“牟利”动机和行为，不同观点之间的差异大多都存在于“何种角色行动模式占支配性地位”的争论。[4] 笔者认为，村干部的行动逻辑应从其利益来源和逐利空间方面展开分析。村干部并不

---

[1] 黄延廷：《论导致农地规模化的几种因素——兼谈我国农地规模化的对策》，载《经济体制改革》2010年第4期。

[2] 参见朱强：《农地流转风险与防范研究》，北京师范大学出版社2013年版，第67~74页。

[3] 参见贺雪峰：《工商资本下乡的隐患分析》，载《中国乡村发现》2014年第3期。

[4] 参见辛允星：《村干部的“赢利”空间研究——以鲁西南X村为例》，载《社会学评论》2016年第3期。

属于政府机关工作人员，现行政治体制并没有赋予其在仕途上的上升通道，村干部没有获得升迁的机会和激励。因此，不同于政府工作人员的激励和约束机制，村干部主要考虑的是在法律和政策划定范围内，作为村庄政治和经济资源的“名义控制人”，在村民和政府利益博弈过程中追求自身经济利益空间的拓展和最大化。随着农村机动地的取消〔1〕和农村税费改革中村提留的停征，〔2〕全国绝大多数农民集体经济组织失去了为成员提供稳定的公共产品的经济来源。一事一议制度也基本上不起作用。乡村两级财政基本上蜕变为依赖财政转移支付才能勉强维持的“吃饭财政”。村委会的日常运转甚至需要依靠上级财政拨付经费才能维持。在这种情况下，村委会干部更像是地方政府在农村的代理人，而非农民集体利益的代理人。在财政供养有限的情况下，村干部自然成为资本下乡的支持者，被资本俘获并借此获得远高于集体普通成员收益的个体收益。有学者研究发现，在政府推进型的工商企业“资本下乡”过程中，村庄日益依附于公司，公司替代村庄逐步成为基层治理的社会基础。〔3〕村委会成员或者村民代表被吸纳进入公司组织管理层，“摇身一变”成为公司高管，从传统的农民集体利益代言人异化为方便公司对农村土地资源进行整理开发和对农民进行维稳管理的服务提供者。

综合上述分析，我们认为，权力直接介入农地流转，使农地经营收益分配的谈判格局复杂化和多元化。从理论上来说，农户和土地经营权人就收益分配或者流转价格的讨价还价是一种民事行为，谈判行为直接发生在农地经营权流转主体之间，两者的权利义务得以相对均衡地分配和保障。政府权力介入农地流转之后，形成“地方政府—村干部（村委会或村集体经济组织代表）—农户—土地经营权人”谈判格局，虽然节约了土地经营权人获取土地的谈判成本，但是随着利益分配链条的拉长，上述四方利益分配主体之间的利益分配博弈不可避免。土地经营权人是农地收益的创造者，也是国家各种支农资源和补贴利益的实际享受者，在利益分配中居于收益持有者和分配者的地位；基层政府及村干部基于政治利益驱动和权力寻租，在收益分配中处于土地经营权人合作者和农户利益压制者的双向协调地位；而农户则处于抗争者的弱势地位。

2. 政府作用的应然分析

农地经营权流转的主体是农户，而农户的农地流转行为主要受其个体家计状况的影响。在农地流转过程中，应当充分尊重农民意愿，坚持自愿有偿原则，政府不能滥用权力强制组织农地流转，而是应当为农地流转提供扶持引导服务，实现直接介入向间接引导的转型。政府作用的优化应注重以下两个方面：一是土地承包经营权流转市场建设，为流转双方节约交易费用，解决信息不对称和经济地位不对称的问题，促进公平竞争和资源合理配置；二是为进城务工农民提供社会保障，使其安心流转农地，实现规模经营。

---

〔1〕 参见《农村土地承包法》第63条之规定。

〔2〕 1990年国务院出台的《关于切实减轻农民负担的通知》首次将集体提留认定为农民负担，并且把集体提留和乡统筹一并计算，规定“以乡为单位，人均集体提留和统筹费，一般应控制在上一年度人均纯收入的5%以内”。但实际上，乡统筹和集体提留是两种不同性质的，农民负担的增加主要源于缺乏民主议定程序的乡统筹，对其取缔具有正当性，而集体提留承担重要的公共产品经济来源功能，取消集体提留被学者认为是政策性失误。参见高飞：《集体土地所有权主体制度研究》，法律出版社2012年版，第124页。

〔3〕 参见焦长权、周飞舟：《“资本下乡”与村庄的再造》，载《中国社会科学》2016年第1期。

市场协商型分配体制需要建立在市场主体双方实质平等和意思表示真实的基础上。在实践中,土地承包人和土地经营权人之间存在广泛的信息不对称和经济地位不对称。从长期来看,这些问题的解决必须依靠农地流转市场服务功能的健全,以替代实践中政府权力强制组织流转的作用。建立完善的土地承包经营权流转市场,在管理、服务和扶持方面发挥积极作用。在管理方面,政府要在确权颁证、土地用途管制、工商企业投资的风险防控与监管等方面创造更好的市场环境,保障土地承包经营权流转能够规范有序进行;在服务方面,是指政府应当在承包地流转的信息发布、政策咨询、合同指导、纠纷调处等方面发挥积极作用;在扶持方面,如对《适度规模经营意见》中提到的新型农业经营主体的扶持,包括粮食生产补贴、农地流转补贴等。

在“两权分离”下,土地承包经营权承担的农民社会保障功能与土地家庭承包经营是有机一体的。这种保障是一种低层次的保障,只能满足生存的基本需要。而在农地“三权分置”下,承包权和经营权的分离带来的突出问题之一,就是土地流转收益仅仅作为放活经营权的“对价”,不能承载保留承包权的全部价值内涵。现阶段农地仍然承担保障功能,在推进农地流转过程中,如果仅向农民支付土地承包经营权收入的变现价值,却不对原先附着于土地承包经营权之上的就业、养老等社会保障功能提供制度替代,则大批农村剩余劳动力面临失地、失权、失业风险,更会给国家带来严重的民生问题和社会隐患。因此,必须加快农民工的市民化进程,为农民安心流转承包地创造条件。农业土地的规模经营必须以农业从业人口的减少为前提,只有加快农业人口的转移就业,并真正落实农民工的市民待遇,才能真正实现大量农业就业人口向第二、第三产业的稳定转移,从而为农业规模经营奠定基础。转移就业的农民(如农民工)如果能够享受城镇居民所享有的各项基本公共服务,在城镇的工作、生活都得到保障,将会解除其后顾之忧,促使其扎根城市,从而采取更加长期和稳定的措施流转承包地,否则,将会影响土地承包经营权的长期稳定流转,业已流转的承包地也会面临进城农民工欲重新返乡种地,从而撕毁流转合同的风险。

四、结语

农地“三权分置”的权利结构,应是“成员集体土地所有权—农户家庭土地承包经营权—土地经营权”。“三权分置”是基于土地承包经营权人自愿选择基础上的农地产权形式和农地经营体制。农地产权制度由不确定性规则〔1〕向确定性规则,被动性的委托代理向自主性的个体决策转变。农地经营收益的公平分配直接关系“三权分置”的顺利推进和目标实现。在“三权分置”下,农业经营收益分配的核心命题在于土地承包权人和土地经营权人如何就规模经营收益进行公平分配。在农地流转和收益分配中,应充分尊重农民权利和意愿,坚持自愿有偿原则,发挥农地流转市场的作用。政府不能滥用权力强制组织农地流转,而应为农地流转提供扶持引导服务,实现直接介入向间接引导的转型。应当通过加强农地经营权的流转改进现行农地产权制度,完善进城务工农民的社会保障制度,促进规模经营基础上土地承包权人和土地经营权人总体收益的有效均衡实现。

---

〔1〕 参见张静:《土地使用规则的不确定性:一个解释框架》,载《中国社会科学》2003年第1期。

论农地经营权流转的现实困境

——以农地“三权分置”为背景

刘洋洋[*]

目　次

一、引言

一直以来，农村土地因承载政治、经济和社会保障功能而成为我国经济社会发展的基础性资源。农地承包经营权流转的规模不断扩大，速度不断加快，农地集体所有权—承包经营权的权利结构也在悄然发生变化，在实践中已形成了集体土地所有权、承包权与经营权“三权分置”的格局。2013 年 12 月召开的中央农村工作会议提出：“不断探索农村土地集体所有制的有效实现形式，落实集体所有权、稳定农户承包权、放活土地经营权。”2014 年 1 月中共中央、国务院发布的《关于全面深化农村改革加快推进农业现代化的若干意见》（以下简称 2014 年中央一号文件）更加强调：“稳定农户承包权、放活土地经营权，允许承包土地的经营权向金融机构抵押融资”“鼓励有条件的农户流转承包土地的经营权，加快健全土地经营权流转市场”。2014 年 11 月 20 日，中共中央办公厅、国务院办公厅印发了《关于引导农村土地承包经营权有序流转发展农业适度规模经营的意见》（以下简称《意见》），提出在坚持农村土地集体所有的前提下，促使承包权和经营权分离，形成所有权、承包权和经营权“三权分置”、经营权流转的格局，并要求“规范引导农村土地经营权有序流转”。2015 年 2 月中共中央、国务院发布的《关于加大改革创新力度加快农业现代化建设的若干意见》（以下简称 2015 年中央一号文件）在第五部分“围绕做好三农工作，加强

* 西南政法大学经济法学硕士研究生。

农村法治建设”中提到健全农村产权保护法律制度,并强调:“抓紧修改农村土地承包方面的法律,明确现有土地承包关系保持稳定并长久不变的具体实现形式,界定农村土地集体所有权、农户承包权、土地经营权之间的权利关系。统筹推进与农村土地有关的法律法规制定和修改工作。”土地经营权独立于土地承包经营权被提出,正式列入农村土地制度改革层面。

“三权分置”是我国农地流转实践的产物,并在国家政策层面得到确认。“三权分置”条件下,土地经营权可以更好地流转,有利于进一步解放和发展农村的生产力,将开启农村土地流转的新时期,但农村土地流程仍然面临一系列的困境亟须解决。

二、农地经营权流转的概述

(一)概念界定

所谓农地“三权分置”,是在坚持原有的农村土地集体所有不变的基础上,把农户的土地承包经营权进一步分离为农户的承包权和土地经营权。时任中共中央政策研究室农村局局长冯海发指出,对土地承包经营权进行土地承包权和土地经营权的分权设置,形成以所有权、承包权、经营权为特征的新型农地制度,优化农村土地所有、占有、使用、收益权能在不同主体之间的分布,显得十分必要。[1]

对于何为土地经营权,目前法律中并没有明确界定,法律中对土地承包经营权在权力设置上是合一规定的。根据《中华人民共和国物权法》(以下简称《物权法》)的规定,“土地承包经营权”是指“土地承包经营权人依法对其承包经营的耕地、林地、草地等享有占有、使用和收益的权利,有权从事种植业、林业、畜牧业等农业生产”,并且“土地承包经营权人有权将土地承包经营权采取转包、互换、转让等方式流转”。国务院发展研究中心农村经济研究部部长叶兴庆指出,土地经营权是从土地承包经营权中分离出来的一种相对独立的权利,是流转合同约定年限内的实际控制权,是利用流转土地开展农业生产经营活动的自主权、收益权和处分权。[2] 时任农业部产业政策与法规司司长张红宇指出,土地承包权属于成员权,只有集体经济组织成员才有资格拥有,具有明显的社区封闭性和不可交易性。土地经营权属于法人财产权,可以通过市场化的方式配置给有能力的人,具有明显的开放性和可交易性。[3]

根据经营权的一般定义,农地经营权强调了它是独立于农户承包权而存在的,更加突出了土地的流转功能,弱化了农户承包权的成员权色彩,相比于农户承包权的社区封闭性和不可交易性,土地经营权具有明显的开放性和交易性,即不是集体经济组织的成员依然可以流转农户的承包地,成为土地经营权人,但在权能设置上,经营者并不是农地的产权拥有者,只拥有一定期限内的经营、使用和收益的权利。土地经营权流转与之前的土地承包经营权流转虽然在内涵上是大体一致的,但是更加强调了农地经营权能的重要性,顺应了实践中农户的承包权和土地经营权分

---

〔1〕 参见冯海发:《对十八届三中全会〈决定〉有关农村改革几个重大问题的理解》,载《农民日报》2013年11月18日,第1版。

〔2〕 参见时兴庆:《合理界定农地所有权、承包权、经营权》,载《中国经济时报》2013年12月5日,第5版。

〔3〕 参见张文宇:《从“两权分离”到“三权分离”》,载《新农村商报》2014年1月15日,AB版。

离的现实发展要求。

因此，具体来说，农村土地经营权流转就是在坚持农村土地集体所有不变和农业用地性质不变的基础上，土地承包户依法对承包土地的经营权通过转让、租赁、入股等形式进行处置，把自己所承包的部分或者全部土地，以一定的条件流转给第三方经营并获得收益的行为。

（二）农地经营权流转的意义

农地经营权流转具有重要的现实意义。中央农村工作领导小组副组长陈锡文指出，经营权从承包经营权中分离出来，可以抵押担保，但作为物权的承包权依然不许抵押。这样既能缓解农民贷款难，又能做到风险可控，即使到期还不上贷款，农民失去的也不过是几年的经营收益，并不会威胁其承包权。[1]

随着我国经济社会的发展，农村劳动力大量转移到城市，农民的就业结构已发生较大变化，人地分离、离土离地的情况越来越多，农村土地承包权主体与经营权主体发生分离的情况也日趋普遍。在现实中，农户在自发性的实践中日益突破现有的制度设计，逐渐形成了农户承包权和土地经营权分离的情形，实践发展日益对重新农地制度提出新要求。实现土地经营权与农户承包权的进一步分离，是对农村经营主体变化、农地流转等生产力进一步发展的适时性调整，有利于进一步解放农村的生产力，有利于解除农户“一旦土地流转出去，便彻底失去了土地，从而不敢流转”的担忧，有利于更好地用活土地经营权，促进农业现代化与新型工业化、新型城镇化、农业规模化、信息化、农村现代化的发展，具有重要而深远的意义。

（三）农地经营权流转的政策解读

2014 年中央一号文件中强调：“稳定农户承包权、放活土地经营权，允许承包土地的经营权向金融机构抵押融资”“鼓励有条件的农户流转承包土地的经营权，加快健全土地经营权流转市场”。土地经营权替代了土地承包经营权作为农地流转的概念首次被中央提出。此后，2014 年 11 月 20 日出台的《意见》提出，在坚持农村土地集体所有的前提下，促使承包权和经营权分离，形成所有权、承包权和经营权“三权分置”，促进经营权流转的格局，并要求“规范引导农村土地经营权有序流转”。2015 年中央一号文件也是在农地“三权分置”的基础上，提出界定农村土地集体所有权、农户承包权、土地经营权之间的权利关系，并进一步指出“引导土地经营权规范有序流转”“引导农民以土地经营权入股合作社和龙头企业”。2016 年中央一号文件中共中央、国务院《关于落实发展新理念加快农业现代化实现全面小康目标的若干意见》也延续了这一基调。

上述文件都明确提出了土地承包权和土地经营权的概念，提出在土地农地“三权分置”的改革思路下，进一步促进土地经营权的流转。中央政策层面已经明确肯定了民间在实践中自发形成的“三权分置”，说明国家高度重视土地经营权流转问题，提出了“三权分置、土地经营权流转”的土地改革方向，但农地经营权流转过程中依然面临各种困境需要解决，农地经营权流转还有大量的工作需要完成。

---

〔1〕 参见陈锡文：《农村土地制度改革，底线不能突破》，载《人民日报》2013 年 12 月 5 日，第 2 版。

三、农地经营权流转的现实困境

（一）农地经营权流转后，改变土地用途，出现“非粮化”“非农化”

随着国家鼓励农村土地流转的一系列政策的出台，促进了各地的土地流转实践的发展，但是在农村土地经营权流转的背后，也出现了土地过度资本化、地价过快上涨、土地过度增值等对土地生产功能的影响和制约，即改变土地用途以及“非粮化”“非农化”现象。中央鼓励农村土地流转的政策意图是通过鼓励土地流转促进农业规模化、产业化、集约化经营，而非借土地流转之名违规搞非农建设。变相建设旅游度假村、高尔夫球场、别墅、私人会所等场所，严重违反了农村土地的农业用途的规定，也与国家鼓励土地经营权流转的政策初衷背道而驰。

在实践中，改变土地用途的情况一般分为三类。

一是个体农民自己违法用地，甚至突破农地的用途管制，擅自将耕地作为宅基地或者在获得的农耕地上建砖厂、煤场、养殖场、屠宰场等，进行商业用途开发。

二是部分工商企业利用土地流转，以发展“观光农业”“休闲农业”等名义，大面积占有农地，违规搞非农建设；有些工商企业流转农民的土地后“圈而不用”，造成耕地资源的浪费和低效使用；还有些企业借调整农业结构之名，将耕地用于蔬菜、林木、花卉及养殖等经济价值较高的项目，甚至进行非农开发，对国家粮食安全构成威胁。

三是一些地方出于招商引资、发展地方经济的考虑，对工商企业大面积流转土地用于非农建设的现象视而不见，疏于监管。

这些现象短期内看来可能并没有巨大的危害，但是结合我国人多地少、耕地面积不断减少的现实国情来看，这种现象如果继续蔓延，土地经营权流转的规模越大，我国本来就已经相当有限的耕地面积反而会更加紧张，不利于维护我国的粮食安全。

（二）农地流转行为不规范

农村土地经营权流转中的行为规范包括农地流转程序的规范性、农地流转价格的规范性、农地流转期限的规范性等方面。从这几个方面来看，存在许多不规范现象，突出表现在以下几个方面。

1. 行政权力强制土地经营权流转

基层政府不当的行政干预，片面追求快和大，一些地方出现违反农民意愿、欺骗甚至强制农民流转的情况，损害农民的合法权益。我国《物权法》第 128 条规定：土地承包经营权转让须经“发包方”同意，这一条款很有可能纵容基层政府不当的行政干预，导致普通农户不能按照自己的主观意愿自由流转手中的土地承包权，妨碍了土地经营权的自由流转。国家农业部的一项调查数据显示，有高达 20% 的调查县曾发生基层政府强行流转农民的承包土地的现象，有的表现为县乡两级政府没有征求农民意愿，主观编制流转计划；有的则是凭借土地所有者代表的身份和行政权力，以搞结构调整、城乡统筹实验等名义，违背农民意愿，甚至强制农民流转承包土地的经营权。

2. 流转合同不规范

土地经营权的流转实践中，自发性流转居多，并且存在严重的随意性。在现实中，小面积、小规模的流转,特别是散户之间的转包、租赁往往是口头协议,没有书面的流转合同。即使在有书面的流转合同的情况下,也存在流转合同不规范的问题,主要表现在合同内容过于简单,对双方的权利、义务、违约责任、承租土地上的附着物如何处置、合同条款、流转期限、标的等不够具体,有关赔偿条款缺乏明确具体的规定,容易引发一系列的合同纠纷,进而影响农村和社会的稳定等。而且大多数流转合同未经正规的政府合同管理机构审查、见证、备案或者公证机构进行公证,缺乏法律效力。

3. 流转期限不规范

流转合同期限以短期为主,5年以下居多,有的甚至一年一签。根据对湖南省隆回、桃江两县的调查,大户与流出方签订书面流转合同的仅占32.2%和40.3%,签订5年以上合同的不到10%,一些种粮大户“打一枪换一个地方”的现象较严重。[1]

4. 流转价格不规范

一方面,由于普通散户流转面积小,无法成片流转,只能以低价流转土地;另一方面,由于没有形成系统科学的土地资产评估体系,散户游离于土地流转价格之外,加之普通散户的价格意识淡薄,普通散户的利益无法得到保障。

(三)土地流转市场的管理服务滞后

土地流转虽然早已在各地开展,但土地流转市场依然比较混乱,而政府对于土地流转市场的管理服务显然滞后,最主要的表现如下。

1. 土地流转中介服务组织的缺乏

土地流转供求信息的高效与准确提供不仅对推动土地流转意义重大,而且本身也是农业信息化的内在要求。在现实中,土地流转往往是自发性占主流,散户之间的小规模、小面积流转无法实现土地大规模、高效率的聚集,迫切需要土地流转中介服务组织提供土地流转市场的供需两方面的信息。因为在现实中,由于散户与大户之间在生产经营规模、经营效益与经营理念之间都存在很大差异,因此,两者之间的土地需求与供给信息很容易出现信息不对称的问题,由此引发较高的土地流转交易成本,妨碍土地流转市场的健康发展,而土地流转中介服务组织能够很好地解决这一问题。

2. 公共服务体系不健全

政府的公共服务体系不健全主要体现在政府为农业发展、农村土地流转中提供的服务不到位,没有建立有效的土地流转公共服务体系,在土地流转的引导、检查和监督工作方面,还有很多的不足。

3. 土地确权颁证、登记工作没有全部推进,缺乏权利保障

“三权分置”下,承包权与经营权分离后,经营权人可以直接支配特定物,排除任何第三人干涉,因而经营权的设立、转移等必须通过法定的公示程序,才能使权利人之外的第三人知晓和尊重,但现实中,农村土地经营权的登记工作虽然已经在部分地区开展试点,但并没有完全实现,导

[1] 参见刘守英:《直面中国土地问题》,中国发展出版社2014年版,第80页。

致土地经营权流转的权属根基不稳，导致经营权人的权利无法得到有效的保障，没有给流转双方形成稳定的心理预期。

（四）农村的社会保障体系不健全

改革开放以来，我国逐渐形成了城乡分割的二元经济体制。我国农村地区的社会保障体系不够健全，无法为那些将土地流转出去的散户提供充分的社会保障，不少农民依旧把土地视为生活的基本保障和家庭的最后退路。而长期的历史文化心理因素使农户对土地高度依赖，土地一直发挥着社会保障的功能。有研究表明，在我国广大农村地区，土地承担了大约51.64%的社会保障功能。[1] 所以，当土地流转的费用低于农户的预期时，深受“土地是最后的养老保障”这一传统观念影响的农户，尤其是普通的小规模经营的散户，就很有可能放弃土地流转计划，但绝大多数经营者都希望土地能够形成规模，成方成片大面积、大规模的流转，不希望出现“插花地”。这就大大地影响了土地流转的规模化和集约化。

四、解决农村土地经营权流转困境的出路

（一）加强土地流转用途管制，防范“非农化”“非粮化”

严格按照中央全面深化改革领导小组在第七次会议审议通过的《关于农村土地征收、集体经营性建设用地入市、宅基地制度改革试点工作的意见》中强调的坚持三个底线不能突破：一是坚持农村土地集体所有；二是稳定土地承包关系；三是家庭经营的基础性地位。即坚持公有制性质不改变、耕地红线不突破、农民利益不受损三条底线。必须加强土地用途管制，禁止农民个人或者工商企业擅自改变土地用途，坚持最严格的耕地保护制度，维护我国的粮食安全。

为了防范大量工商企业下乡可能引发农地“非农化”问题，应对大企业下乡设置一道“高门槛”。具体措施应从以下三个方面着手：一是建立严格的准入制度。对工商企业长时间、大面积流转农民的承包土地要有明确的上限控制，规模要适度，不能过于庞大。二是建立风险的动态监督机制，政府部门要及时监督土地的利用情况、合同履行情况，避免土地用途演化为非农化、非粮化。三是建立流出方与流入方之间的流转风险保障金制度，防范承包地农户因流入方违约或经营不善而损害农户的利益。

在避免农地用途“非粮化”方面，避免现实中出现的“种粮的拿不到种粮补贴，不种粮的反而领种粮补贴”的不合理现象，可以通过新增农机具购置的补贴，开展农业生产者补贴试点，农产品最低价格保障制度等，引导、规范农村土地的流转市场价格，降低粮食生产成本，鼓励农地实际经营人进行粮食规模化生产。

（二）严格规范农村土地流转行为

1. 禁止行政权力的不当干预

2013年7月22日，习近平总书记在湖北调研时强调：“深化农村改革，完善农村基本经营制度，要好好研究农村土地所有权、承包权、经营权三者之间的关系，土地流转要尊重农民意愿、保

---

〔1〕 参见李源峰：《我国农村土地流转的政策回顾与现实思考》，载《领导科学论坛》2015年第15期。

障基本农田和粮食安全,要有利于增加农民收入。”农村土地经营权流转过程中,避免行政权力违反农民意愿、欺骗、强制农户流转土地经营权正是贯彻落实习近平总书记这一指示精神的需要。在农村土地经营权的流转过程中,要坚持依法、自愿、有偿的原则,严格按照土地经营权流转程序,要不要流转、怎么流转、以什么形式流转等方面都要充分尊重农户的自主意愿,严禁基层政府和村委会隐瞒、欺骗甚至强制农户流转承包土地的经营权。同时,要修改《物权法》第128条关于土地承包经营权转让须经“发包方”同意这一妨碍土地经营权自由流转的不当限制,促进土地经营权的自由流转。

2. 规范流转合同

针对实践中出现的没有书面流转合同或者流转合同存在内容过于简单、约定不明确等一系列困境,基层政府应根据当地具体情况,结合当地土地流转实践的需要,规范流转合同的文本,提供规范的土地经营权流转合同范本,对于流转合同的基本内容、双方基本的权利、义务以及违约责任、承租土地上的附着物如何处置、流转期限、标的等提供标准,以供流转双方参考。对于工商企业一方提供的明显不利于农户利益的、带有格式条款性质的流转合同,应予以规范。流转合同必须要经正规的政府合同管理机构审查、见证、备案或者公证机构进行公证。

3. 规范流转期限

由于农业作为第一产业的特殊性,短期内难见成效,如果经营权分离出来的时间过短,农业投资便难以回收,经营权人就无法稳定投资;如果流转期限过长,甚至允许农地长期流转并一次性交付租金,则又无异于变相出售农民的经营权,农民手中剩余的承包权将形同虚设。鉴于此,应当参考《物权法》中用益物权的期限以及农民承包经营权本身的实际存续期限,对土地流转的具体期限规定一个最短的期限,如5~6年。

4. 规范流转价格

对于土地经营权流转的价格,各地可能由于经济社会发展的差别而不同。但为了保护农户的基本权益,一方面,各地政府应结合本地流转市场的基本情况,对土地流转市场的价格进行适当调控,实行最低流转价格制度,保护农户的基本权益。另一方面,应建立系统科学的土地资产评估体系,充分发挥市场机制在土地流转中的决定性作用,避免人为操纵流转价格而对农户不利。

(三)完善土地流转市场的管理服务

1. 大力扶持土地流转中介服务组织

要在现有的农地“三权分置”现状的基础上,充分发挥市场对土地资源配置的决定性作用。要充分利用市场机制对土地流转的促进作用,大力扶持土地流转中介服务组织,形成“土地流出方—土地流转中介服务组织—土地流入方”的土地流转新格局,建立一个组织完整、运用规范、服务高效的土地流转中介体系与服务网络,为土地流转的供求双方提供交易信息,实现土地流转从“散户—农户”之间的自发性、分散性的土地流转现状向“散户—流转中介服务组织—大户”转变,形成有序化、市场化、组织化的转变,为土地的规模经营提供快速、高效、便捷的土地流转与聚集机制。

2. 健全农村土地经营权流转市场的公共服务体系

基层政府应建立县、乡、村三级土地流转服务网络,健全农村土地经营权流转市场的公共服务体系，开展土地流转信息发布、土地评估体系、法律政策咨询，提供规范的合同范本，调解因土地流转合同、流转期限、流转价格引起的纠纷，更好地稳定承包权，放活经营权，更好地促进经营权的流转。

3. 深入推进土地经营权的登记工作

现实中正在部分地区试点的农村土地承包经营权登记为实行承包权和经营权分离提供了良好的契机，应该继续推进农村土地承包经营权的登记确权工作，为接下来的土地经营权流转提供法律保障。承包经营权确权登记是其流转的基础，只有承包经营权明确了，才可能对其分离出来的经营权进行确权登记，既更好地保障经营权人的合法权利，也更好地实现承包权人的财产价值。

（四）完善农村社会保障体系

完善农村的社会保障体系，加大政府公共财政对农村社会保障的资金投入，建立健全最基本的农村社会保障制度，通过扩大最低生活保障制度的覆盖面，建立广泛的农民养老保险制度、失业保险制度，继续完善现有的农民新型医疗制度，逐步弱化土地的社会保障功能，解决好农民最关心的医疗、就业和养老问题，切实改进农村社会保障现状，充分释放农民的土地养老压力，推动农村剩余劳动力的转移，加快农村土地的流转。

五、结语

改革开放以后，我国首先进行农村土地制度改革，实现了集体土地所有权和农户的土地承包经营权的两权分置。随着农村经济社会的发展，两权分置不再适应农村的发展要求，广大农户在实践中自发形成了集体土地所有权、农户承包权和土地经营权“三权分置”的土地新格局，中央通过一系列的文件和政策确认了民间这一改革创新成果，并高度重视“三权分置”后土地经营权的流转问题，明确鼓励土地经营权的流转。但土地经营权流转过程中出现了一系列的困境，迫切需要解决。实践中出现的改变土地用途，出现“非粮化”“非农化”、农村土地流转行为不规范、土地流转市场的管理服务滞后等困境问题亟待解决。

论农地制度创新的逻辑结构与法律均衡机制

——基于行动者视角的分析框架

秦小红*

目　次

一、引言

建立法律均衡机制是农地制度创新的关键,这一问题至今才凸显。[1] 自改革开放以来,我国实行家庭承包经营为基础统分结合的双层经营体制,农业发展取得了举世瞩目的成就。在新的历史条件下,我国提出了新型城镇化和新型农业现代化的要求,总的发展趋势是依托家庭经营推进农业现代化。[2] 由于我国的双层经营体制,涉及复杂的产权制度结构和复合的组织制度安排,因此如何将农地产权理论的逻辑与农业组织理论的逻辑有机结合起来就成为农地制度创新的重点,也是我国农业是否能够实现现代化的关键。

农地制度创新可以从不同的角度进行研究,归纳现有文献,可以分为两类研究路数:第一类是外部研究路数;第二类是内部研究路数。外部研究路数多集中于研究改革农地制度创新的制度环境,[3]形成了以新型城镇化为逻辑理路的研究思路。[4] 其成果集中于改革城乡二元土地

---

* 江西财经大学法学院教授,法学博士。

〔1〕 参见中共中央、国务院《关于加大改革创新力度　加快农业现代化建设的若干意见》(2015年2月1日)。

〔2〕 李克强:《依托家庭经营推进农业现代化》,载《人民日报》2014年10月15日,第2版。

〔3〕 制度环境,是指一系列用来建立生产、交换与分配基础的基本的政治、社会和法律基础规则。参见[美]兰斯·E. 戴维斯、道格拉斯·C. 诺斯:《制度变迁的理论:概念与原因》,载[美]罗纳德·H. 科斯等:《财产权利与制度变迁:产权学派与新制度学派译文集》,刘守英等译,格致出版社、上海三联出版社、上海人民出版社2014年版,第188页。

〔4〕 参见陈昊、夏方舟、严金明:《新型城镇化背景下农村土地制度创新研究综述》,载《中国土地科学》2013年第11期。

制度结构〔1〕和转移农业人口〔2〕两个方面。内部研究路数多集中于研究产权制度的完善〔3〕和新型农业经营体制的构建，〔4〕但对产权制度与新型农业经营体系之间的结构性关系及其法律均衡机制缺乏系统分析。

以新型城镇化为逻辑理路的研究思路本质上属于内部问题外部化的方式，这一路数对于从宏观上描述农地制度的变迁轨迹具有重要的理论意义，但无法揭示农地制度创新的内在机理。显然，如果在研究城镇化过程中将城镇的内部问题外部化，而提出通过农业现代化解决城镇问题的要求，则城、乡问题的研究就会陷入循环论证的陷阱，实践上则会陷入相互推诿的困境，无法实现均衡的求解。因此，我们认为，在研究农地制度创新的制度环境时，较可取的方法是采取外部收益内部化路数，即通过研究农地制度自身结构的制度装置〔5〕捕获与转化新型城镇化红利的能力去发现农民的制度创新能力以及政府引导功能的法律规制原理，揭示农地制度创新的内在机理。

内在路数的文献忽视了两个基本问题，即农地制度设计的价值偏好和农地制度结构的复杂性。一方面，从 1982 年中央出台的第一个一号文件开始，政策始终突出了对农业经营制度的重视，这在宪法中也作出了明确规定。〔6〕另一方面，自 1986 年《中华人民共和国民法通则》（以下简称《民法通则》）确立了农村集体经济组织成员的承包经营权以来，农地产权制度不断丰富和完善，法律越来越突出保护农户财产权的偏好。由于产权制度基于财产权理论，而经营制度基于组织理论，在财产权理论框架下，产权制度与经营制度易于取得一致性，便于实现制度均衡。但在组织理论框架下，产权制度与经营制度易于出现非一致性，经常出现制度非均衡。特别是在我国城乡二元土地制度和集体所有制/农户产权二元财产权制度这种双二元结构叠加的制度条件下，解决农地制度的结构性非均衡和价值性偏离就成为创新农地制度的核心。由于客观法的极端复杂性，其解决之道必须满足许多政治社会条件，易陷入改革法律体系不能的困境，由于集体、农民和政府的过渡策略化选择，农业现代化进程中出现了一系列问题，〔7〕“走出这一困境的一条

---

〔1〕 参见刘守英：《中国城乡二元土地制度的特征、问题与改革》，载《国际经济评论》2014 年第 3 期。

〔2〕 参见傅晨、任辉：《农业转移人口市民化背景下农村土地制度创新机理：一个分析框架》，载《经济学家》2014 年第 3 期。

〔3〕 参见黄宝莲、黄祖辉、顾益康、王丽娟：《产权视角下中国当前农村土地制度创新路径研究》，载《经济学家》2012 年第 3 期。

〔4〕 参见陈锡文：《构建新型农业经营体系刻不容缓》，载《求是》2013 年第 22 期。

〔5〕 “制度装置，是指行动团体所利用的文件和手段，当这些装置被应用于新的安排结构时，行动团体就利用它们来获取外在于现有安排结构的收入。”参见［美］兰斯·E. 戴维斯、道格拉斯·C. 诺斯：《制度变迁的理论：概念与原因》，载［美］罗纳德·H. 科斯等：《财产权利与制度变迁：产权学派与新制度学派译文集》，刘守英等译，格致出版社、上海三联出版社、上海人民出版社 2014 年版，第 190 页。

〔6〕 《中华人民共和国宪法》（以下简称《宪法》）第 8 条第 1 款规定：“农村集体经济组织实行家庭承包经营为基础、统分结合的双层经营体制。”《宪法》没有关于集体经济组织成员承包经营权的规定，反映了《宪法》的农业组织学偏好。

〔7〕 参见中共中央、国务院《关于加大改革创新力度 加快农业现代化建设的若干意见》（2015 年 2 月 1 日）。

出路是对策略性互动的规范性调节”。[1] 因此，从主观法角度探讨行动者运用主观权利的机制和能力[2]就成为一个内在视角的动态问题，本文尝试以制度安排[3]中的行动者为考察对象建立一个分析农地制度创新的法律分析框架。

二、我国试验型农地制度创新的逻辑结构

（一）试验型农地制度创新的轨迹

我国农地制度是在反复试验过程中逐步建立起来的，其演进的轨迹表现为试验型实践创新和渐进式制度变迁过程。这一过程符合从经验事实到制度理性的人类学制度演化规律，[4]是一种制度创新模式。在这一模式中，农地制度创新不是农地制度环境变迁外部性溢出财产或产权内部化的产物，而是农地制度环境消极容忍或积极回应的结果。这一模式与新制度经济学所描述的诱致性制度变迁模型和政府强制性制度变迁模型在发生学顺序上是互逆的。申言之，试验型农地制度创新模式是农地制度创新倒逼农地制度变迁，而不是农地制度变迁诱致或强制农地制度创新。试验型农地制度创新模式提供了将实践理性导入制度性思考的经典样式。[5] 实际上，试验型农地制度创新的模式比较符合法律人类学对于制度演进的考察视角，这一模式是在非正式制度环境下启动的，是经验事实向制度理性演进的中国样式。

尽管新制度经济学也承认非正式制度对于制度创新的影响，但非正式制度处于修辞学地位，正式制度环境变迁对于制度创新的影响在他们的论证中仍然处于元叙事地位。戴维斯和诺斯建立起来的制度变迁与制度创新相互关系的分析框架，以及拉坦建立起来的诱致性制度变迁模型产生于法律制度健全、产权制度明晰、市场制度发达的条件下，其侧重点在于分析行动者合法（或合规）捕获制度环境变迁溢出的财产和产权的制度创新能力和创新机制。这一理论模型，并不能在我国农地制度演进的初始模式中得到检验。林毅夫提炼了诺斯制度变迁理论中的另一条线索，按照拉坦建立的范式拓展了制度变迁的理论，确立了政府强制性制度变迁的模型，从而将制度变迁理论从经济学领域导向政治经济学领域。政府强制性制度变迁模型颠倒了诺斯“非正式制度也是制度创新的重要因素”的观点，[6]而认为非正式制度是中性的，并不是制度变迁的决定

---

〔1〕 [德]哈贝马斯：《在事实与规范之间：关于法律和民主法治国的商谈理论》，童世骏译，生活·读书·新知三联书店2003年版，第32页。

〔2〕 参见[印]阿玛蒂亚·森：《生活水准》，徐大建译，上海财经大学出版社2007年版，第45页。

〔3〕 “一项制度安排，是指支配经济单位之间可能合作与竞争的方式的一种安排。”参见[美]兰斯·E.戴维斯、道格拉斯·C.诺斯：《制度变迁的理论：概念与原因》，载[美]罗纳德·H.科斯等：《财产权利与制度变迁：产权学派与新制度学派译文集》，刘守英等译，格致出版社、上海三联出版社、上海人民出版社2014年版，第188页。

〔4〕 参见[美]尼克·麦克米考、[奥]奥塔·魏因贝格尔：《制度法论》，周叶谦译，中国政法大学出版社2004年版，第39页。

〔5〕 参见徐显明、齐延平：《法理学的中国性、问题性与实践性》，载《中国法学》2007年第1期。

〔6〕 参见[美]道格拉斯·C.诺斯：《制度、制度变迁与经济绩效》，杭行译，韦森译审，格致出版社、上海三联出版社、上海人民出版社2008年版，第56页。

性力量。[1] 政府强制性制度变迁模型,将政府对制度环境的整体设计功能主题化了。[2] 我国农地制度演进的轨迹比这两种模型要复杂得多。

我们发现,我国农地制度变迁的模式并不能在拉坦的诱致性制度变迁模型中得到检验,也不能在林毅夫的政府强制性制度变迁模型中得到检验。我国农民在推动农地制度变迁过程中并不存在可资利用的制度环境,当时的制度环境也没有正外部性,而是具有极大的负外部性。农民在推动农地制度变迁之初,也不是为了追求正外部性(实际上没有正外部性)的内部化,而是单纯为了摆脱饥饿,求得温饱。[3] 因此,诱致性制度变迁模型无法检验我国农地制度的初始创新。我国农地制度变迁也不是政府理性自觉进行系统制度设计的结果,而是被饥饿和粮食短缺倒逼出来的。[4] 时至今日,我国城乡二元结构并没有完全破除,与此相配套的农业政策、法律制度、产权制度、经营制度、户籍制度、保障制度、治理制度等一系列制度体系并没有根本改观,农民阶级转化为农民等级的现实也没有根本改变,[5]实现还权赋能的任务仍然任重道远。快速的城镇化进程所释放的巨大红利也由于体系化的制度性歧视而与绝大多数农民无缘,成为一个真正的负外部性事件,这一切都不能通过政府强制性制度变迁模型的检验。

试验型农地制度创新模式成为我国改革开放之初创新模式的经典样式,影响国家和社会创新的各个方面。其中,农民起到了发动者的作用,地方政府起到了助成者的作用,科斯和王宁认为,这是从农业领域扩展到全部领域的“边缘革命”方式。[6] 在农民创造、地方政府引导基础上,中央政府将农民的试验和地方比较成熟的经验提炼为相关政策,在政策容忍或鼓励的条件下,再要求地方政府选点实验,待实验取得了定型化、可复制的基本事实后,再设置相应的配套政策或者法律。这既是一个反复试验的过程,也是一个通过制度创新不断推动制度变迁的过程。[7] 在城乡二元结构和计划经济体制没有根本废除之前,试验型制度创新模式可以弥补政府强制性制度变迁资源短缺的困难,也可以防范大规模制度变迁的社会风险,还可以降低制度变迁的成本,提高国家层面上制度创新的质量。[8] 尽管如此,这一模式仍然留下了“良性违法”,甚至“良性违宪”的严重负面影响,[9]使法治农村和法治国家建设陷入困境。当基本制度建设,特别是法律制

[1] 参见林毅夫:《关于制度变迁的经济学理论:诱致性变迁与强制性变迁》,载[美]罗纳德·H.科斯等:《财产权利与制度变迁:产权学派与新制度学派译文集》,刘守英等译,格致出版社、上海三联出版社、上海人民出版社2014年版,第282页。

[2] 同上书,第283页。

[3] 参见陈锡文、赵阳、陈建波、罗丹:《中国农村制度变迁60年》,人民出版社2009年版,第27页。

[4] 参见杜润生:《杜润生自述:中国农村体制变革重大决策纪实》,人民出版社2005年版,第113~120页。

[5] 参见周其仁:《城乡中国》,中信出版社2013年版,第60页。

[6] 参见[美]罗纳德·哈里·科斯、王宁:《变革中国:市场经济的中国之路》,徐尧、李哲民译,中信出版社2013年版,第97页。

[7] 参见[德]韩博天:《通过试验制定政策:中国独具特色的经验》,载《当代中国历史研究》2010年第3期。

[8] 参见陈天祥:《中国政府地方制度创新的利弊分析》,载《天津社会科学》2002年第2期。

[9] 参见郝铁川:《论良性违宪》,载《法学研究》1996年第4期。

度建设基本完成时，这一制度创新模式必须改变，[1]在法治轨道上进行农地制度创新已成为一种共识。[2] 申言之，如何运用法治思维和法治方式乃是农地制度创新的关键。

（二）试验型农地制度创新的空间结构与产权结构

我国农地制度变迁的初始模型，既不同于拉坦所建立的诱致性制度变迁模型，也不同于林毅夫所建立的政府强制性制度变迁模型，而是一种试验型模式。

从行动者角度考察，我国农地制度创新过程是一个积极主动的过程，而制度变迁则表现为一个消极被动过程，两个过程的非同步性决定了试验型农地制度创新的空间结构和产权结构。

1980年我国农村进行"包产到户"的核算单位已达到93%，[3]但中央政策仍然是"不许包产到户"。[4] 在这一过程中，政策也留下了开口，允许"深山、偏僻地区的孤门独户，实行包产到户"。1979年中央文件第一次允许在一些特殊地区实行"包产到户"，从而为我国的农业经营政策奠定了基础。[5] 随后，中央允许在贫困地区试行"包产到户"，其目的：一是农民吃饱肚子；二是解决国家运送救济粮的大量耗费问题。[6] 1982年中央一号文件正式确认农业生产责任制的正当地位。从空间结构来看，农业经营制度是从深山、偏僻地区的孤门独户到贫困地区，再推广到全国的，根本的动力是农民为了自己吃饱肚子。1983年中央一号文件认为联产承包制是"我国农民的伟大创造"。[7] 农业经营体制变革的空间结构不仅在农业领域形成，还影响其他领域的空间构造。习近平总书记认为："我国改革是从农村起步的，农村改革发展的伟大实践，为实现人民生活从温饱不足到总体小康的历史性跨越、推进社会主义现代化作出了重大贡献，为战胜各种困难和风险、保持社会大局稳定奠定了坚实基础。"[8]试验型农地制度创新是通过"邻里效应"不断扩散的，表现为扩散性空间展开过程。

试验型农地制度创新的轨迹是由农民与集体经济组织之间的关系以及农民与承包土地之间的关系共同型构的，历经了劳务管理关系、民事合同关系、行政合同关系、物权关系的演化过程。[9] 农民与集体经济组织之间的关系最早是一种以"包产到户"为基本样式的劳务管理关系，农民并不是经营主体，生产经营的主体和经济核算单位仍然是集体经济组织而不是农户，劳务管理关系并不涉及农地制度的产权构造，其所依据的是经济学的逻辑而不是法学的逻辑，其构造的

---

[1] 参见[美]蓝志勇：《给分权划底线，为创新设边界——地方政府创新的法律环境探讨》，载《浙江大学学报》（人文社会科学版）2007年第6期。

[2] 参见中共中央、国务院《关于加大改革创新力度　加快农业现代化建设的若干意见》（2015年2月1日）。

[3] 参见黄道霞等主编：《建国以来农业合作化史料汇编》，中国党史出版社1992年版，第1390页。

[4] 杜润生：《杜润生自述：中国农村体制变革重大决策纪实》，人民出版社2005年版，第100页。

[5] 同上书，第106页。

[6] 同上书，第114页。

[7] 《中共中央、国务院关于"三农"工作的一号文件汇编》，人民出版社2010年版，第20页。

[8] 习近平：《习近平在中央农村工作会议上的讲话》，载《人民日报》2013年12月25日，第1版。

[9] 参见秦小红：《农民理性与农民制度理性论纲——以农村地权与农村产权为论证中心》，西南政法大学法学院2014年博士学位论文。

也是一种不稳定的劳务管理关系而不是稳定的权利义务关系。[1] “包干到户”采取分户经营、自负盈亏的方式,使农户与集体经济组织之间的关系转化为农户与承包土地之间的关系。这“是农村经济改革在农业经营体制方面所取得的最重要的制度性成果”。[2] “包干到户”以农业生产经营为基础,形成了一种民事合同关系,农户成为自主经营的承包经营户和经济核算单位,这一法律地位在《民法通则》第27条中得到了确认。“包干到户”内在地要求农户必须拥有长期稳定的土地使用权,以满足土地作为农业最基本的生产要素的要求。《中华人民共和国农村土地承包法》(以下简称《农村土地承包法》)要求以合同方式[3]确认农户的土地使用权。《中华人民共和国物权法》(以下简称《物权法》)实施以后,农户承包经营权被确认为一项用益物权,农户对承包经营土地享有占有、使用和收益的权利,也享有流转的权利。承包经营权用益物权属性的确立为农民财产性权利的体系化奠定了法律基础,也为农民拒绝集体经济组织和政府的不当干预提供了法律依据,还为农民的财产性收益提供了法律保障。

三、农地制度创新外部环境的内部化

(一)农业现代化制度供需模式的内部化

农民财产权利的实现和新型农业现代化,是农地制度创新的两个基本目标。创新农地制度的目标之一,是为了满足新型农业现代化的需要。新型农业现代化的需求将现行农地制度的均衡状态认定为初始均衡,[4]动态评价为非均衡。非均衡评价是建立在认为现有农地制度无法将新型农业现代化所产生的预期收益内部化,而新的制度安排将增加总的收入这一假设基础上的。也就是说,相对价格是制度创新的决定性条件。[5] 因此,欲满足新型农业现代化的需要,就必须对现行农地制度进行创新。这是拉坦根据投资理论建立的制度供需模型。该模型勾画出了制度

---

〔1〕 参见高圣平:《新型农业经营体系下农地产权结构的法律逻辑》,载《法学研究》2014年第4期。

〔2〕 陈锡文、赵阳、陈建波、罗丹:《中国农村制度变迁60年》,人民出版社2009年版,第33页。

〔3〕 关于设立农户土地使用权的合同的法律性质存在争议,司法上也存在不同的处理方式,有行政合同说、民事合同说和经济合同说之争。参见金玉:《农村土地承包合同法律性质探析》,载《财贸研究》2008年第1期。我们认为,土地承包合同是一种复杂合同,必须根据其内容确定合同的法律性质。有关农户与集体经济组织之间关系的内容属于民事合同。在取消农业税费和纳粮义务以前,涉及农业税费和纳粮义务的合同属于行政合同。在取消农业税费和纳粮义务以后,涉及农地用途管制、合理利用、土地规划、农户普惠、特惠、特殊补贴权利的内容属于行政合同。物权法实施以后,土地承包合同属于物权设立的法定方式,土地承包合同属于民事合同,行政合同的内容不再载入承包土地承包合同的范围,纳入行政管理的范畴,单独形成一种行政法律关系。

〔4〕 “初始均衡,即指这样一种状态,在给定的一般条件下,现存制度安排的任何改变都不能给经济中任何个人或任何个人的团体带来额外的收入。”参见[美]兰斯·E. 戴维斯、道格拉斯·C. 诺斯:《制度创新的理论:描述、类推与说明》,载[美]罗纳德·H. 科斯等:《财产权利与制度变迁:产权学派与新制度学派译文集》,刘守英等译,格致出版社、上海三联出版社、上海人民出版社2014年版,第207页。

〔5〕 参见[美]道格拉斯·C. 诺斯:《制度、制度变迁与经济绩效》,杭行译、韦森译校,格致出版社、上海三联书店、上海人民出版社2008年版,第115页。

变迁需求与供给之间变化的基本轨迹，系统阐述了诱致性制度变迁理论。[1] 诱致性制度变迁理论讨论的是宏观层面上的制度需求与制度供给的关系，是以制度需求为依归的描述方式。

制度供需理论，涉及对现代化这一问题的基本判断。而对于现代化，特别是农业现代化的认识并没有达成共识，存在一些差异性的认知模式。现代化既可以从人类历史进程所形成的社会形态的角度来理解，也可以从后进向先进学习的角度去理解，还可以从生产方式的变革的角度去理解。[2] 不同的理解方式形成了不同的学术流派。

经济学多从经济增长或经济发展的角度理解现代化。一般观点较为认同舒尔茨所提出的农业现代化概念，它是传统农业向现代农业的转变过程，即将现代要素投入农业来替代传统农业的过程。[3] 这一概念仍然涉及对传统与现代的理解问题。徐勇反对在农业研究领域将传统与现代进行道德化对立的分类方式，强调传统与现代之间的历史连续性，并认为农业领域的现代概念是农民理性在现代背景下扩张的产物，[4] 这一观念比较合乎舒尔茨的判断。

农业现代化涉及两个基本制度问题：一是农民产权问题；二是农业组织问题。这两个问题都与农民理性假设密不可分。马克斯·韦伯认为，传统农民为了满足需要而生产，而不是为了追求利润而生产，他们为了摆脱贫穷而去劳动，而不是为了追求富裕而去劳动，相对于资本主义精神而言，他们不是理性人。[5] 韦伯的这一假设对后世学者的影响较为深远。申言之，这一假设认为，在传统背景下，赋予农民产权并不能建立有效的农地利用关系，产权制度并不能有效配置农业资源。在这一认识背景下，现代社会独立研究农民产权制度的文献较少，通常将农业问题的研究转移到农业组织学领域，致使农民产权制度的研究相对于农业组织学的研究而言非常薄弱。尽管“农学之父”恰亚诺夫表面上否定韦伯的农民理性人假设，但实际上他却搁置了对这一假设的系统批判，而将农学转入组织学的框架之中，[6] 遮蔽了对于农民产权权利的理性思考和农民产权制度体系的建构。

实际上，韦伯只是以资本主义生产方式为尺度认为传统农民无经济理性，而不是认为农民在任何制度环境下都无经济理性。恰恰相反，他认为在资本主义条件下，农民是理性的。他认为：“现代的农民，他们的贪欲和任何人相比都毫不逊色。”[7] 他认为，农民理性的有无是由制度环境决定的。舒尔茨将韦伯的外在研究路数内在化了。他认为，在土地、资本、农民的能力三个基本

---

〔1〕 参见[美]弗农·W.拉坦：《诱致性制度变迁理论》，载[美]罗纳德·H.科斯等：《财产权利与制度变迁：产权学派与新制度学派译文集》，刘守英等译，格致出版社、上海三联出版社、上海人民出版社2014年版，第233～237页。

〔2〕 参见罗荣渠：《现代化新论——世界与中国的现代化进程》（增订本），商务印书馆2009年版，第17页。

〔3〕 参见国务院发展研究中心农村经济研究部课题组：《中国特色农业现代化道路研究》，中国发展出版社2012年版，第19页。

〔4〕 参见徐勇：《农民理性的扩张：“中国奇迹”的创造主体分析：对既有理论的挑战及新的分析进路的提出》，载《中国社会科学》2012年第1期。

〔5〕 参见[德]马克斯·韦伯：《新教伦理与资本主义精神》，阎克文译，上海人民出版社2010年版，第189～191页。

〔6〕 参见[俄]恰亚诺夫：《农民经济组织》，萧正洪译，中央编译出版社1996年版，第18页。

〔7〕 [德]马克斯·韦伯：《新教伦理与资本主义精神》，阎克文译，上海人民出版社2010年版，第188页。

生产要素方面,农民能力的差别是最重要的。[1] 在他看来,传统农民在传统社会具有令许多当代经济学家无法理解的配置资源的能力和效率,欲使农业现代化,就必须通过人力资本投资使传统农民转化为现代农民,提高其在现代环境下对新的机会和刺激因素的反应能力和适应能力。[2] 诺斯认为,农民的感知变化不仅能够提高微观经济方面的生产要素组织能力,而且带来了政治与经济制度框架的变化。[3] 我国由农村改革推动的改革开放实践验证了这一结论。实际上,赋予农民产权的方式能比集体经营更好地建立有效的农地利用关系和要素配置绩效。

由于认识上的差异和价值偏好上的差异,作为制度装置形式存在的权利体系和产权制度在客观法方面相对贫乏,[4]这对于产权制度与组织制度在农地制度结构中的关系产生了深刻影响。特别是在我国,经营制度一直居于元叙事地位,产权制度处于修辞学地位,成为影响我国农业现代化水平的内在制约因素。

(二)诱致性制度创新的空间结构与行为结构

在法治条件比较成熟的社会,制度环境的变迁引起现行制度创新空间结构和行为结构的变化。制度环境的变迁会产生外部性,外部性所产生的部分有价值的财产和产权将处于公共领域之中。[5] 为捕获这部分溢出的财产和产权,现存制度安排下的行动者必须通过建立新的制度均衡机制的方式才能在相互竞争的格局中实现自身利益的最大化。

由于制度安排的各要素并不是均匀分布的,一项制度安排下的行动者对现存制度的构成要素,在捕获溢出财产和产权方面的敏感性与能力存在差异,因而产生了制度创新空间结构和行为结构的排序问题。当具有行动能力和适应能力的行动者将制度环境变迁的外部性转化为内部收益时,个体的制度创新活动就启动了。由于个体的制度创新存在成本,当这一成本不能外部化时,理性的行动者就必须建立收益与成本的动态均衡机制。为防止"搭便车"现象的出现,[6]理性的行动者会在均衡点的选择和均衡点的时序安排上选择交易费用最小的领域作为制度创新的切入点,这样就出现了制度创新的空间结构和行为结构。制度创新的空间安排和行为顺序是按照交易费用递减原理进行选择的。在连续不断的边际调整过程中,制度创新会出现边际递减效应,当边际调整绩效为零时,个体的制度均衡机制就建立起来了。在市场竞争背景下,每一个市场主体都会根据自身的行动能力或早或迟参与制度创新的活动之流,形成一种互动的"邻里效应",产生一种类似于政府强制性制度变迁的效果,但其总体上比政府强制性制度变迁需要更少的交易费用。

---

〔1〕 参见[美]西奥多·W.舒尔茨:《改造传统农业》,梁小民译,商务印书馆1987年版,第15页。

〔2〕 参见[美]西奥多·W.舒尔茨:《对人进行投资——人口质量经济学》,吴珠华译,首都经济贸易大学出版社2002年版,第8~10页。

〔3〕 参见[美]道格拉斯·C.诺斯:《制度、制度变迁与经济绩效》,杭行译,韦森译审,格致出版社、上海三联出版社、上海人民出版社2008年版,第189页。

〔4〕 参见中共中央、国务院《关于加大改革创新力度 加快农业现代化建设的若干意见》(2015年2月1日)。

〔5〕 参见[美]Y.巴泽尔:《产权的经济分析》,费方成、段毅才译,格致出版社、上海三联出版社、上海人民出版社1997年版,第4页、第17页。

〔6〕 参见张宇燕:《个人理性与"制度悖论"——对国家兴衰的尝试性探索》,载《经济研究》1993年第4期。

根据戴维斯和诺斯的研究,由于制度环境变迁对于一项制度创新而言是外生的,[1]外生资源只有转化成内部收益才能作为制度创新的新均衡的动力。而行动者的敏感性与行动能力,依赖于其自身素质和所拥有的制度装置。在一般情况下,组织化行动者捕获溢出财产和产权的能力高于个体,复杂性组织化行动者捕获溢出财产和产权的能力高于单纯性组织,这也是组织创新的基本原理。[2] 阿玛蒂亚·森关于可行能力与功能活动的研究[3]以及拉坦将组织创新直接作为一项制度创新看待的观点[4]都得出了相同的结论。我国现阶段农村改革创新致力于推进以承包经营权为基础,以承包经营权流转为关键环节,以适度规模经营为目标,以新型农业经营主体为载体的新型农业现代化进程体现了诱致性制度变迁的基本原理。

四、我国农地制度创新的法律均衡机制

以农业经营体制创新为目标的农地制度改革与以保障农民权利为目标的产权制度改革,在新的历史条件下使农地的初始均衡状态出现了新的非均衡现象。从创新农业生产经营体制的角度出发,政策着力于引导农业生产经营组织创新,致力于促进新型农业经营体系的建立。[5] 从创新农村产权制度的角度出发,法律要求保障农民的用益物权,构造农民完备的权利体系。[6]政策趋向于适度规模经营,其行动策略以所有权、承包权、经营权"三权分置"为基础,以经营权流转为中心,突出的是政府在经营权流转中的引导功能,[7]遵循的是经济学的逻辑。[8] 权利取向上遵循私法自治原则,以承包经营权为基础,突出承包经营权人的意愿与自主选择,反对集体经济组织和政府行为的不当干预,遵循的是法学的逻辑。

由于经济学的逻辑与法学的逻辑存在潜在冲突,会出现农地制度创新在行动层面上策略能力不足或过渡策略化而导致的非均衡状态。一方面,由于人地矛盾和城乡二元结构的影响,承包经营权流转不顺畅,土地细碎化和撂荒现象影响农地使用效益,农民的用益物权不能完全实现,需要政府行为的适当引导。另一方面,由于片面强调适度规模经营目标,以致在政府引导流转过程中,出现了违背承包农户意愿、损害农民权益、改变土地用途、破坏农业综合生产能力和农业生态环境的现象;出现了政府通过定任务、下指标或将流转面积、流转比例纳入绩效考核等方式推

[1] 参见[美]兰斯·E.戴维斯、道格拉斯·C.诺斯:《制度变迁的理论:概念与原因》,载[美]罗纳德·H.科斯等:《财产权利与制度变迁:产权学派与新制度学派译文集》,刘守英等译,格致出版社、上海三联出版社、上海人民出版社2014年版,第188页。

[2] 同上书,第193~194页。

[3] 参见[印]阿玛蒂亚·森:《生活水准》,徐大建译,上海财经大学出版社2007年版,第45页。

[4] 参见[美]弗农·W.拉坦:《诱致性制度变迁理论》,载[美]罗纳德·H.科斯等:《财产权利与制度变迁:产权学派与新制度学派译文集》,刘守英等译,格致出版社、上海三联出版社、上海人民出版社2014年版,第230~231页。

[5] 参见中共中央、国务院《关于加快农业现代化 进一步增强农村发展活力的若干意见》(2012年12月31日)。

[6] 参见陈小君:《我国农村土地法律制度变革的思路与框架——十八届三中全会〈决定〉相关内容解读》,载《法学研究》2014年第4期。

[7] 参见中共中央办公厅、国务院办公厅《关于引导农村土地经营权有序流转发展农业适度规模经营的意见》(2014年11月20日)。

[8] 参见高圣平:《新型农业经营体系下农地产权结构的法律逻辑》,载《法学研究》2014年第4期。

动土地流转的不当行为;还出现了搞“大跃进”,搞强迫命令,搞行政“瞎指挥”的乱作为问题,[1]故必须尊重农民权利,对政府引导行为进行法律规制。在新的历史条件下,[2]必须建立协调农民用益物权有效实现与政府适当引导的法律均衡机制才能实现农地制度创新的双重目标。

(一)农地产权体系的法律结构与制度完善

农地产权制度是农地制度变迁的法律成果,是农地制度创新的基础和逻辑起点。农地产权制度是一个权利化的过程。从最初的“包工生产”到“包产到户”到“包干到户”再到承包经营权的确立,农民的土地权利一步一步规范化、法律化,产权也越来越明晰。

我国农地产权制度体系是以集体土地所有权为基础,以农民的承包经营权为核心而建立的产权制度体系。由于农地产权制度体系的复杂性,农地产权制度体系内部的均衡性是我国农地制度均衡的基础。关于集体土地所有权与农民承包经营权之间的关系,理论及实务界存在不同的认知偏好和制度安排。

强调集体土地所有权的主张认为:“应当从我国农民集体土地所有权的公有制基础、集体成员的集体共有权、集体土地社会保障性、集体土地资源性等特殊性质来认识农民集体土地所有权的权能,重新构造农民集体土地所有权的权能体系。”[3]申言之,这一主张认为,农民的承包经营权是从农民的集体土地所有权之权能中分离出来的一项权利,是农民集体土地所有权的权能处置方式,农民的承包经营权之法律构造和权能运动必须受到农民集体土地所有权的限制,不能完全按照私法自治原则运行。西方国家以土地私有制为基础的土地所有权的权能结构,不能硬套在我国农民集体土地所有权上。农地用途和使用上的限制、承包经营权流转上的限制等都是农民集体土地所有权对农民承包经营权的应然限制,承包经营权也必须接受这种限制。

强调农民的承包经营权的主张认为,将承包经营权从集体土地所有权中分离出来,并通过法律构造为一项用益物权的目的是长久稳定土地利用关系,而不是集体土地所有权的权能改进。申言之,承包经营权是法律在集体土地所有权上所设立的权利负担,而不是集体所有权权能分离的结果,[4]承包经营权一经设立,即成为权利人的一项独立财产权利。权利人不仅可以向第三人主张不可侵犯的物上权利,甚至可以排除所有权人的侵扰和干涉。尽管承包经营权是从集体土地所有权的权能中派生出来的一项用益物权,但为实现其目的和功能,承包经营权的效力必须具有在一定范围内抑制集体土地所有权的效力。[5] 法律设立承包经营权较好地处理了集体经济组织与集体经济组织成员之间的稳定的权利义务关系,处理好了集体经济组织和集体经济组织成员与土地之间的长期稳定的关系,最本质的功能是建立了农民有效利用土地的长期稳定的

---

[1] 参见中共中央办公厅、国务院办公厅《关于引导农村土地经营权有序流转发展农业适度规模经营的意见》(2014年11月20日)。

[2] 政策对新的历史条件的评估是“农村劳动力大量转移,农业物质技术装备水平不断提高,农户承包土地的经营权流转明显加快,发展适度规模经营已成为必然趋势。”参见中共中央办公厅、国务院办公厅《关于引导农村土地经营权有序流转发展农业适度规模经营的意见》(2014年11月20日)。

[3] 韩松:《农民集体土地所有权的权能》,载《法学研究》2014年第6期。

[4] 参见房绍坤:《用益物权基本问题研究》,北京大学出版社2006年版,第44页。

[5] 参见崔建远:《物权:规范与学说——以中国物权法的解释论为中心》,清华大学出版社2011年版,第491页。

关系,促进了集体经济组织成员有效利用土地的积极性。

上述两种主张涉及法律解释论与法律构造论之间的关系问题。法律解释论认为,承包经营权是集体土地所有权权能运动的产物,法律构造论则认为承包经营权是为了稳定农民土地利用关系而作的法律规定。强调集体土地所有权的主张以法律解释论为基础。按照法律解释论的逻辑,承包经营权是集体土地所有权的一种权能处分方式的法律化,集体土地所有权既可以赋予承包经营权一定的权能,也可以给承包经营权设立一定的权利负担。从法律解释论的角度来看,承包经营权在集体土地所有权上所承载的权利负担属于集体土地所有权在权能上的一种“作茧自缚”的功能。承包经营权的法律构造必须以集体土地所有权为基础,既赋予承包经营权人用益物权,也接受集体土地所有权施加的权利负担。承包经营权并不具有纯粹的私法属性,其法律构造不能脱离集体土地所有权的公共属性和社会保障功能,尽管其为一项用益物权,但其仍须接受源于集体土地所有权本身的限制,承受社会法和管理法上的权利负担。强调农民的承包经营权的主张以法律构造论为基础。按照法律构造论的逻辑,承包经营权是法律在集体土地所有权上设立的权利负担,是法律赋予农民的一项用益物权。用益物权本身确认权利人对承包土地的占有、使用、收益和流转的权利。这些权利源于法律的规定而不是集体所有权的权能运动或权能处分的法律化。相反,正是由于集体所有权的权能运动出现了土地利用关系上无法逾越的障碍,影响了集体土地利用效益,法律才将其分离出来。

法律解释论与法律构造论在承包经营权人承包与经营行为不分离的情形下一般不会发生直接冲突,但在承包经营权人承包与经营行为分离的情形下则会发生直接冲突。其冲突的典型情形和改进措施如下。

第一种情形是承包经营土地被征收的情形。征收行为不仅使集体土地所有权灭失,而且使承包经营权人的用益物权灭失。我国《物权法》第 42 条第 2 款规定:“征收集体所有的土地,应当依法足额支付土地补偿费、安置补助费、地上附着物和青苗的补偿费等费用,安排被征地农民的社会保障费用,保障被征地农民的生活,维护被征地农民的合法权益。”这一规定是按照法律解释论的原理设计的法律制度。《物权法》第 132 条规定:“承包地被征收的,土地承包经营权人有权依照本法第四十二条第二款的规定获得相应补偿。”由于“相应补偿”的规定本身缺乏明确性,留下了一定的解释空间,实践中也出现了操作困难。按照法律解释论的逻辑,“土地补偿费”应“归公”,按照法律构造论的逻辑,“土地补偿费”应“归私”。比较合理的法律均衡机制是在“归公”与“归私”之间确定一个合理的比例。政策要求“建立兼顾国家、集体、个人的土地增值收益分配机制,合理提高个人收益”。〔1〕 比例的确定不宜采用集体经济组织民主的方式,以避免民主被操纵或被利用,采用法律规定的方式比较妥当。

第二种情形是承包经营土地弃耕抛荒的情形。《中华人民共和国土地管理法》(以下简称《土地管理法》)第 37 条第 3 款规定:“承包经营耕地的单位或者个人连续二年弃耕抛荒的,原发包单位应当终止承包合同,收回发包的耕地。”这一规定是按照法律解释论的原理设计的法律制度。《物权法》第 131 条规定:“承包期内发包人不得收回承包地。农村土地承包法等法律另有

〔1〕 参见中共中央、国务院《关于加快农业现代化 进一步增强农村发展活力的若干意见》(2012 年 12 月 31 日)。

规定的,依照其规定。”由于《物权法》采用了引致性规范,根据其规定,弃耕抛荒行为的处理应以《土地管理法》为准据法,发包人应该收回弃耕抛荒的承包地。《农村土地承包法》没有关于承包人弃耕抛荒承包地由发包人收回的规定。最高人民法院《关于审理涉及农村土地承包纠纷案件适用法律问题的解释》(以下简称《解释》)第6条否定了承包人弃耕抛荒承包地发包人有权收回的规定,支持承包经营权人的承包经营权。《解释》是按照法律构造论的原理设计的制度。从法律目的角度分析,承包人弃耕抛荒承包地不仅违背法律解释论的逻辑,也违背法律构造论的基本前提。法律设立承包经营权的直接目的是长期稳定土地利用关系,根本目的乃是更好地利用耕地,弃耕抛荒行为从根本上违背了这一宗旨。然而,从社会转型的角度考察,由于城乡二元结构的障碍,弃耕抛荒行为又是一个必然现象。因此,弃耕抛荒行为不仅是一种法律现象,也是一种社会现象。《土地管理法》和《物权法》是从法律目的角度思考弃耕抛荒行为的,《农村土地承包法》和《解释》是从社会角度思考弃耕抛荒现象的。由于弃耕抛荒现象比较复杂,对此必须进行类型化处理。对于因承包人自身农业生产条件缺乏而弃耕抛荒的,政府应采取扶持政策,使其有复耕能力,发包人不应收回。对于非因承包人自身农业生产条件缺乏而弃耕抛荒的,可要求其流转,既不流转,亦弃耕抛荒的,发包人应根据法律规定收回。

第三种情形是承包经营权流转的情形。承包经营权流转是承包经营权权能运动与适度规模经营政策引导相互作用的结果。关于承包经营权流转的认识,经济学的认识与法律构造论的认识并不一致。经济学从明晰产权结构的角度出发认为应该区分所有权、承包权和经营权,采取“三权分置”方式,承包经营权人流转的是经营权而不是所有权和承包权。[1] 中共中央办公厅、国务院办公厅2014年11月20日公布的《关于引导农村土地经营权有序流转发展农业适度规模经营的意见》采用了这一逻辑。国务院办公厅2015年1月22日公布的《关于引导农村产权流转交易市场健康发展的意见》第2条第3款也明确规定:“现阶段通过市场流转交易的农村产权包括承包到户的和农村集体统一经营管理的资源性资产、经营性资产等,以农户承包土地经营权、集体林地经营权为主,不涉及农村集体土地所有权和依法以家庭承包方式承包的集体土地承包权,具有明显的资产使用权租赁市场的特征。”政策之所以采用经济学的逻辑,一方面是为了助成经营权流转以实现适度规模经营目标;另一方面是为了在经济下行压力背景下保障农民的承包权,保障农民基本生活和维护社会稳定。本质上,经济学的逻辑是法律解释论逻辑的延伸。按照法律解释论的逻辑,承包经营权是集体土地所有权权能分离的结果,既然集体土地所有权能够分离出承包经营权,承包经营权也能分离出承包权与经营权。法律构造论认为“三权分置”既不符合法律的规定,也不符合法律构造原理和承包经营权流转的实际。[2] 从法律规定来看,《民法通则》《农村土地承包法》《物权法》用的都是承包经营权,法律并未在承包经营权上另设一项经营权。从法律构造原理来看,承包经营权是法律设立的一项用益物权,经营只是承包经营权本身的一项权能。承包经营权人得自我实现或通过流转实现其权能,遵循的是私法自治原则。从承包

---

〔1〕 参见刘守英:《十八届三中全会后的土地制度改革及其措施》,载《法商研究》2014年第2期。

〔2〕 参见陈小君:《我国农村土地法律制度变革的思路与框架——十八届三中全会〈决定〉相关内容解读》,载《法学研究》2014年第4期;高圣平:《新型农业经营体系下农地产权结构的法律逻辑》,载《法学研究》2014年第4期。

经营权流转的实际来看，承包经营权流转既有“转让”“互换”“入股”等物权移转方式，也有抵押、担保等物权设定方式，还有“出租”“转包”等债权设定方式，这些方式并不是“经营权”能够概括的。实际上，“三权分置”的经济学构想不仅不能实现政策目标，还可能引起法律实施的混乱。

承包经营权流转既是承包经营权人依法自愿实现承包经营权权能的一种方式，也符合适度规模经营的政策目标。按照法律解释学的原理，由于承包经营权是集体土地所有权权能分离的结果，其在行使权能的特别情形中应受集体土地所有权的限制。按照这一原理，《农村土地承包法》第37条规定，采取转让方式流转的，应该经发包方同意。法律构造论者认为，这一规定违背了物权转移的基本原则，应予废止。〔1〕 朱虎认为，“同意”条款的设置不是基于法律解释学的逻辑，也不是基于法律构造论的逻辑，而是基于农村治理的社会学逻辑。随着农村治理条件的改善，“同意”这种非法律考量越来越缺乏存在的意义。〔2〕《解释》第13条规定：“承包方未经发包方同意，采取转让方式流转其土地承包经营权的，转让合同无效。但发包方无法定理由不同意或者拖延表态的除外。”《解释》采用“但书”方式将现实条件下的法律刚性规定转化为一个可以通过程序法予以个案化灵活处理的问题。针对法律规定的不尽合理之处，我们认为还可以通过优先权前置这一实体方式予以处理。即“承包方未满足同等条件下本集体经济组织成员的优先权，转让合同无效”。程序性个案化灵活处理与实体性优先权制度相结合的方式可以解决“同意”制度设立的两个关键性操作问题。程序性个案化灵活处理制度设立的目的是为了防止集体经济组织的代表机构无正当理由阻止或者拖延承包人流转承包经营权，其核心实际上是防止集体经济组织代表机构的腐败行为、牟利行为或者基于人际关系的恶意行为。优先权前置制度基于耕地之间天然的相邻关系，承包经营权必然伴随相邻权。在长期的共生共处过程中，集体经济组织成员承包地的相邻关系基本上形成了一套有效的非正式规范，相邻权易于实现。如果承包方的转让行为没有经过优先权前置程序，则受让方的相邻权将处于不稳定状态，生产经营行为也难以预期。

（二）政府引导承包经营权流转行为的法律规制

政府行为与农地发生关系的方式有宏观与微观两个层面：宏观层面包括政府通过土地用途和产业政策对农地进行管理；微观层面包括政府的一系列产业引导行为和承包经营权流转引导行为。政府的产业引导行为包括种粮农民直接补贴、良种补贴、农机具购置补贴、农资综合补贴等普惠给付行为，也包括新增财政补贴给付新型经营主体的特惠补贴行为，还包括对符合特定产业政策的经营主体给付补贴或将特定项目分配给新型经营主体等特殊补贴行为。

对于政府行为与承包经营权流转之间关系的理解，学者存在不同认识：第一种观点认为，承包经营权是法律为维护农民稳定的土地利用关系而设立的用益物权，承包经营权流转应遵循私

---

〔1〕 参见高圣平：《新型农业经营体系下农地产权结构的法律逻辑》，载《法学研究》2014年第4期。

〔2〕 参见朱虎：《土地承包经营权流转中的发包方同意——一种治理的视角》，载《中国法学》2010年第2期。

法自治原则,政府应尊重农民的意愿,[1]用益物权的实现依赖于农民土地权利体系的建立。[2]第二种观点认为,我国农村土地流转的"中国模式"是政府组织和主导运行下的流转模式,如果没有政府的组织和主导作用,承包经营权流转不会自动导向适度规模经营目标。[3] 第三种观点认为,建立在集体土地所有权权能基础上的承包经营权流转应在遵循私法自治原则的基础上,接受集体土地所有权的限制。[4] 我们认为,宏观层面的政府引导行为主要是政府为承包经营权流转供给基本制度、社会化服务和市场制度。在微观层面上,政府不是承包经营权流转的当事人,其行为居于承包经营权流转的助成地位。政府的这一定位已被政策所界定。[5] 至于第三种观点,涉及集体土地所有权的权能与承包经营权之间的关系,表现为集体经济组织与集体经济组织成员在承包经营权流转中的法律关系,具体体现在优先权制度、同意制度、备案制度等方面,不是政府与承包经营权人之间的法律关系。同时,集体经济组织在承包经营权流转中也不是政府代理人,现行法律规范中的集体经济组织与集体经济组织成员之间的法律关系也不是政府与承包经营权人之间的法律关系。

承包经营权是一项用益物权,其流转遵循私法自治原则,依法、自愿为其根本,排除政府不当干预为法律应有之义。但因承包经营权复杂的法律构造、产权结构和社会条件,其流转目的,特别是适度规模经营目标的实现需借助政府引导功能的发挥。微观层面的政府引导行为是政府通过给付行为、助成行为、诱导行为、媒介行为、事实行为、确认行为、生效行为等行为方式,促进权利组合,助成权利实现,规制权利滥用,推进制度优化和推动制度创新。

在政府引导承包经营权流转过程中,既出现了违背承包农户意愿、损害农民权益、改变土地用途、破坏农业综合生产能力和农业生态环境的现象;也出现了政府通过定任务、下指标或将流转面积、流转比例纳入绩效考核等方式推动土地流转的不当干预行为;还出现了搞"大跃进",搞强迫命令,搞行政瞎指挥的乱作为问题,[6]必须对政府引导行为进行法律规制。

政府引导的目的只是更好地促进承包经营权朝着适度规模经营方向发展,为农业现代化奠定基础。从行为类型来看,政府通过提供制度条件、供给制度装置、设立行为规范和引导权利运行影响承包经营权人的法律行为,其目的在于促进权利组合,助成权利实现,规制权利滥用,推进制度优化和推动制度创新。从具体行为来看,政府不是承包经营权流转的当事人,而只是一个助成者。政府引导行为以要素助成为基本方式,采用多种方法影响承包经营权人的权利组合行为。政府的要素助成行为有作为私法构成要件的政府行为、作为私法法律上行为的政府行为、作为具有私法上相关性行为的政府行为和作为形成私法法律关系行为。尽管政府通过要素助成方式影

---

〔1〕 参见高圣平:《新型农业经营体系下农地产权结构的法律逻辑》,载《法学研究》2014 年第 4 期。

〔2〕 参见陈小君:《我国农村土地法律制度变革的思路与框架——十八届三中全会〈决定〉相关内容解读》,载《法学研究》2014 年第 4 期。

〔3〕 参见凌斌:《土地流转的中国模式:组织基础与运行机制》,载《法学研究》2014 年第 6 期。

〔4〕 参见韩松:《农民集体土地所有权的权能》,载《法学研究》2014 年第 6 期。

〔5〕 参见中共中央办公厅、国务院办公厅《关于引导农村土地经营权有序流转发展农业适度规模经营的意见》(2014 年 11 月 20 日)。

〔6〕 同上。

响承包经营权流转,但所承担的责任仍然是公法责任而不是私法责任,其公法责任的可诉性须依行政诉讼法的规定。

政府的要素助成行为只是促进承包经营权有序流转的一种方式,做出流转法律行为的仍然是承包经营权人,其法律效果只及于承包经营权人,法律责任也由承包经营权人承担。因此,引导承包经营权流转的政府行为必须尊重和维护承包经营权人的意愿,排除对承包经营权流转的不当干预,促进承包经营权有序流转。为此,必须确立政府的责任伦理原则,满足诚信政府的要求,建立消极利益损害赔偿责任制度,[1] 防止政府对承包经营权的不当干预。在法律改革过程中,应该根据不同情形修改“同意”条款和限制性规定,以保障承包经营权流转的物权属性。政府引导承包经营权流转的具体措施主要为给付行为。普惠措施是工业反哺农业的必然要求,除承包经营权不利于农业生产目的外,不能以是否流转为理由予以剥夺。特惠措施设立的目的是促进适度规模经营的发展,除补贴新型经营主体以外,也可对承包经营权流转设立特惠补贴。保费、涉农项目、以奖代补等特殊补贴主要用于补贴和奖励农业生产绩效,不宜向一般承包经营权人发放。

[1] 参见[德]维尔纳·弗卢梅:《法律行为论》,迟颖译,法律出版社2013年版,第157页。

论农地“三权”融资之最佳担保方式

唐烈英*

目　　次

一、前言

中国经济体制改革首先从农村开始。“1978 年是现代中国历史上一个具有决定意义的转折点。”〔1〕从 1978 年至 2016 年的 38 年间，我国的农业发展取得了令世界瞩目的成绩。但是，“随着国内外环境条件变化和长期粗放式经营积累的深层次矛盾逐步显现，农业持续稳定发展面临的挑战前所未有。目前国内主要农产品价格超过进口价格，而生产成本在不断上升。农业生态环境受损，耕地、淡水等资源紧张”“全面建成小康社会的重点难点仍然在农村”。〔2〕如何解决我国农业的“短板”？如何让农民承包获得的农地财产权利得以盘活？如何再次更大程度地调动广大农民的生产积极性？这是当前中国农业发展遭遇的“瓶颈”，是政策与法律都必须直面而不可回避的问题。2014 年、2015 年、2016 年中央一号文件推行农地“三权”担保融资政策，并在全国诸多地区“先行先试”。对“三权”的流转，仍在实践摸索、理论探讨之中。

二、农村“三地”与农地“三权”

《中华人民共和国土地管理法》（以下简称《土地管理法》）根据土地用途，将土地分为农用

---

* 西南政法大学教授，法学博士。

〔1〕 渠敬东、周飞舟、应星：《从总体支配到技术治理——基于中国 30 年改革经验的社会学分析》，载《中国社会科学》2009 年第 6 期。

〔2〕 陈二厚、王宇：《2014 年中央农村工作会议在京召开》，载人民网：http://politics.people.com.cn/n/2014/1224/c1024-26263343.html，最后访问日期：2017 年 12 月 28 日。

地、建设用地和未利用地。农村土地是指农民集体所有和国家所有依法由农民集体使用的耕地、林地、草地,以及其他依法用于农业的土地。[1] 农村土地多属于农用地;[2] 其他依法用于农业的土地,主要有农民的宅基地,农民集体、集体企业的建设用地。

在农业生产主体经历个体农民到合作社、人民公社再到集体经济组织、村民委员会的演绎之后,真正在中国农村土地上居住、耕作的,仍然主要是广大的农民。当今,在一定农村土地范围内的农业集体生产组织,不管其法定称谓是农村集体经济组织、村民委员会、村民小组,其实质仍是农民之集体。每一个具体的农村集体经济组织(以下简称农民集体)占有使用的集体土地,是该农民集体及其成员(以下简称集体农民或农民)最重要的资产。只有集体农民,才能理所当然地在本集体农地上耕耘,享有并行使集体土地权利。当土地承包到每家每户后,一般而言,集体农民占有的集体土地除自留地(山)外,主要有宅基地、承包经营的耕地或者林地,此即掌握在农民手中的“三地”。

何为农地“三权”?“三权”仅为学术研究用语而非法律概念,在不同境况下具有不同的含义。土地登记办法规定的集体土地权利形态主要有集体土地所有权、集体土地使用权;集体土地使用权,包括集体建设用地、宅基地和集体农用地的使用权(《农村土地承包法》第 2 条);“三权”即指集体土地使用权包括的这三种权利。2014 年中央一号文件指出:“在落实农村集体土地所有权的基础上,稳定农户承包权、放活土地经营权,允许承包土地的经营权向金融机构抵押融资。”与这一表述相关的“三权”即指农地所有权、承包权、经营权。根据《中华人民共和国物权法》(以下简称《物权法》)之“用益物权编”,“三权”指集体建设用地使用权、宅基地使用权、土地承包经营权。[3]

本文研究的“三权”,与上述“三权”不同,而主要指与掌握在农民手中的“三地”相对应的权利。集体土地所有权归属于该农民集体,不能由单个农民享有和行使。集体土地使用权由农民享有和行使。在集体土地使用权中,集体建设用地使用权主要由农民集体或者农民集体成立的乡镇集体企业享有;集体农民不能依其身份就能享有和行使集体建设用地使用权。宅基地使用权、土地(含耕地和林地,下文同)承包经营权,则是依集体农民身份即可取得的农地权利。因此,农民享有的集体土地使用权一般只包括依集体农民身份即可取得的宅基地使用权、耕地承包经营权和林权。集体农民的宅基地往往与其修建的房屋连成一体,其占有使用收益处分都不可能房、地分开处理,宅基地使用权在外形上就表现为农村房屋所有权。由此,集体农地“三权”即

---

[1] 参见《农村土地承包法》第 2 条。

[2] 农用地是指直接用于农业生产的土地,包括耕地、林地、草地、农田水利用地、养殖水面等。参见《土地管理法》第 4 条第 2 款。

[3] 《物权法》第三编规定有四种不动产用益物权。因地役权是权利人为他人利益在自己享有的建设用地使用权、宅基地使用权、土地承包经营权上设定的(地役权是前三种权利派生出来的),故一般认为,《物权法》规定的用益物权仅有三种。

指农村宅基地房屋(以下简称农村房屋)所有权、土地承包经营权和林权。[1]

三、农地“三权”可以转让但不得抵押的规定

我国法律对农民占有使用的宅基地,虽不禁止但限制其流转。《物权法》规定,宅基地使用权的取得、行使和转让,适用土地管理法等法律和国家有关规定(第153条)。《土地管理法》规定,农村村民出卖、出租住房后,再申请宅基地的,不予批准(第62条第4款)。按照房地一体原则,农村房屋出卖或出租、房屋所有权使用权发生转移的,宅基地权利也一并转移。也就是说,《物权法》《土地管理法》对宅基地使用权随农村房屋流转没有禁止。农民无偿、无期限享有的宅基地使用权,依集体农民身份无偿取得。没有集体农民身份的人,当然就不应享有这一权利。为此,行政法规、部门规章、司法解释等对农村房屋转让,都无一例外地限制集体农民向非农村人口出售。[2] 即农村房屋可以买卖、出租,但对购买人、承租人的身份有特别限制。

《中华人民共和国担保法》(以下简称《担保法》)和《物权法》都规定,国有土地、农村建设用地上的房屋、建筑物或正在修建的建筑物抵押的,该房屋或建筑物占用范围内的国有土地使用权、集体建设用地使用权同时抵押;但是,明令禁止农村宅基地抵押。[3] 按照房地一体原则,宅基地上农村房屋不能单独抵押;宅基地禁止抵押,则农村房屋不能抵押。

农地(包括耕地和林地)实行承包经营,承包方式主要有两种:家庭承包和其他方式[4]的承包。对两种承包方式的土地承包经营权,《物权法》在“用益物权”编和“担保物权”编都作有规定,但并无任何创意,其几乎完全沿用了《农村土地承包法》《担保法》的规定。

从用益物权来看,家庭承包的土地承包经营权的流转方式,《农村土地承包法》规定为“转包、出租、互换、转让或者其他方式”(第32条),《物权法》规定为“转包、互换、转让等方式流转”(第128条);其他方式承包的土地承包经营权的流转方式,《农村土地承包法》规定为“转让、出租、入股、抵押或者其他方式流转”(第49条),《物权法》规定为“转让、入股、抵押或者以其他方式流转”(第133条)。《物权法》对两种承包的土地承包经营权流转方式,都没有规定“出租”流转方式。有学者认为:“是否规定‘出租’并不影响土地承包经营权人以出租方式处分其权利,因为已经规定‘转让’等处分方式,依当然解释方法,‘举重以明轻’,就应允许出租处分。”[5]

从担保物权来看,《担保法》禁止耕地、宅基地等集体土地使用权抵押(第37条第2项),允

---

〔1〕 例如,重庆市政府定义的“三权”,就特指在重庆地区的农村土地承包经营权、农村居民房屋所有权和林权。参见重庆市人民政府办公厅《关于开展农村土地承包经营权居民房屋和林权抵押贷款及农户小额信用贷款工作的实施意见》。

〔2〕 有关农村宅基地房屋买卖限制的规定有1990年国家土地管理局出台的《关于以其他形式非法转让土地的具体应用问题请示的答复》,1999年国务院办公厅出台的《关于加强土地转让管理严禁炒卖土地的通知》,2007年国务院办公厅发布的《关于严格执行有关农村集体建设用地法律和政策的通知》,2004年12月15日北京市高级人民法院的“京高法发〔2004〕391号会议纪要”。

〔3〕 参见《担保法》第36条、第37条,《物权法》第182条、第183条、第184条、第187条。

〔4〕 这里的“其他方式”是指招标、拍卖、公开协商等方式。参见《农村土地承包法》第44条。

〔5〕 高圣平:《农地金融化的法律困境及出路》,载《中国社会科学》2014年第8期。

许依法承包并经发包方同意的“四荒”地使用权抵押(第 34 条第 1 款第 5 项);《物权法》同样沿袭了《担保法》的可以抵押禁止抵押的规定,即耕地、宅基地、自留地、自留山等集体所有的土地使用权,不得抵押(第 184 条第 2 项);“以招标、拍卖、公开协商等方式取得的荒地等土地承包经营权”,可以抵押。(第 180 条第 1 款第 3 项)。

2008 年实行改革开放 30 年之际,党的十七届三中全会作出了《中共中央关于推进农村改革发展若干重大问题的决定》(以下简称党的十七届三中全会《决定》),明确提出:“赋予农民更加充分而有保障的土地承包经营权,现有土地承包关系要保持稳定并长久不变”“按照依法自愿有偿原则,允许农民以转包、出租、互换、转让、股份合作等形式流转土地承包经营权”;把农村土地承包法规定的耕地承包期为 30 年、林地承包期为 30 年至 70 年(第 20 条)改为“长久不变”;增加了家庭承包的土地承包经营权的“股份合作”流转方式。这使得两种承包方式的土地承包经营权的流转方式,就只存在能否“抵押”流转的区别。

四、农地“三权”抵押的法禁令行

党的十一届三中全会后,中国农村的经营体制从人民公社的政社分设,到农业生产责任制、农地包产到户、家庭联产承包责任制,再到实行以家庭承包经营为基础、统分结合的双层经营体制,发生了数次改变,形成集体经济、家庭经济并存、主体多样化的农业经济结构,极大地激发了广大农民的财富进取心,调动了数亿农民的生产积极性,解放和发展了农村社会生产力,使农业生产迅速复苏,农副产品富足有余。截至 2014 年,中国农村改革发展,实现了粮食产量“十一连增”,农民增收“十一连快”。[1] 我国人民依靠自己的努力解决了 13 亿人民的吃饭、温饱等问题,人民生活实现了从温饱不足到总体小康的历史性跨越,使农村及至全国发生了翻天覆地的巨大变化。

然而,我国农业农村的持续发展面临着严峻挑战。缺乏资金是困扰农民留在农村发展农业的难题。要依靠金融贷款提供资金发展农业,在法律政策上禁止农民用手中掌握的农地权利抵押担保贷款的情况下,想在农村干一番事业的农民,既缺乏资金支持又缺乏有效的担保物。愿意经营农业的农民,如何发展农业生产?农民家庭承包经营的数亩数十亩农地,与农业缺乏发展资金形成鲜明对比;因缺乏资金投入而大量闲置、抛荒的农地,与党和国家为发展农业、保证粮食安全而急迫推行的种种措施、政策形成了鲜明对比。

2013 年党的十八届三中全会作出了《中共中央关于全面深化改革若干重大问题的决定》(以下简称十八届三中全会《决定》)指出:要赋予“农民对承包经营权抵押、担保权能”“赋予农民对集体资产股份占有、收益、有偿退出及抵押、担保、继承权”,要“慎重稳妥推进农民住房财产权抵押、担保、转让,探索农民增加财产性收入渠道”。党的十八届三中全会《决定》的这些规定,改变了农民土地权利不能抵押的法律规定,改变了党的十七届三中全会《决定》只增加农地入股、没有赋予农地抵押流转的规定,将农民享有的土地财产收入、农地产权纳入流转交易渠道,把党的十七届三中全会《决定》提出的集体土地与国有土地同权同价原则真正地落到了实处;把家庭承

〔1〕 参见 2015 年中央一号文件。

包经营和其他方式承包经营的农地权利完全统一起来，把城乡土地流转方式统一起来，从而使广大农民都能够真正地“平等参与现代化进程、共同分享现代化成果”。[1]

根据党的十八届三中全会《决定》，党中央、国务院2014年颁发了中共中央、国务院《关于全面深化农村改革加快推进农业现代化的若干意见》（以下简称2014年中央一号文件），2015年颁发了《中共中央、国务院关于加大改革创新力度加快农业现代化建设的若干意见》（以下简称2015年中央一号文件）。2014年中央一号文件明确规定：“赋予农民对承包地占有、使用、收益、流转及承包经营权抵押、担保权能。……允许承包土地的经营权向金融机构抵押融资。”“慎重稳妥推进农民住房财产权抵押、担保、转让。”2015年中央一号文件规定，鼓励金融机构“开展‘三农’融资担保业务，大力发展政府支持的‘三农’融资担保和再担保机构，完善银担合作机制”。2016年中央一号文件规定，“各地可通过建立担保基金或担保机构等办法，解决农户和农村中小企业贷款抵押担保难问题，有条件的地方政府可给予适当扶持”。[2]

至此，党的十八届三中全会《决定》，2014年、2015年、2016年共3个中央一号文件都在现有法律、党的十七届三中全会《决定》规定的农地流转方式基础上增加了“抵押”流转方式，使得两种不同承包方式的土地承包经营权之流转方式完全一样，即农村房屋与国有土地上房屋的流转方式完全一样，都能够进入集体土地交易市场，其抵押流转不受限制。

然而，农地“三权”抵押的解禁，仅仅是党的国家的政策，禁止“三权”抵押的法律规定，没有因农村改革形势的发展、党的方针国家政策的改变而得以修订。现行基本法及至《中华人民共和国宪法》（以下简称《宪法》），仍没有修改或废止与党政国策、农村发展实况不相吻合的禁止“三权”抵押的规定。

这就形成当前我国对农民手中掌握的农地“三权”抵押融资，现行法律法规严行禁止，党政国策却极力推行的尴尬局面。

五、抵押是“三权”融资最能适用的担保方式

法律允许农民“三权”流转的方式上，宅基地使用权有转让、出租两种，土地承包经营权有转包、出租、互换、转让、入股等。宅基地、土地承包经营权转让流转，农地权利人既不能再占有、使用，转让后的权利也不会再回复。以转包、出租、互换方式流转，虽然土地权利达到一定期限后可以回复，但在流转有效期内，农地权利人不能占有、使用，不能耕作和获得收益。也就是说，法律规定的农地“三权”流转方式都会导致享有农地权利的农民不能使用、经营土地，通过流转获得的资金也不能用于经营农地。

抵押与上述法定流转方式不一样，抵押注重的是抵押物的交换价值而非使用价值。农地设立抵押担保，不转移占有，权利人抵押融资获得的农业生产发展资金可以作为资本投入经营的农地中，而农民又能继续占有、经营农地，收获土地上的产出，从而真正做到融资、经营两不误。

---

〔1〕 参见十八届三中全会《决定》之六。

〔2〕 分别参见2014年中央一号文件第四部分第17条、第19条；2015年中央一号文件第四部分第22条、第23条、第24条；2016年中央一号文件规定第六部分第25条。

农地抵押流转，意在融资，获取贷款支持。农地权利人要贷款，须与贷款银行订立借贷合同。贷款人有权要求借款人依法提供担保。《担保法》规定了五种法定担保方式：保证、质押、留置、抵押、定金。这五种担保方式不一定都能适用于农地"三权"贷款担保；能够适用的担保方式，也不一定就是比抵押更好的方式。

借贷合同担保不可能采用留置、定金担保方式。留置担保是在债权人按照合同约定占有债务人的动产后，债务人不按照合同约定期限履行债务时，债权人有权依法留置该财产。农地不是动产，借款合同不可能有债权人按约定事先占有债务人不动产的情况，因此，留置担保不适用于借款合同。定金担保是当事人约定一方向对方给付定金作为债权的担保，债务人履行债务后，定金应当抵作价款或者收回。[1]《中华人民共和国合同法》规定，借款利息不得预先在本金中扣除（第200条）。据此推理，贷款人不能要求借款人在订立合同时先付定金；需要借款的人也不可能有钱先支付定金。定金担保不适用于借款合同。

借款合同担保可以采用保证、质押、抵押等担保方式。

保证是指保证人和债权人约定，当债务人不履行债务时，保证人按照约定履行债务或者承担责任的行为。借款担保合同的保证，是指第三人承诺在借款人不偿还贷款时，按约定向贷款人承担连带责任。保证担保，不需要提供实物，不转移任何物或权利的占有，是特定的人以不特定的财产作担保。人的保证明显不如物的担保有物质保障，有可能使银行债权人设定保证的目的落空，为此，银行要对保证人的偿还能力进行严格审查。在农民自身并无太多值钱财产、无其他经营方式获利、农业收益偏低、占有使用的农地又不能流转情况下，很难找到值得银行信赖的、在银行开有账户的人愿意在借款人不能偿还债权时，以自己的信誉为借款农民提供还款保证。如果农民找不到保证人或者找到的人不符合银行认可的条件，需要资金的农民就不可能从银行等金融机构获得借款。在农地担保贷款实践中，单纯的人保担保贷款归还的情况不多，一般是在组合担保中适用保证担保。

质押分权利质押和动产质押。土地不是动产，动产质押显然不能适用于农地"三权"借款担保。权利质押是指为了担保债权清偿，债务人或第三人以其所享有的可转让的权利作为质押标的，在债务人届期不能履行债务时，质权人就设置的权利实现质权、优先受偿的权利。能够作为质押担保标的的权利主要有债权、股权或无形财产权等。质押权利人有权保管有价证券及权利证书等，这并无保管动产物的麻烦，也不会发生价值减少或降低的可能；出质人不必支付保管费用；出质人可以以没有到期的权利出质，如此就不会影响出质人行使权利，不存在没有有效发挥财产权效用的问题。借款合同采用物保，抵押优于动产质押，权利质押又优于抵押。就权利质押与抵押比较而言，抵押不转移物的占有，以登记为物权公示，有特定人的特定财产作为债权实现的物质保障，这比人的保证对债权的担保更为具体实在；抵押不转移占有，免除了债权人保管物的负担，减少债务人支付保管费用；但是，抵押有可能出现公示错误或者没有转移占有的抵押物被抵押人掠夺性地使用降低其价值，或者抵押物被非法转让等情形，这都有可能使发放贷款的抵押权人的权利落空。权利质押以债权或有价证券等财产权为标的，没有物的使用价值，只具有交

[1] 参见《担保法》第82条、第84条、第89条。

易价值,将其占有移转于质权人,可以阻止出质人行使权利,又能催促债务人履行义务;债务人不履行债务,债权人有权以担保的权利受偿,确保债权的实现,这就克服了抵押不交付占有所产生的弊病。尽管权利质押优于抵押,但问题在于靠经营农业获取收入、维持生活生产的农民,并没有多少人拥有或持有债权、股权或无形财产权。即使有的农民可能有债权,数额往往也不大。拥有较大数额债权的人往往就不是缺少经营农业资金的农民或农户。因此,权利质押的优势,一般就难以在借款合同中为借款农户所利用。

《担保法》规定的五种担保方式中,抵押是最适合“三权”融资的担保方式。抵押本身具有优于其他担保方式的特点:比保证更可靠,不会像质押、留置、定金那样担保人不能利用担保物,担保权人还得保管担保物。设置农地抵押,在利用农地融资的同时,抵押人仍可以对抵押农地行使占有、使用、收益权能,不会因此闲置而丧失农地基本功能,借款抵押人既能利用农地的使用价值,又能利用农地交换价值,达到物尽其用的效果。抵押权人更不必管理抵押担保的农地。抵押有“担保之王”之美誉。将“三权”设定抵押,抵押人获得资金,又可以居住、占有、经营相关土地,抵押权人在抵押人不能履行债务时,可以抵押的“三权”实现自己的债权。

由此可见,农地“三权”抵押是最适合于融资的担保方式。

曾经的家庭联产责任制是《宪法》明确确认,有《农村土地承包法》《物权法》加以保障的,这就可以使农民放心安心大胆经营,从而使农村经济发展产生了立竿见影的效果。农村改革已经从农村支持城市发展到城市反哺乡村,从对农村“多予、少取”发展到需要“放活”的阶段。党根据农村经济发展实际情况,在农村土地制度改革过程中,适时提出允许“三权”抵押融资的改革措施,顺应民心,有利于农村的发展。因此,从法律上确定农地“三权”的资本性、融资性,使农村金融改革从灵活的政策转变为稳定的法律,必当成为立法的必然趋势。

承包土地经营权之抵押权实现的制度困境及出路

——兼论土地经营权的物权化路径

王佳森*

目　次

一、问题的提出

长期以来,我国农村都处于金融抑制之中。这一方面是由于农业本身高投入、高风险等弱质属性使一般商业金融不敢轻易涉足;另一方面则是国家因为失地农民失去保障、耕地锐减等担忧而对农地流转、抵押的过度限制,使基于这一至为关键的担保物而建立的现代农村金融无法真正在我国扎根。若失去农村金融的有效支撑,不仅现代农业经济难以形成,也会使城乡差距进一步拉大,从而产生农村凋零、收入分配差距过大等诸多社会隐患。

鉴于此,伴随党的十八届三中全会"加快构建新型农业经营体系""赋予农民更多财产权利"等要求下开启的新一轮农村土地改革,国务院于 2015 年 8 月出台专门指导意见,并在其中明确要求依照农地"三权分置"政策和经营权流转的相关要求,稳妥有序地在全国试点地区开展农村承包土地经营权和农民住房财产抵押业务。[1] 由此也开启了我国农村金融发展的新篇章。在

* 西南政法大学经济法专业硕士研究生。

〔1〕 参见国务院《关于开展农村承包土地的经营权和农民住房财产权抵押贷款试点的指导意见》。

“两权”抵押改革中,抵押物处置被认为是改革成败的关键。[1] 以本文研究的承包土地经营权抵押为例,就目前各地实践反馈可知,抵押物处置难的问题已经成为限制如今土地经营权融资发展的重要“瓶颈”。因此,如何在符合本轮改革的宗旨及要求的前提下,促进土地经营权抵押权的顺利实现,就成为目前农村土地及金融改革迫切的研究任务。

二、土地经营权抵押的法律性质辨析

探讨土地经营权抵押权实现问题时,为了避免认识不清导致思想探讨及实践中的混乱和矛盾,有必要先对土地经营权及其抵押的性质进行明晰。

(一)土地经营权的法律性质

何为“土地经营权”?目前学界主要有三种认识:一是基于承包土地的出租、转包协议而产生的债权性质的土地使用权;[2] 二是经过重新解释、剥离承包权后的土地承包经营权;[3] 三是在土地承包经营权之上形成的一种独立的新型的用益物权。[4] 笔者认为,产生以上分歧的原因主要在于,学者们在论述上有意无意间混淆了实然和应然两个层面上的土地经营权。

根据物权法定原则,物权的类型法定,然而目前纵观我国法律,并不存在与土地经营权相对应的独立类型的用益物权。此次改革期间,全国人大也未曾专门立法确立新类型的物权,所以“独立的用益物权说”虽然可以对进一步完善土地经营权有所启发,但目前仍不能得到我国法律的支撑。“改良版土地承包经营权说”也存在同样的问题。目前而言,我们未见到全国人大或常委会对土地承包经营权的重新解释,而且未被改良的土地承包经营权也忽视了国务院一贯政策中将土地承包经营权与土地经营权相区分的事实。[5] 所以结合目前的法律、政策,笔者更认同第一种“债权性质说”的观点。首先,土地经营权是与土地承包经营权相区分的权利。这一点还可以根据《中华人民共和国行政诉讼法》第12条关于受案范围的规定来推知。其中第7项“认为行政机关侵犯其经营自主权或者农村土地承包经营权、农村土地经营权的”,不仅在法律上认可了土地经营权的概念,也明显将土地承包经营权和土地经营权相区分。其次,土地经营权的属性属于债权。一方面,这符合目前国务院及其部委对于土地经营权的一贯定位,即“农户承包土地经营权,是指以家庭承包方式承包的耕地、草地、养殖水面等经营权,可以采取出租、入股等方式流转交易,流转期限由流转双方在法律规定范围内协商确定”“具有明显的资产使用权租赁”的

---

[1] 参见张媛:《抵押物如何处置变现是试点关键》,载法制网:http://epaper. legaldaily. com. cn/fzrb/content/20151224/Articel03004GN. htm,最后访问日期:2016年5月29日。

[2] 参见申惠文:《债权物权二元财产权体系视角下的农村土地经营权》,载《云南大学学报》(法学版)2015年第3期。

[3] 参见丁文:《论土地承包权与土地承包经营权的分离》,载《中国法学》2015年第3期。

[4] 参见蔡立东、姜楠:《承包权与经营权分置的法构造》,载《法学研究》2015年第3期。

[5] 在北大法宝上搜索同时含有“土地经营权”和“土地承包经营权”的行政法规,可以检索到自2006年1月31日发布的国务院《关于解决农民工问题的若干意见》到2016年3月25日发布的《国务院批转国家发展改革委关于2016年深化经济体制改革重点工作意见的通知》的11篇国务院行政法规或文件。

特征。[1] 另一方面，目前实践中所谓“土地经营权流转、抵押”，除承包经营权人直接设立土地经营权进行抵押外，皆是源于承包经营权人与第三者间出租、转包等租赁性质的土地流转协议，所以债权属性的认识也与目前土地经营权流转、抵押实践更相吻合。

（二）土地经营权的法律性质

明晰了土地经营权的债权性质，那么“土地经营权抵押”行为的法律性质如何？学界中一直存在这种观点：债权只能进行质押，而不能抵押。因此，有论者也基于土地经营权的债权性质，认为应将现今的土地经营权抵押修正为“土地经营权质押”。[2] 笔者对此不敢苟同，因为根据《中华人民共和国物权法》（以下简称《物权法》）第223条关于可质押的权利范围的规定可以得知，立法上对可质押权利的范围采取“正面清单”的模式，只有“法律、行政法规规定可以出质的财产权利”才可出质，且该条并未允许所有债权皆可质押，本条允许质押的特定的金融债权和应收账款等几类债权也无法涵盖债权性质的土地经营权。与之相反，根据《物权法》第181条的规定，可抵押的财产立法采取“负面清单”的思维，债务人和第三人可处分的财产只要法律、行政法规未禁止抵押，即允许抵押。根据此条规定可以看出，我国法律并未明确禁止债权抵押，而《物权法》和《担保法》中禁止集体土地使用权抵押的相关规定，已经根据全国人大常委会的授权，在试点地区暂停适用，这也就为债权性质的土地经营权进行抵押扫清了法律上的障碍。[3] 由此我们可以得出结论，土地经营权抵押在性质上属于债权抵押无疑。

三、土地经营权抵押权实现机制的现状阐释

（一）土地经营权抵押权实现的立法现状

土地经营权抵押的法律性质明确后，依据物权法就抵押权实现的相关规定和其他相关法律，可知目前我国承包土地经营权之抵押权的实现制度如下。

首先，在救济渠道上，土地经营权上的抵押权的实现有四种：一是私下协商处理。债务履行期届满，未受清偿的抵押权人可以与抵押人达成协议，将抵押物进行处置并对相关价款优先受偿。二是诉讼。根据《物权法》第53条的规定，抵押权人与抵押人达不成处置协议的，可提起诉讼要求实现抵押权。三是申请实现担保物权。根据《中华人民共和国民事诉讼法》第196条的规定，在协议不成时，抵押权人可以向抵押财产所在地的基层人民法院直接申请担保物权。四是农村土地承包经营纠纷仲裁。土地经营权上抵押权的实现，本质上也属于承包土地经营权的债权性流转。根据《中华人民共和国农村土地承包经营纠纷调解仲裁法》第2条的规定，农村土地承包经营纠纷包括“因农村土地承包经营权转包、出租、互换、转让、入股等流转发生的纠纷”。由此可见，土地经营权抵押纠纷亦是属于农村土地承包经营纠纷中的一类，依据该法第2条、第4条以及《中华人民共和国仲裁法》第77条规定可知，此类纠纷无法提起一般民商事仲裁，但可在

---

〔1〕 参见国务院办公厅《关于引导农村产权流转交易市场健康发展的意见》。

〔2〕 参见姜红利：《放活土地经营权的法制选择与裁判路径》，载《法学杂志》2016年第3期。

〔3〕 参见全国人大常委会《关于授权国务院在北京市大兴区等232个试点县（市、区）、天津市蓟县等59个试点县（市、区）行政区域分别暂时调整实施有关法律规定的决定》。

当事人和解、调解不成或者不愿和解、调解的情况下,向农村土地承包仲裁委员会申请仲裁。

其次,在抵押权的实现方式上,根据《物权法》第195条的规定,土地经营权的抵押权实现可以采用抵押物折价、拍卖、变卖的方式。另外,2016年3月中国人民银行、中国银行业监督管理委员会、中国保险监督管理委员会联合发布的《农村承包土地的经营权抵押贷款试点暂行办法》中进一步规定,贷款人实现抵押权时,"可依法采取贷款重组、按序清偿、协议转让、交易平台挂牌再流转等多种方式处置抵押物,抵押物处置收益应由贷款人优先受偿"。

最后,在买受对象上,鉴于抵押权实现后土地经营权将发生流转,且其流转依照目前法律属于土地承包经营权的债权性流转,所以抵押权行使过程中土地经营权流入方仍应受《中华人民共和国农村土地承包法》(以下简称《农村土地承包法》)的限制。根据该法第33条,买受人不得改变土地所有权的性质和土地农业用途,且须具有农业经营能力。在同等条件下,本集体经济组织成员还享有优先权。

(二)地方完善实现机制的探索

依据现行法律规定以及中央的政策部署,各试点地区纷纷结合地方实际出台了各自的承包土地经营权抵押贷款实施办法,其中就包括进一步完善风险抵押物的处置机制的对策。大致归纳后,主要有以下两种:第一,鼓励通过反担保和组合担保来转嫁风险。前者借款人以土地经营权向融资性担保公司(如临江市物权融资农业发展公司)进行抵押,换取其为自己与银行的借贷提供担保,而后者则如沙县"农户联保+土地经营权抵押担保"等组合担保的模式。通过信用升级,贷款金融机构收回借款的机会也因此增大。第二,变通处置方式,便利抵押物处置。以建瓯市为例,一方面,通过建立土地产权交易平台,并借此平台流转抵押的土地经营权,从而以变更土地经营权人来继续还贷或者直接将转让收益优先清偿;另一方面,成立专门机构或通过乡镇或村集体进行最后收储,对金融机构在土地经营权抵押贷款业务产生的不良资产进行收购,并通过整合出租、再流转等方式进行再处理。

四、土地经营权抵押权实现的制度困境

应当承认,这些政策的出台在一定程度上缓解了实践中普遍存在的"抵押物处置难"问题,也减轻了金融机构的后顾之忧,从而推动了改革的进展。然而在笔者看来,目前的政策在一定程度上也存在回避抵押权实现的隐忧。尤其是目前普遍适用的反担保或组合担保以及土地收储,虽然帮助银行收回了部分贷款,但在土地经营权抵押权的实现上,仅是拖延了实现的时间,而未能为抵押权"实现难"的问题的改善有所促进。后者若无进展,那么虽然转嫁了风险,拖延了时间,危机的出现仍将是可期的,或损害农民利益,或风险聚于政府或其设立的机构中集中爆发,从而阻碍改革的继续进行。因此,应当予以警醒,而直面土地经营权抵押权实现的困境,则在以下几个问题上"绕不过去"。

(一)部分地区的实现机制的构建与目前法律相违

这一问题主要表现在两个方面:第一,为了保障土地经营权流转中集体成员的优先权,部分地区要求抵押权人应优先在集体经济组织内处置土地经营权,不能处置的,再在指定的产权交易所里公开流转。笔者认为,此先行处置程序的设置,与《农村土地承包法》对集体成员优先权规

定的“同等条件下”的前提要件相违背,从而不合理地收窄了土地经营权首轮竞价人群。这不仅剥夺了集体外符合条件主体参与竞购的资格,也将因此使土地经营权的处置丧失效率,导致不合理的低价,从而最终损害抵押人和抵押权的利益。第二,根据《中华人民共和国商业银行法》第42条及第43条的规定,商业银行并不具备直接运营农业的能力,但是实践中部分地区却允许抵押人与作为抵押权人的银行等金融机构在实现抵押权时进行土地经营权的折价转让。这就与目前《农村土地承包法》中土地经营权的流入方需要具备农业经营能力的要求相违背。这个问题也存在于各地收储机构的构建上,部分地区设置收储机构并未被赋予农业运营的职能,更谈不上能力,而这也将在收储过程中产生违法的风险。

(二)抵押权实现的救济渠道受阻

当当事人在土地经营权抵押上发生争议、无法协商解决时,畅通的救济途径就显得尤为关键。然而,目前各地所提供的救济渠道却普遍存在以下问题,阻碍着抵押权的顺利实现。

1. 仲裁救济不充分

在诸多纠纷解决方式中,仲裁以其时效上的快捷性、成本上的经济性、程序上的简便性、效力上的权威性等优势著称。如前所述,土地经营权抵押权纠纷的仲裁事项归于土地仲裁机关处理,排斥一般民商事仲裁。然而应当看到,土地仲裁机关并未在全国各地普遍设立,这导致部分试点地区(如宁德市屏南县和永州市新田县等)便以此抑或其他原因,仅提供诉讼作为唯一的公力救济途径,从而限制了当事人寻求仲裁救济的权利。

退一步来说,即使允许寻求土地仲裁救济,在笔者看来,据此而一概排除当事人寻求一般民商事仲裁救济的做法也是值得商榷的。与后者不同,土地仲裁在性质上属于半行政性仲裁,无须签订书面仲裁协议即可启动,不具有“一裁终局”效力,在仲裁及仲裁员的选任上也与之多有差异。虽不可否认土地仲裁对于解决农村内部纠纷具有许多贡献,但其行政色彩过重、仲裁员能力堪忧、裁决权威性低等诸多问题也仍广受诟病。尤其是一方对裁决不服均可向法院起诉的规定,不禁令人质疑案件处理将由此变得更复杂,时间亦更冗长,使抵押权人快速实现抵押权的追求落空。进一步考察可以发现,随着大量城镇工商资本、金融机构的不断入场,目前土地经营权抵押争议在范围上已然超出传统土地承包纠纷所局限的农村内部,而向更一般的市场靠拢,发展至此,其性质已经与一般的民商事争议几无差别,所以在笔者看来,在土地经营权抵押纠纷上,应当赋予当事人选择一般民商事仲裁救济的权利,以保障其抵押权的顺利实现。

2.“申请实现担保物权”的非讼机制被忽视

我国《物权法》中新设的这项制度,使抵押权人可以免于冗长的审判程序,直接向法院申请裁定并据此申请执行,以实现其抵押权。因此,它自其设立时起就被认为是“我国抵押权实现模式的重大突破”,对于促进抵押权实现的效率具有重要作用。然而,各试点地方的实施规范中就公力救济途径大都局限于“提起诉讼”或“向仲裁机构申请仲裁或向人民法院提起诉讼”,重新回到《中华人民共和国担保法》规定的“协议不成的,抵押权的可以向人民法院提起诉讼”的老路,漠视了当事人直接申请实现抵押权的权利,并在一定程度上为当事人寻求该制度救济平添了阻碍。

（三）配套基础设施建设不完善

目前，各地政策中所提及的与促进抵押物处置的各项配套制度，主要包括农村产权交易平台、政策担保及收储机构及抵押物价值评估机制等。一方面，我们应当看到，这些纸面上的制度唯有真正落实到实处，才能真正发挥作用；另一方面，目前设置的这些机构也存在不少问题，主要包括以下方面。首先，对抵押物处置具有重要意义的农村产权交易平台，在部分地区尚未形成如市、县、村三级联网，且即使形成，涵盖半径仍然有限。在实践中，农村产权交易平台还存在业务量小、行政色彩及政府负担重、程序对农民来说过于烦琐、排斥小规模的土地流转等问题需要改进。其次，除了如上提及的法律风险，收储机构实践中还存在效率过低、仅停留在风险分担层次的隐忧。仅是依托政府经费收购金融机构无法处置的风险资产，而未能根据土地流转实践中规模土地相对零散土地在价格及处置难易程度上的优势，利用市场化手段积极介入相连土地的收购和土地平整，化抵押的低质、零散土地为高品质的规模土地，从而促成抵押的土地经营权的最终处置。最后，目前各地均未形成抵押物价值评估机制，对其构建仍处于探索之中，标准龙蛇混杂，存在损害农民及抵押权人利益的隐忧，而部分地区通过行政手段制定的估值公式的做法，也可能与农村土地情况的复杂性相违背，造成估值与现实的差距，从而阻碍正常交易的进行。

（四）土地经营权法律构造存在缺陷

一直以来，有不少论者主张，债权性的土地经营权已足以应对土地经营权流转及抵押，无须再将其物权化乃至构造物权性质的土地经营权。然而，在笔者看来，目前土地经营权抵押权“实现难”的一大原因，就在于抵押的土地经营权的价值难以满足买受人的需求，导致处置过程中买受人购买意愿不强，而其中原因在一定程度上就当归结于土地经营权目前债权属性的法律构造。它在以下几个方面的缺陷，抑制了土地经营权的价值。

1. 债权性的土地经营权具有不稳定性

农业生产投入大、周期长、风险大的特性，要求长期稳定的农地流转关系与之匹配，然而，在土地租赁关系下，作为债权的土地经营权和以此为基础的抵押权的有效存在，皆维系于一纸有效的土地租赁合同。一旦作为出租人的承包人借故解除合同，则已投入甚多的土地经营权人将损失惨重，而且随着抵押权及实现的必然落空，土地经营权人还必须面对失去担保、坏账压力激增的银行们的压力，无疑雪上加霜。有质疑观点认为，租赁合同双方主体间平等，出租方也有维护自己利益的权利。然而，应当注意的是，所谓债权下的平等关怀往往掩盖了弱势一方的合理诉求。与目前我国法律对于土地租赁权人的法定解除权规定过宽、过松的背景相对的是，土地租赁合同解除后出租人与承认人损失承担上的严重失衡。鉴于涉及农民的利益，有论者甚至还主张“如果不按时足额支付租金，流出方有权立即终止合同，而不必等到流入方迟延支付达到一定程度”。出租人解除权的此等继续扩张，无疑更将农地流转关系置于长期的不确定性中，以致风险陡增。

2. 对出租人的依附性导致土地经营权合理行使受限

在笔者看来，现行法律为出租人对土地经营进行不当干预留下了过宽的空间。根据《中华人民共和国合同法》第 219 条和第 223 条的规定，土地经营权人在经营过程中不仅要时刻面临来自出租人的“是否按约定用途或土地性质使用”的审视，其对租赁土地改善以及在其上增设农业设施等他物也一律需经出租人同意。鉴于农业运作受季节性的限制，商业运营更是风险瞬息万变、机会稍纵即逝，如此规定无疑将令土地经营权人的合理经营过多为出租人所束缚，从而丧失足够的经营自主性以及足够的反应能力，以应对商业机会及风险。另外，目前法律关于转租一律需经出租人同意的要求，原本已经受到诸多批判，适用于土地经营权流转上更是值得商榷。在笔者看来，随着转向陌生人社会，出租人的核心诉求更集聚于获取稳定有保障的租金，而非与承租人的亲密关系，而且转租并未转移承租方的租金支付义务，所以只要保证承租方的租金支付能力，就不应强求转租上的出租人同意。否则，不仅会降低土地流转的效率，尤其是在中国土地零散的现状下，将增加过多的协商成本，阻碍土地规模经营的实现；而且也将剥夺土地经营人通过转租转嫁风险的权利。

3. 债权性的土地经营权存在权属不清的问题

首先，作为债权的土地经营权，虽然关涉权利人在土地上的重大利益，然而其成立自合同生效开始，登记亦无法定生效或对抗效力。这一方面将使权利人欠缺登记的动力，另一方面也将令土地经营权无法获得如物权公示般定分止争的公信力，从而导致土地经营权的归属在实践中频生争议，无形中也增加了土地经营权人的经营风险。其次，相对于物权内容法定，债权的任意性也容易导致当事人间土地经营权内容约定不明的风险，从而引发纠纷。

这些问题不仅关涉土地经营权抵押权的顺利实现，而且其在市场机制下导致的土地经营权流转意愿不足、价值低估，最终也将阻碍农民“财产性收入”有效增加的目标的实现，并损害农民的利益。因此，“放活经营权”仍旧在路上。

五、促进土地经营权抵押权实现的对策建议

土地经营权抵押权“实现难”的原因，归根结底无非两个方面：一是实现抵押权的路径不畅；二是土地经营权本身价值无法吸引人。综观目前各地政策，多是着力改进前者，而对后者的改善则着墨不多。这在笔者看来，无异于单腿爬坡，必然格外艰辛，在解决“抵押权实现难”的问题上也终将遭遇“瓶颈”。因此，笔者认为，两者均应兼顾。基于此，可从以下四个方面着手破解土地经营权抵押权“实现难”的制度困境。

（一）进行土地经营权的物权化改造，以释放其价值

本文所谈及的土地经营权的物权化，是在认可其债权属性的基础上，针对现实的具体问题和需要，通过法律赋予土地经营权以特定类似于物权的效能，以矫正债权性质所带来的弊端。而对于土地经营权的物权化改造，笔者建议可以从以下几个方面着手。

1. 修改《农村土地承包法》或制定专门法律，明确土地经营权的概念及其债权属性。

2. 在法律中规定，土地经营权自租赁合同生效时取得，然而经过登记后方可获得对抗效力；承包人及土地经营权人之间关于同等条件下优先续租权、符合条件下的优先购买权的合同约定，经登记后也可对抗第三人。由此，一方面，可以赋予当事人选择自由，避免“一刀切”的法律规定对承包人的权利限制过度；另一方面，依托现今各试点地方快速推进的土地经营权确权登记制度，也可以使土地经营权获得法定明确的权利公示效力，从而有助于土地权属的清晰及稳定，增加土地经营权人进行农地投资的信心。

3. 对承包人的解除权进行适当限制。主要有两个方面:第一,规定土地经营权人在不改变土地用途的前提下可以对土地进行转租(并非租约转让),在不对承包人利益造成明显损害的情况下,承包人不能拒绝并由此解除合同。而且转租人有权在当事人无法支付租金时代为支付租金,以免承包人因此解除合同。第二,规定土地经营权人可以在不改变土地用途的前提下建设经营所需的农业设施和建筑,承包人不能以未经事先同意为由解除合同。但如果土地经营权改变农地用途或其行为可能危及农地的继续使用时,承包人可以因此解除合同。由此促进双方利益的平衡和农地流转关系的稳定,并保证土地经营权人充分的自主经营能力,以降低土地经营权人的经营风险。

4. 在法律中规定,土地经营权经承包人同意后可以进行质押,且其质押权自登记时成立。虽然之前论述了现行法律操作下只存在债权性质的土地经营权抵押的空间,笔者认为,一来,权利抵押和权利质押效力及程序上并无显著的差别;二来,考虑到债权进行质押为民法学的传统,并且现行法律已经在包括金融债权在内的部分债权上进行实践,所以保持一致更有利于保持民法体系的一致性,方便人们认识和把握。因此,在 2017 年年末全国人大关于在停止适用《物权法》《中华人民共和国担保法》禁止土地经营权抵押的条款的授权时间到期时,可以规定土地经营权质押进行制度的延续。

在克服债权弊端的路径上,另有一种呼声认为应当将土地经营权直接构建成物权,而后者正如前文所提及的亦有两种路径:一是进行承包经营权的重新解释;二是设置新类型的独立物权。三种路径,何者为宜?笔者在此也做下回应。

首先,从效能上分析,在笔者看来,物权性的土地经营权相对于适度物权化后的土地经营权,在克服债权性弊端上并不具备明显的优势。物权法定,其权能、效力的内容最终仍是来源于法律的规定,而这些效能亦可根据立法政策和现实需要,通过法律赋予债权,如各国普遍规定的“买卖不破租赁”规则。所以正如有学者所言,“单纯谈论某种权利是物权或债权没有意义,最好是该权利能够发生什么样的具体权利、发生那样的具体权利是否妥当,作个别的判断”。只要把握准现实问题的关节,为债权性土地经营权配置合适的类似于物权的效力,则亦足以应对改革的需要。为了促进不动产的使用效率,缓解脆弱的租赁权下出租人与承租人间不断激化的社会矛盾,各国普遍对纯粹债权性的不动产租赁权进行了改造,然而路径上却发生了差异,既有如日本制定《租地法》《租房法》,将不动产租赁权按照物权处理的做法,也有如德国、奥地利、瑞士等多个国家采取债权物权化路径,通过赋予不动产租赁权以对抗效力等类似于物权的效能的做法。两种立法路径在各自国家中均显示了强大的生命力,且从目前情况来看,选择第二个路径的国家远多于选择前者的国家。这些都可说明,物权化路径绝不失为一个合适的选项。

再而,从社会接受程度来看,物权化路径不仅在理论上可以“放活经营权”,在实践中也能有效避开土地经营权物权构造所引起的争议,从而节省大量时间成本,快速落实于改革实践中。对于“改良版土地承包经营权”路径而言,即使土地承包经营权剥离了作为成员权的承包权,该路径仍然无法回避直接流转土地承包权下农民的彻底失地的风险以及由此导致土地保障丧失所带来的社会动荡问题。围绕于此的争议之大绝非短时间内可以弥合,而且其中风险关涉重大,所以一直为政府所回避。而就“独立物权”路径而言，其虽然回避了在土地承包经营权层面上直接放开流转，避免了困扰前者的争议，然而还是不得不面对来自“一物一权”原则的质疑，难以在同一片土地已然存在所有权及作为他物权的土地承包权的情境下，寻找到自己可以为现行物权法理论和框架所接受的位置。对于以上争议，物权化路径不仅可以如“独立物权”路径般，尽量避免彻底斩断农民与土地的联系，也因其在土地经营权性质上的债权定位，可以避免所谓违背“一物一权”原则的质疑。由此，可以使改革跳出现有棘手的争议，推动立法、政策上的继续深入，尽早回应改革实践中的具体问题。

因此，经过仔细的衡量后，笔者仍旧认为，土地经营权的物权化仍是最适合中国当下的改革路径。

(二)放宽抵押权实现时土地经营权流转的限制

就抵押权实现时土地经营权的流转问题，在把握改革原则的基础上适当放宽流转的限制，可以有效扩大买受对象的群体并促进竞争，从而推动土地经营权抵押权以更高的效率和更合理的价格进行实现。而这应当注意以下两个问题。

第一，应当明确区分土地承包经营权的转让和土地经营权的转让，避免对于前者的限制不适合地适用于后者。目前的法律要求土地承包经营权转让中，承包方必须有稳定的非农职业或稳定的收入来源，经发包方同意，转让的对象限于从事农业生产经营的农户，而对于包括土地经营权转让在内的土地经营权的债权性流转则无以上三种限制，所以实践中应当避免将其用来非法限制土地经营权的流转，尤其是不能以此排斥集体外的单位或个人参与土地经营权的流转。

第二，根据《土地承包经营法》之规定，土地经营权的转让中，受让方必须有农业经营能力，且同等条件下，本集体经济组织成员享有优先权，而在笔者看来，这两个限制的合理性都是值得商榷的。就农业经营能力要求而言，虽然对于防止农地闲置，抑制农地投机有一定意义，但其不仅判断标准模糊，实际效果存疑，“一刀切”的做法也将对农地收储机构甚至日后的土地银行的正常开展构成障碍，一般而言，两者的定位在于农地收储、出租以及农地整合和改善，而不应过多介入农地的具体耕作和运营，所以将此要求强行适用于两者，则将可能为之增添运营成本。所以笔者认为，可以考虑针对这类机构设置豁免适用制度。而在此之前，目前的土地收储机构及商业银行应当尽量合规，前者应当设置农业运营职能，并配备形式上的耕作设备，而后者则应尽量避免直接协议转入土地经营权。而就集体组织成员的优先权，笔者则认为没有太多的保留必要。现今土地经营权的流转应当依市场机制进行，才能充分发挥农地使用效能和促进农地规模经营。保留集体组织成员的优先权，不仅意义不大，而且也将增加制度成本，并阻碍规模土地的形成。而在废除该优先权之前，相应的制度构建亦应更合理。笔者建议，优先权的维护不应采用集体组织内部先行处置程序，而可以考虑在统一公开拍卖的基础上，公告通知有意向参与竞购的集体组织成员拍卖时到场。若其到场，则视为未放弃其优先购买权，并通过免除其提供保证金、举牌竞价等义务，仅在最高价达成时愿意购买即可购得等制度安排，尽量减轻优先权人负担的同时，依法保障其优先权的实现。

（三）畅通土地经营权抵押权实现的救济渠道

应当赋予当事人选择一般民商事仲裁的权利。应当看到，传统土地承包经营纠纷中，主要的案件当事人往往一方为村委会或乡（镇）政府，另一方主体则为相对弱势的村民，所以对这类纠纷的处理往往带有行政诉讼色彩，而且当事人主要局限于集体组织内部及其周边，土地仲裁机构的权威因为地域限制而得以施展，从而可以减少仲裁之后诉讼的继续发生。这些都给准行政性质的土地仲裁强制管辖提供了依据。然而，在土地经营权抵押权的纠纷中，当事人群体已经发生转变。一方面，当事人的范围已然超出集体组织之外；另一方面，案件纠纷主要发生在承包人与土地经营权人之间，而两者之间属于民事关系中的平等主体，两者纠纷仍为典型的民商事纠纷，这些都给当事人选择适用民商事仲裁打下了基础。因此，笔者建议，应当在法律中允许土地经营权抵押纠纷的当事人签订一般民商事仲裁条款，并赋予该条款排除土地仲裁强制管辖的效力。而对于未签订一般民商事仲裁条款的当事人，仍可因一方申请而启动土地仲裁，保障当事人的享受仲裁的权利。在这意义上，土地仲裁制度可以予以保留，但应当继续提升仲裁员的法律素养，完善其仲裁程序，从而提升案件处理质量和仲裁公信力。其次，建议各地在抵押权实现的纠纷解决规定中，在诉讼和仲裁之外，增加“向人民法院申请实现担保物权”。实践中，亦应扫除错误认识，依法保障当事人选择救济方式的自由，不得为选择这项救济制度的当事人设置障碍。

（四）在各地经验的基础上完善配套基础制度建设

土地经营权抵押权的实现，若缺少完善的配套基础制度的支持，则将如旱地行舟，难以前行。因此，应当在目前各地基础配套制度建设的经验的基础上，在以下四个方面上继续努力。第一，加速推进土地经营权的确权登记工作。登记确权登记制度，不仅是明晰农地产权的关键制度，也是土地经营权及其抵押权获取公信效力的重要依托，所以各地行政部门应当做好制度的政策宣传及引导，让群众认识到其中的利害关系，从而争取推动土地权属登记的全覆盖。第二，完善产权交易中心建设。一方面，应当推动农村产权交易中心由准行政机构或事业单位向政策支持、市场运营的企业转变，增进运营效率，改进流转程序；另一方面，也应当在推进农村产权中心市、县、村三级联网的基础上，继续扩展信息联网的范围。笔者建议，现阶段可尝试在全国各试点地区间进行联网，并随改革进程逐步形成全国联网，配合网上拍卖系统，从而促使交易信息能在最大范围内流动，并尽可能地触及至潜在的需求者。第三，进一步构建农地收储制度。除了注意之前所提及的违规风险外，各地的农地收储机构还应逐步转向市场化运营，不仅应当作为最后一道风险分担机制进行收储土地，还应发力土地平整、改善以及出租的经营，助力抵押的土地经营权的最终流转。第四，规范土地经营权抵押价值评估机制。各试点地区应当推动土地价值评估、法律咨询等中介组织发展，并可尝试推荐或引进 2 ~ 3 家具备资质条件的评估中介机构，参与确定土地经营权的价值，以供流转。

六、结语

土地经营权抵押权能否顺利实现，是制约土地经营权抵押改革的关键“瓶颈”，而后者的成败，不仅对于释放农地市场价值、撬动农村金融发展来说意义重大，更由此关乎我国现代农业经济的未来发展。针对现实问题，本文提出，一方面，应当审视及检讨现有农村抵押权机制，适当放宽土地经营权流转的限制，通畅现有的土地经营权抵押权救济渠道，并配合相关配套基础制度的完善来助力土地经营权抵押权的顺利实现；另一方面，也应在平衡债权人和承包人之间利益的基础上，通过物权化的路径来对现有债权性质的土地经营权进行改造，以释放其价值并匹配农地经营及改革的需要，从而提升潜在投资者对包括抵押的土地经营权在内的农地产权的兴趣，并最终促进土地经营权上抵押权的实现。相信随着这两个方面研究的继续深入，我国农地改革中“抵押物处置难”的问题终有一天可以得到妥当解决。

谁是农村集体资产的主人？

——农村集体资产的所有权主体及其法律治理

李玉虎*

目　　次

一、农村集体组织的功能与变迁

（一）农村集体组织的形成

中华人民共和国成立后，政府之所以积极推动组建不同形式的农村集体经济组织，从互助组这种农民初级合作组织到农业生产合作社，再到人民公社，主要是因为这些农村集体组织在当时兼有政治整合和经济功能。从工业化初期的实际情况来看，农村集体组织之所以存在，其主要目的是更好地控制和利用农村剩余，使其由农村向城市转移，以实现国家重点发展工业，尤其是重工业的战略。因为要在我国极度低下的经济基础上迅速实现工业化战略，把农村剩余转移到城市工业几乎成了当时的唯一选择，而要实现这一转变，刚刚由土地革命形成的单个农户经济显然是一个不利条件，因为由政府直接同无数单个农户打交道收取农业剩余，其阻力或者交易成本将是巨大的。[1] 但此后实行的人民公社体制相当于剥夺了社员的自由退出权，从而使重复博弈变成一次性博弈，导致社员积极性下降。[2] 当然，由于实行城乡二元制户籍制度，除了需要将农业劳动力固定在土地上之外，还有一个问题，就是要在农村内部消化剩余劳动力以及对没有劳动能力的人予以保障。在此背景下，农村集体经济组织及其资产成为集体所有制和农业生产力的关键要素，从而与组织成员的利益息息相关。去集体化改革之后，集体化时代的公社、大队、生产队

---

* 西南政法大学经济法学院副教授，法学博士。

〔1〕 参见周其仁：《中国农村改革：国家与土地所有权关系的变化》，载《管理世界》1995 年第 3 期。

〔2〕 参见林毅夫：《制度、技术与中国农业发展》，上海三联书店 1992 年版，第 7 页。

的三级行政体系被新的乡(镇)、行政村、社(村民小组)所取代,形成了现在的农村集体组织。

(二)农村集体组织功能的变迁

1978年改革开放以来,在土地的农民集体所有制基础上形成了以农户家庭为单元,单独经营与集体统一经营相结合的"统分结合的双层经营"体制。但由于集体经济组织的经济实力和组织能力薄弱,使农村集体组织的社会化组织功能明显退化,改革初期设计的"双层经营"逐渐变为以家庭为单位的独立经营。1979年政府允许某些有"副业生产的特殊需要"而不能加入集体生产的农户以及位于"边远山区、交通不便"的单门独户包产到户,这标志着中国农村由集体生产向家庭农耕转变的正式开始。[1] 经历了20世纪80年代的"单干""包产到户"改革,农村集体组织资产的权属关系与经营模式发生了变化,出现了所有权与经营权分离的现象。20世纪90年代,通过集体所有制和集体产权制度改革、组建乡镇企业等途径,使得农村集体组织资产进一步朝着私有化方向改革,早期的农村社区集体经济组织转变为以乡镇集体企业为主体的乡镇集体经济组织。到21世纪初,乡镇集体所有制企业和集体资产大多已完成了民营化改造。与此同时,在农业产业化进程中还出现了农民专业合作经济组织。

(三)社会主义新农村阶段农村集体组织的任务

作为国家基层组织和农村人口聚居地的农村村庄,承载着农业生产、农民生活保障和农村社会稳定的重要作用,但1992年以来的市场化、城市化改革,导致大量劳动力进城务工,农民对农业和农村建设的投入逐渐下降,一度出现了农业和农村基础设施建设投入不足,农村凋敝的现象。2005年10月党的十六届五中全会通过《中共中央关于制定国民经济和社会发展第十一个五年规划的建议》,提出要按照"生产发展、生活宽裕、乡风文明、村容整洁、管理民主"的要求,扎实推进社会主义新农村建设。要建设新农村,不能仅仅依靠国家的财政投入,更重要的还是要依赖于农村组织的力量发展农村。新农村建设中,壮大农村集体组织的财产实力和盈利能力是必要的。面对当前农村集体组织资产所有权主体虚化、资产经营内不善、资产增值乏力、财务制度混乱、资产流失严重等弊端,一些地方进行了探索。例如,河北正定县、四川郫县通过组建农村集体资产管理公司,力图实现农村集体资产的保值增值;广东佛山南海区创建农村集体资产管理交易平台,规范交易环节,防止资产流失;重庆市则在探索实行农村集体资产股份制。

二、农村集体资产的来源与现状

(一)农村集资资产的来源

中华人民共和国成立以来,在合作化、集体化运动下,农村集体资产的存在形式主要依赖于土地,基本上是农民自有的和农村组织购买的为农业生产的资产资料。改革开放后,在农业劳动力得以解放的情况下,农村集体资产的来源呈现多样化趋势。农民集体资产的存在形态主要是属于集体所有的资源型和会记账面核算的有形资产、知识产权等无形资产以及村民投入劳务的人力资产。

---

〔1〕 参见[美]李怀印:《乡村中国纪事:集体化和改革的微观历程》,法律出版社2010年版,第237页。

1. 经营性资产的来源

农村集体经济组织资产的来源主要有以下途径：集体化初期没收地主富农和资产和农民上交的农具；集体经济组织在兴办企业初期筹集的各种资金及其形成的各种积累；集体经济组织出资、参股到企业形成的所有者权益；政府和公有制企业单位扶持农村集体经济发展而转让、拨给或投资到乡村集体经济组织创办的企业形成的资产；集体经济组织的借贷、租赁收入所得；投资兴办的企业因承包、租赁经营增值的资产；集体经济参股的股份合作制企业的利润以及集体经济组织投资兴办的企业改制、资产出售后回收的资金；乡镇集体经济组织依靠贷款兴办企业所形成的资产；挂靠乡村集体经济组织的私人企业，因集体经济组织履行了连带责任而对其盈利和积累所形成的权益，因国家对集体的优惠政策形成的资产。近年来，在城市、城镇周边和因基础设施建设而引起的"城中村"改造、征地等补偿所得。

2. 非经营性资产（公益性资产）的来源

作为发展农村公益事业的资金，其主要来源有以下几个方面：以集体出资为主，国家或地方财政补助形成的资产；以集体组织的名义在集体经济组织及其成员、单位中分摊资金、劳动、物资等形成的资产；乡统筹、村提留形成的资产；乡镇集体经济组织从乡镇集体企业中收取的利润、留存于乡镇级的管理费用形成的资产；集体经济组织和其成员共同投资后按照约定由集体组织享有的增值部分；由集体经济组织投资建设的水利、电力、交通灯生产性设施和教科文卫体社会福利等公益性设施。

（二）农村集体资产基本状况

改革开放以前，农村集体组织以农业生产为主，集体收入少，集体资产主要限于农业生产资料。改革开放以后，农村集体经济组织的资产规模出现差距。实行经济体制改革后，在农村地区，家庭耕作替代了集体耕作，劳动生产力大为提高，没有被完全分割财产的农村集体经济组织开始从事工商业活动，一些地方的农村集体经济迅速发展，农村集体资产已经形成相当规模。近几年，在撤乡并镇和村委会转制为居委会而导致乡镇和村委会数量下降的情况下，总体来看，农村集体企业的收入在增加。据统计，2010 年集体企业个数 11.6 万个，集体企业营业收入 11,866.6 亿元；2010 年乡（镇）办企业收入 774,251,911 万元，村组集体经营收入 198,858,424 万元，乡村集体所得 11,851,014 万元，农民从集体再分配收入 12,725,838 万元。[1]

但是，另一项调查显示，村集体经济实力相差悬殊，多数村庄的集体经济收入微薄。在被调查的 1151 个村庄中，集体收入低于 5 万元的村占到近一半，低于 10 万元的约占 60%，高于 50 万元的村占 22.6%，高于 100 万元的村占 16%。而且还存在中东西地区集体经济差距明显的现象，中部、西部各有 75.9%、91.4% 的村庄收入在 10 万元以下，东部有近 60% 的村庄集体收入在 10 万元以上。从村集体收入的主要来源来看，村农业承包收入占总收入的 38.08%，村企业收入占 17%，财政性补助占 16.44%，厂房、土地及其他财产租赁收入占 10.19%，村级农林牧渔直接经营收入占 3.88%。[2] 各地区农村集体资产的规模和运营方式存在较大差距，出现了"华西

〔1〕 参见陈晓华主编、中华人民共和国农业部编：《中国农业统计资料（2010）》，中国农业出版社 2011 年版，第 112～113 页、第 188～189 页。

〔2〕 参见李剑阁：《中国新农村建设调查》，上海远东出版社 2009 年版，第 20～21 页。

村”“南街村”等富裕村庄，也存在大量的因受自然地理环境制约、大批劳动力外出打工而导致的经济发展非常落后的村庄。

三、农村集体资产所有权主体的法律界定

（一）集体所有权的法学含义

集体所有权是“共同劳动、共同分配”这种共产主义理想的产物。[1] 法学理论界早期对集体所有权的认识体现在《中国大百科全书·法学》中，即“劳动群众集体所有权是指劳动群众集体所有制组织的财产所有权”。[2] 在《中华法学大辞典·民法学卷》中，也认为“集体组织所有权又称劳动群众集体组织的财产所有权，是劳动群众集体组织占有、使用、收益和处分其财产的权利，是劳动群众集体所有制在法律上的表现。集体所有权没有全国性的统一的主体，其主体是工业、农业、商业、修理和服务业等各方面的劳动群众集体组织。各个集体组织具有独立的法律人格。……集体所有权的主体是集体组织，而不是组成这个集体的成员”。这种认识将集体所有制与集体所有权混同。将集体所有权的主体界定为集体组织，实际上是在生产单位的意义上而言的，但在交换方面，1982 年实施的《中华人民共和国经济合同法》（以下简称《经济合同法》）并没有将集体组织纳入其适用范围。《经济合同法》规定，经济合同是法人之间为实现一定经济目的，明确相互权利义务关系的协议。[3]

（二）农村集体资产的所有权主体

1. 我国《民法通则》中的集体所有权

实际上，从农村实行大规模“包产到户”之后，基于土地的“形式集体所有、实际家庭所有”的事实，作为原来主要服务于土地的农村集体生产资料的集体财产，在农民个人看来已经变得无足轻重。土地“集体所有、集体经营”时代的农业合作化生产和分配所依赖的主要作为动产的农村集体财产的主人变得模糊不清，“单干”了的农户还需要从集体中分得一部分亟须的农具等简单的生产资料，导致集体财产所剩无几，甚至被全部分光。尽管 1987 年实施的《中华人民共和国民法通则》（以下简称《民法通则》）规定了集体所有权，但没有规定集体所有权的主体。《民法通则》第 74 条规定：劳动群众集体组织的财产属于劳动群众集体所有，包括法律规定为集体所有的土地和森林、山岭、草原、荒地、滩涂等；集体经济组织的财产；集体所有的建筑物、水库、农田水利设施和教育、科学、文化、卫生、体育等设施；集体所有的其他财产。集体所有的土地依照法律属于村农民集体所有，由村农业生产合作社等农业集体经济组织或者村民委员会经营、管理。已经属于乡（镇）农民集体经济组织所有的，可以属于乡（镇）农民集体所有。集体所有的财产受法律保护，禁止任何组织或者个人侵占、哄抢、私分、破坏或者非法查封、扣押、冻结、没收。

---

〔1〕 参见孙宪忠：《中国物权法：原理释义和立法解读》，经济管理出版社 2008 年版，第 225 页。

〔2〕 《中国大百科全书·法学》，中国大百科全书出版社 1984 年版，第 359 页。

〔3〕 在全国人大常委会法制委员会副主任顾明所做的关于《中华人民共和国经济合同法（草案）》的说明中：将经济合同法的适用范围解释为“这个法是调整企业、农村社队、国家机关、事业单位、社会团体等法人之间的经济合同关系的”。

从《民法通则》的规定可见，集体组织的财产有广义与狭义之分，广义上的集体财产包括土地资源等不动产、农业和农村建筑物等设施、集体经济组织的财产和集体的其他财产四类；狭义上的集体财产仅指集体经济组织的财产。从所有权角度来看，《民法通则》只对集体所有的土地的所有权主体进行了明确，即集体所有的土地的所有权主体为农业集体组织或村民委员会；对于集体财产，只规定“受法律保护”，但没有规定明确的主体。就民事主体而言，《民法通则》规定的民事主体只有公民（自然人）和法人，而“集体”或“集体组织”并非与公民或法人并列或包含任何其中的民事主体。作为经济组织的“集体”，既不可能是公民，也不可能如同法人一样破产。〔1〕如果说，作为农村集体财产构成主体的土地主要由《土地管理法》《中华人民共和国土地承包法》等加以规范和保护，那么集体财产的所有权主体及其保护则基本上游离于法律之外。实际上，在实行“单干”的初期，农业合作化时期的集体财产主要限于农具、大牲畜等农业生产资料，这些集体财产随着集体土地的家庭承包经营也被分配到农户。一时无法分割的村办企业厂房、机器设备等，也因“包产到户”政策而无人照管，最终流失。此后，针对农村资产被侵占、流失等侵害农村利益的现象，国务院制定了相关法规。〔2〕

2. 我国《物权法》对农民集体所有权的界定

作为所有权制度的核心法律，2007 年颁布的《中华人民共和国物权法》（以下简称《物权法》）规定了农民集体所有权及其范围和行使程序。《物权法》第 59 条规定，农民集体所有的不动产和动产，属于本集体成员集体所有，其中集体出资的企业的所有权变动等事项，应当依照法定程序经本集体成员决定。该条规定明确了集体所有权属于集体成员，集体之外的成员没有所

〔1〕《民法通则》颁布实施后，随着市场化经济改革的深入推进，民法学界对集体所有权主体理论进行了一定程度上的反思，提出了几种认识：有的学者认为集体所有权的主体不一定由直接劳动者构成，也未必是法人组织，而是一定的团体或社区。参见史际春：《集体所有权的概念》，载《法律科学》1991 年第 6 期；有的学者认为集体所有权是集体组织成员共同对集体财产直接享有的所有权，其主体是集体组织的全体成员；还有学者认为集体财产应为集体组织法人所有，法人可以对集体财产享有独立的支配权，而集体组织成员对集体财产享有股权或社员权。参见王利明：《物权法论》，中国政法大学出版社 1998 年版，第 518 ~ 519 页。也有学者认为，集体所有权的主体形式具有多样性，如农民集体所有权的主体是农村社区集体成员，包括村民小组、村、乡三个不同层次的范围的成员。参见韩松：《集体所有制、集体所有权及其实现的企业形式》，法律出版社 2009 年版，第 73 页。

〔2〕 1990 年实施的《中华人民共和国乡村集体所有制企业条例》（以下简称《乡村集体所有制企业条例》，根据 2011 年 1 月 8 日国务院《关于废止和修改部分行政法规的决定》修订），按照所有者与经营者分离原则，规定乡村集体所有制企业财产属于举办该企业的乡或者村范围内的全体农民集体所有，由乡或者村的农民大会（农民代表会议）或者代表全体农民的集体经济组织行使企业财产的所有权。企业实行承包、租赁制或者与其他所有制企业联营的，企业财产的所有权不变。企业所有者依法决定企业的经营方向、经营形式、厂长（经理）人选或者选聘方式，依法决定企业税后利润在其与企业之间的具体分配比例，有权作出关于企业分立、合并、迁移、停业、终止、申请破产等决议。企业所有者应当为企业的生产、供应、销售提供服务，并尊重企业的自主权。实行承包或者租赁制的企业，企业所有者应当采取公开招标方式确定经营者，不具备条件的，也可以采取招聘、推荐等方式选用经营者。企业经营者是企业的厂长（经理）。企业实行厂长（经理）负责制。厂长（经理）对企业全面负责，代表企业行使职权。实行承包或者租赁制的企业，订立承包或者租赁合同时，应当坚持平等、自愿、协商的原则，兼顾国家、集体和个人的利益。企业税后利润，留给企业的部分不应低于 60%，由企业自主安排，主要用作增加生产发展基金，进行技术改造和扩大再生产，适当增加福利基金和奖励基金。企业税后利润交给企业所有者的部分，主要用于扶持农业基本建设、农业技术服务、农村公益事业、企业更新改造或者发展新企业。

有权；尤其是对作为不动产的土地，较详细地规定了集体所有权的行使程序，而且明确了集体出资的企业的所有权变动需经本集体成员决定，这使集体财产所有权的主人在法律上更加明确。但事实上，对于农村集体财产投资到企业的所有权变动还是没有“法定程序”的。《物权法》第62条规定了集体财产状况的强制性公布制度，即集体经济组织或者村民委员会、村民小组应当依照法律、行政法规以及章程、村规民约向本集体成员公布集体财产的状况。尽管《物权法》对集体所有权进行了比以往立法更详细的规定，但始终没有明确农村集体组织财产的主体。

3. 企业法意义上的农村集资财产

1990 年实施的《乡村集体所有制企业条例》是规范乡（含镇）村（含农民小组）农民集体举办的企业的行政法规。[1] 这是我国市场化改革以来较早实施的有关乡村集体企业的法律规范，具有时代的痕迹。该条例赋予具备法人条件的乡村集体所有制企业可以登记后取得法人资格的权利，在所有权与经营权分离的理论下，乡村集体所有制企业也实行“两权分离”，即企业财产属于举办企业的乡或者村范围内的全体农民集体所有，由乡（村）的农民大会（农民代表会议）或者代表全体农民的集体经济组织行使企业财产的所有权；企业经营者是由企业选聘的企业的厂长（经理），代表企业行使职权。企业的税后利润中不少于60% 的留给了企业，对交给企业所有者的部分的利润也规定了用途，即主要用于扶持农业基本建设、农业技术服务、农村公益事业、企业更新改造或者发展新企业。这样的规定，事实上剥夺了作为企业所有者的村民集体及村民个人的收益权。

1997 年实施的《中华人民共和国乡镇企业法》（以下简称《乡镇企业法》）规定，本法所称乡镇企业，是指农村集体经济组织或者农民投资为主，在乡镇（包括所辖村）举办的承担支援农业义务的各类企业。从该法对“乡镇企业”的定义可以看出，乡镇企业的出资人是农村集体经济组织和农民，设立企业的目的是“承担支援农业义务”，应该是指集体经济组织出资设立的乡镇企业，农民个人设立企业并没有这样的义务。此外，从《乡镇企业法》关于企业财产规定来看，倾向于保护农村集体经济组织的财产所有权。该法第 10 条第 1 款规定，农村集体经济组织投资设立的乡镇企业，其企业财产权属于设立该企业的全体农民集体所有。但同时又规定乡镇企业实行独立核算，自主经营，自负盈亏，具有企业法人资格的乡镇企业依法享有法人财产权。此外，除了农村集体经济组织可以出资设立乡镇企业之外，还可以通过合伙等形式参与经营活动。虽然1997 年颁布的《中华人民共和国合伙企业法》中没有规定合伙人的类型，但也没有明确禁止农村集体组织设立合伙企业。[2]

1998 年农业部农业经济司发布的《农村集体资产清产核资资产所有权界定暂行办法》中认为，农村集体资产所有权界定是指依据国家法律法规和有关政策的规定，对乡（镇）、村、组集体

---

〔1〕 该条例根据2011 年1 月8 日国务院《关于废止和修改部分行政法规的决定》修改。本文引用的为修改后的条文。

〔2〕 直到2006 年修订的《中华人民共和国合伙企业法》中明确规定，本法所称合伙企业，是指自然人、法人和其他组织依照本法在中国境内设立的普通合伙企业和有限合伙企业。农村集体资产一旦通过投资的方式设立乡镇企业、合伙企业等之后，就脱离了集体成员的控制，成为企业财产。

经济组织集体所有的各种资产的所有权归属关系进行确定的法律行为。集体经济组织是农村集资资产所有权的唯一主体,依法代表该组织内全体成员行使集体资产的所有权。

(三)政策中的农村集体资产权属及其界定

1992 年市场化改革目标明确之后,原来所剩无几的农村集体财产再次遭到严重流失,或者蜕变为有少数人实际控制的乡镇企业资产和名义上的集体财产。由于农村集体资产的严重流失和非集体化,侵害了农民几十年来逐渐积累起来的资产,也导致农村集体资产盈利能力下降,农村集体及其成员无法从中获益。

1. 农村集体资产界定的政策依据

针对当时农村集资资产严重流失的现象,[1] 为了管理清核农村集体资产,农业部成立了农村集体资产管理办公室。1995 年发布的国务院《关于加强农村集体资产管理工作的通知》(国发〔1995〕35 号)成为界定农村集体资产的基本依据。根据该通知规定,农村集体资产(以下简称集体资产)是指归乡、村集体经济组织(以下简称集体经济组织)全体成员集体所有的资产。属于组(原生产队)集体所有的资产,仍归该组成员集体所有。集体资产包括集体所有的土地和法律规定属于集体所有的森林、山岭、草原、荒地、滩涂、水面等自然资源;集体所有的各种流动资产、长期投资、固定资产、无形资产和其他资产。集体资产所有权受国家法律保护,任何单位和个人不得侵犯。国务院要求农业部拟定农村集体资产管理的法规,财政部门与农业部门要进一步加强农村集体经济组织财务、会计制度的建设,各省、自治区、直辖市人民政府根据本地实际情况,制定有关集体资产管理的规章,逐步将集体资产纳入依法管理的轨道。根据国务院的要求,1997 年 7 月 31 日,农业部、财政部下发《关于开展农村集体资产清产核资工作的通知》,自 1997 年下半年开始,在全国范围内开展农村集体资产清产核资工作。

2. 农村集体资产权属界定的基本方案

经过多年的改革,农村集体资产的权属发生了重大变化,在生产经营中,集体资产与集体成员的资产,甚至与非成员的资产发生了混同,对新增资产的权属界定更加模糊。1998 年农业部、财政部制定的《乡(镇)村集体经济组织清产核资工作方案》认为,界定资产所有权是指依据国家法律、法规和有关政策的规定,对集体经济组织集体所有的各种资产的所有权归属关系进行确认的法律行为。集体经济组织资产所有权界定要坚持"谁投资、谁所有"的原则,同时考虑资产形成的过程,从有利于管理的实际出发,尊重历史、照顾现实,实事求是地进行。在解决基于集体资产权属纠纷上,《国务院关于加强农村集体资产管理工作的通知》要求集体经济组织资产所有权和使用权发生纠纷的,除法律、法规已有规定外,由当事人协商解决。协商不成的,可以请县级以上清产核资机构进行协调或裁定,也可直接向人民法院起诉。但是,在实践中,主要依靠行政途径解决,很少通过司法途径解决集体组织与成员之间、成员之间以及集体组织与投资于集体财产

〔1〕 国务院《关于加强农村集体资产管理工作的通知》认为造成集体资产流失的主要原因:一是有些地方的领导对加强集体资产管理工作的重要性认识不足;二是集体资产管理的法规、制度不健全;三是农民群众没有广泛地参与民主管理,对集体资产的使用缺乏有效的监督;四是指导和监督集体资产管理工作的主管部门及其职责不够明确。因此,要加强集体资产管理方面的立法和制度建设。

中的非集体成员的纠纷。在1998年的《农村集体资产清产核资资产所有权界定暂行办法》中认为，农村集体资产所有权界定是指依据国家法律法规和有关政策的规定，对乡(镇)、村、组集体经济组织集体所有的各种资产的所有权归属关系进行确定的法律行为。该暂行办法将集体经济组织确定为农村集体资产所有权的唯一主体，依法代表该组织内全体成员行使集体资产的所有权。

3.财务会计层面农村集体资产的所有权主体

从全国范围来看，农村集体组织资产的存在形式发生了很大变化，其所有权主体已经相当模糊。农村中的“能人”通过各种手段侵害集体财产的现象也不鲜见。尤其是农村集体财产的财务制度不规范，使得作为集体财产名义上的主人的集体成员无法知悉集体财产的经营情况，导致农村基层管理人贪腐、肆意侵犯农民集体财产权等现象时有发生。2006年中共中央纪委、监察部、财政部、农业部《关于进一步规范乡村财务管理工作的通知》(中纪发〔2006〕24号)发布。同年，农业部发布了《关于进一步加强和规范村级财务管理工作的暂行办法》。尽管这些政策措施的主要目的在于改进农村基层干部作风、维护农民群众切身利益，但因其属于政策性文件的范围，以致在实际执行中往往大打折扣。

无论立法还是政策，在界定集体财产权属主体时，均使用了“集体经济组织”“村民委员会”“村民小组”三个表示农村集体财产主体的术语，但没有明确作为组成农村集体组织基本单位的村民家庭或者村民个人对集体财产的所有人的法律地位。在市场主体法律制度上，集体经济组织并不能直接成为法律上的主体概念。根据《中华人民共和国村民委员会组织法》，村民委员会是村民自我管理、自我教育、自我服务的基层群众性自治组织，实行民主选举、民主决策、民主管理、民主监督，村民委员会由主任、副主任和委员共3～7人组成，即村民委员会的成员并不包括所有农村集体经济组织的成员，而只是村民的代表机构。农村小组是由农户家庭组成的村民自治共同体内部的一种组织形式。在实践中，作为全体村民组织的村民小组负责经营、管理属于村民小组的集体土地和其他财产。在有些地方，村民小组还负责经营、管理村民小组兴办的集体企业，或由小组承包给村民经营。根据《中华人民共和国村民委员会组织法》的规定，凡涉及村民利益的重大事项，如集体资产处理，需由村委会提请村民会议讨论决定，需有本村18岁以上村民的过半数参加并过半数通过。

由于农村经济社会的变迁，当农村城市化和农民进城务工加速，农村常住人口逐渐减少时，原本就不健全的农村集体财产财务会计管理制度措施更加难以为继。管理部门不断发布“指导意见”，试图规范农村集体财务制度。例如，2009年农业部发布了《关于进一步加强农村集体资金资产资源管理的指导意见》(农经发〔2009〕4号)，其中指出，农村集体资金、资产、资源属于村(组)集体经济组织全体成员集体所有，是发展农村经济和实现农民共同富裕的重要物质基础。针对“一些地方村级财务管理不规范、制度不健全、核算不准确、公开不完善、监管不到位等问题仍不同程度存在”的现实，2010年中共中央纪委、财政部、农业部、民政部印发《关于进一步加强村级会计委托代理服务工作的指导意见》(财会〔2010〕4号)，认为村级会计委托代理服务，是规范农村集体财务管理、强化村集体经济组织会计工作、深入推进农村党风廉政建设的有效措施。该文件指出，农村集体经济组织的资金资产归该集体经济组织全体成员共同所有，村级财务属集体性质。在推进村级会计委托代理服务工作中，必须尊重农民意愿，履行民主程序，依法签订委托代理协议，确保集体资产所有权、使用权、审批权和收益权“四权”不变，切实维护农村集体经济组织及其成员的合法权益。此外，还要严格执行《中华人民共和国会计法》《村集体经济组织会计制度》等法规制度。

四、农村集体资产所有权的法律治理

当前，有关农村集体资产管理的规范性文件，主要是1995年国务院发布的《关于加强农村集体资产管理的通知》，以及地方权力机关和行政机关根据法律法规和该文件制定的农村集体资产管理条例、办法等地方性法规规章。[1] 这些规范性文件和地方性法规及规章对于规范农村集体资产权属和经营、维护农村集体成员对农村集体资产的所有权和收益权具有积极作用，但因其法律效力低，尤其是自《物权法》生效后，农村集体资产所有权应由物权法规范和保护，加之因时过境迁，导致该通知已无法完成对农村集体资产的权属界定与保护。

（一）从政策治理到法律治理变迁的背景

在农村集体经济中，农村集体土地所有权权属、行使等方面有较充分的法律依据。但对于作为动产的农村集体资产的主体及其经营，则缺乏法律层面的规范。从政策与法律的内容来看，农村集体资产的所有权主体在政策和法律上是有规定的，即（多种形式的）农村集体组织是农村集体资产的所有权人，农村集体组织在法律上并不是行政主体，但在司法实践中则一般认为村委会、村民小组等农村集体组织具有民事主体地位。[2] 但是，当作为动产的集体资产通过承包、转包、租赁、入股、联营、股份合作经营等方式经营时，资产的使用权已经移转，收益权也要按照约定或者企业法的规定实现，村集体经济组织以发包方、出资人的身份行使相应的权利，规范农村集体资产的规章、政策性文件本身已经失去了实际效力。因而，通过政策手段对农村集体资产被侵占、流失现象加以治理，是一种权宜之计。

在市场经济体制和与之相适应的法律制度不断制定并得到执行的前提下，加之农村人口规模减小和农村人口高度流动，[3]原有的农村集体资产管理制度已经无法适应农村经济发展的需

---

〔1〕 1997年以来，有数十个省级地方人大及其常委会、政府制定了农村集体资产管理的地方性法规规章。

〔2〕 例如，福建省南平市中级人民法院审理的“顺昌县洋口镇上风村第一村民小组不服顺昌县人民政府土地权属争议处理决定案”（2004）南行终字第50号中，认定村民小组可以成为农民集体土地所有权的主体。最高人民法院《关于村民小组组长利用职务便利非法占有公共财物行为如何定性问题的批复》中规定，村民小组组长利用职务便利，非法占有公共财物行为，应以职务侵占罪对行为人定罪处罚。

〔3〕 国家统计局发布的《2010年第六次全国人口普查主要数据公报》显示，我国31个省、自治区、直辖市（不含港、澳、台）共有家庭户401,517,330户，家庭户人口为1,244,608,395人，平均每个家庭户的人口为3.10人，比2000年第五次全国人口普查的3.44人减少0.34人。31个省、自治区、直辖市和现役军人的人口中，居住在乡村的人口为674,149,546人，占50.32%。同2000年第五次全国人口普查相比，乡村人口减少133,237,289人，城镇人口比重上升13.46个百分点。31个省、自治区、直辖市的人口中，居住地与户口登记地所在的乡镇街道不一致且离开户口登记地半年以上的人口为261,386,075人，其中市辖区内人户分离的人口为39,959,423人，不包括市辖区内人户分离的人口为221,426,652人。同2000年第五次全国人口普查相比，居住地与户口登记地所在的乡镇街道不一致且离开户口登记地半年以上的人口增加116,995,327人，增长81.03%。

要,依靠政策治理和保护农村集体资产的做法事实上已经失灵。作为集体所有制和农村集体资产所有权载体的“集体”是一个边界模糊的概念,组成集体的成员并不固定,集体的成员往往通过身份来确定,同时集体成员对集体的认同也是集体是否具有内聚力的重要依据。“集体”的内涵也经历了从计划经济下的“集体”到市场经济下的“集体”的变迁。在计划经济下,集体组织是一个政治单元和经济单元。作为经济单元的乡村集体,既是生产的最小单位,也是分配的最小单位。因而,集体的能力、集体的利益关系每一个集体成员的个体利益。计划经济下的集体组织具有政治经济的功能,即使集体组织成员不愿意,成员也很难选择不加入集体或者退出。在市场经济下,市场机制促使不断理性化的集体成员更加关心的是自己能否直接而快速地获利,而不关心集体的利益。个体在自身利益的驱动下,在自愿的前提下组成集体,参与者必须能够得到好处,否则他们就会退出组织,当个体脱离集体后,可以获得比集体组织内更大的利益时,集体将逐渐名存实亡。

(二)从政策治理到法律治理的基本依据

在公共经济学理论中,集体属于“俱乐部”,组成集体的成员通过一致行动来谋取所有人之间的相互的好处,集体组织中的成员可以脱离组织,但新的加入者则需要组成集体的全体成员的一致认可。任何集体要采取集体行动,都必须面对集体决策的问题。在集体采取行动之前,必须确定集体的目标,并确定如何采取最佳行动来实现这样的集体目标。但集体自身没有偏好,因而需要将个体偏好集合成为集体偏好。在集体中表达和发现个体偏好的最优方式就是投票。当前,我国农村集体资产管理权归属农业行政管理部门和地方政府,农业部门管理农村集体资产是历史形成的,农村集体资产一直被认为属于“三农”的范畴,而不是资产的范畴,对于集体资产的管理,并没有形成如同管理国有资产的专门管理部门。因此,农村集体资产的所有权界定、登记、行使、记录所有权变动的财务会计、收益权的实现,往往游离于国家层面的监督,成为农村干部和少数人的个人资产或者并非全体农村获益的由少数人组成的“集体”资产。

按照资产经营的用途和经营目的,可将农村集体资产区分为经营性资产和公益性资产。经营性资产是以营利为目的的农村集体资产,公益性资产以服务于农村公共利益为目的的农村集体资产。对经营性资产,要按照市场机制,通过股份制改革,设立经营性资产管理公司,通过现代企业治理模式运作,全体集体成员为资产的所有权人和公司的出资人。对公益性资产,如农村水利设施等,由全体集资成员共有,由村委会、村民小组等农村基层自治组织负责管理。

(三)从政策治理到法律治理的保障机制

由于我国农村经济发展水平和竞争力差异巨大,在地域分布上存在东部和中西部的地域差距,在城乡分布上,“城中村”、“城乡接合部”、城郊农村因土地征收等获得高额的经济收入,在土地基础上的农村集体资产规模大,盈利能力强,是发展农村经济、建设社会主义新农村的强大经济基础。农村集体资产所有权主体不明确,导致资产在经营中的增值和债务的最终归属主体也不明确,不仅使资产流失、经营亏损,而且对其缺乏有效监督制约。因此,在法律的框架内,应当通过立法、行政、司法途径,完善农村集体资产的法律保护和激励机制,使之逐渐成为社会主义新农村建设的可依赖的物质基础。当前,尤其要重视通过立法途径,建立农村集体资产保护的基本法律规则，传统的政策治理已经无法适应新时期市场经济和农村经济发展。因此，从政策治理转变为法律治理，在宪法、物权法等法律的框架内，制定农村集体资产管理条例等效力较高层次的法律法规，明确规定农村集体资产的所有权主体，将“集体”资产的主人实体化，规范集体与集体成员的权利义务，激励集体成员对集体的认同感，加强农村集体资产监督，明确农村集体资产的经营方式、法律责任等。

司法保障农村股份合作制改革问题研究
——以浙江省温岭市为例

陈文通*

目　次

一、前言

推进以“三权到人(户)、权跟人(户)走”为主要内容的农村确权赋权改革,是浙江省委、省政府全面深化农村改革的重大决策部署,是继农村家庭承包责任制和农村税费改革之后又一重大的综合性改革,也是新时期健全完善城乡发展一体化体制机制的根本要求。[1] 作为全省唯一的全国整县域农村确权赋权改革推进试点县市,温岭市自 2014 年 7 月 1 日召开推进农村确权赋权改革动员会以来,以农村土地承包经营权确权登记和农村集体资产股份合作制改革为两大主线的改革有条不紊地开展,并扎实推进,取得一定成效。与此同时,伴随农村确权赋权改革的全面推进,也暴露出不少的新问题与障碍,如不及时、妥善处理极易演化为区域性群体纠纷,可能危及基层社会稳定和治理实效。基于此,温岭市人民法院专门成立课题组,就

---

* 温岭市人民法院党组书记、院长,法学硕士。

本文为 2016 年浙江省政法委、法学会 2015 年度法学研究重点课题(2016NA19)成果(课题组成员:主持人:陈文通,其他参与成员:夏群佩、林恩伟、江伟、李琳琳、李洁)。

[1] 推进农村集体资产股份合作制改革是党中央作出的重大决定,也是浙江省委、省政府作出的重要工作部署。党的十八届三中全会通过的《中共中央关于全面深化改革若干重大问题的决定》中指出:“赋予农民更多的财产权利,保障农民集体经济组织成员权益,积极发展农民股份合作,赋予农民对字体资产股份占有、收益、有偿退出及抵押、担保、继承权。”省委十三届四次会议决定中指出,要加快村经济合作社股份合作制改革,落实中央赋予农民对集体资产股份的相关权益,并明确提出了“股权到人(户),权跟人(户)走”的改革目标。

当前农村确权赋权改革中的核心难点——农村股份合作制改革问题[1]展开专项调研。在此次调研过程中,课题组走访了温岭市农村工作办公室、农林局、公安局、民政局、城西街道、城北街道、泽国镇等10余个部门,涉及行政村5个,并先后组织各层面人员召开座谈会6次,梳理分析农村股份合作制改革推行中遇到的主要问题及法律障碍,并从立法、行政和司法三个层面就相关问题提出对策建议。

二、浙江省农村股份合作制改革试点推进中存在的问题——以温岭市为分析样本

浙江省是较早开展农村集体产权制度改革的地区。为适应城市化发展和撤村建居的要求,20世纪90年代末开始,浙江省开展了村经济合作社集体经营性资产股份合作制改革的探索,由城中村、城郊村、园中村等人口流动较频繁、户籍"农转非"较普遍、集体经济较发达的村率先实践,并逐步向其他类型村扩展。[2] 从模仿和探索阶段、起步和试点阶段到规范发展阶段,浙江农村经济合作社股份制改革走过了20多个年头,目前正处于政府主导推动阶段。2014年8月浙江省人民政府办公厅下发了《关于全面开展村经济合作社股份合作制改革的意见》(浙政办发〔2014〕101号),明确了改革目标任务,即到2014年年底,全省50%以上的村经济合作社完成股份合作制改革;到2015年年底,全面完成改革任务,基本建立农村集体资产股权流转交易市场体系;到2017年,基本建立起"确权到人(户)、权跟人(户)走"的农村集体产权制度体系,实现社员对集体资产产权长久化、定量化享有,促进村级集体经济发展和农民增收。

温岭市于2014年7月召开推进农村确权赋权改革动员会,并在省文件的基础上,制订出台了《关于全面推进村经济合作社股份合作制改革的实施方案》,明确了村经济合作社股份合作制改革工作的总体目标和要求。[3] 截至2015年4月,温岭全市共有608个村基本完成了农村股改工作,占全市860个村的70.7%,股改完成率在台州市暂列第四。从先期试点情况来看,各试点村依照本村实际设置不同股权,进行股份量化,并由合作社内部发放股权证书,作为获取股份分红的依据。同时,根据人口变化定期进行一次微调,形成了颇具地方特色的农村集体股份合作制

---

〔1〕 所谓农村经济合作社股份制改革,是指以村级集体经济组织为单位,以土地集体所有为纽带,把村级集体资产折成股份,量化到每个成员,建立集体股份合作社(公司),村民将会变身"股东"。

〔2〕 农村股份合作制改革通常分为三大类型:一是由部分农村集体成员组建的土地股份合作社,其主要分布在城市远郊区、传统型农区、农业园区和具有丰厚旅游资源的农区等;二是由农村集体经济组织整体改制而成的村(社区)股份合作社,初始主要分布在城乡接合部和城中村地区,现在向全省各县市区内其他类型村推开;三是按公司法组建的土地股份有限公司,其主要分布在城中村,总体占比较小。目前阶段,我省农村经济合作社股份合作制改革属于第二种类型。

〔3〕 与省方案呼应,温岭方案为:到2014年年底,完成全市50%村经济合作社的股份合作制改革任务;2015年全面完成村经济合作社股份合作制改革任务;到2017年,基本建立起"确权到人(户)、权跟人(户)走"的农村集体资产产权制度体系。

模式。[1] 通过前期实践和探索，温岭市村经济合作社股份合作制改革取得了宝贵经验，产生了积极效果。但由于受思想认识、政策法规、外部环境、内部条件等主客观因素影响，导致此项改革在推进中也存在一些问题，主要表现在以下几个方面。

（一）主观认识不到位，改革推进存在观念障碍。乡镇街道党委政府相对倚重区域经济发展和社会稳定等工作，比较关注年度目标考核内容的完成，无暇顾及农村改革发展，造成改革力度不足。由于改革势必触及有关政策"红线"和农村各方利益，乡镇街道及村干部，尤其是部分村班子成员对改革有畏难甚至抵触情绪，对政策把握有疑虑，对推进要求的认识不尽一致，存在等待观望心理，改革的主动性、积极性不足。

（二）各村基础有差异，相对统一的办法难出台。受到区位条件差异等各方面综合影响，温岭全市各村级集体经济发展相当不平衡，制约股份合作制改革的均衡推广。在实践中，村集体财产的多少与改革推进程度呈现负相关效应，即越是集体资产少的村越容易推进改革，反之，越是集体资产多、每年分红可观的城郊村等相对富裕的村改革难度越大。考虑各村基础差异大，由于各地实行农村股份合作制改革的时间不尽相同，且由于农村特殊群体在各村的产生和构成千差万别等，目前浙江全省除少数地区以地方政府出台文件进行统一规范外，其他各地普遍实行"一村一策"，温岭也只在乡镇街道一级出台填空增补式的实施细则，部分非法定硬性要求交由试点村自行选择，由此导致在股权设置、成员资格界定及其份额配置等方面易引发地区差异和矛盾纠纷。[2]

（三）各方利益平衡难，村集体内部矛盾调和难。农村有不少历史遗留问题，村情千差万别，这增加了改革难度。尤其是在股权设置上，涉及众多利益关系，很难完全统一，可能出现"公说公有理、婆说婆有理"的局面。例如，对股改实行动态管理时，片面强调与现行的村集体分配制度有冲突，老百姓不理解、难接受；对股权享受对象的界定上，简单地按村规民约和传统习俗操作，没有依法依规进行界定，剥夺了少数弱势群体的利益，易引发纠纷矛盾。实践中，一些村民小农意识根深蒂固，怕损及自己固有利益，容易出现抵触情绪，甚至激化矛盾，而部分村干部也担心以后支配集体经济的权力受到削弱，出现了各种不同的声音。

---

[1] 在过去的土地股份合作制的模式选择中，主要有三种不同的类型：一是以在册农业人口基分为基础进行股份量化的原始型土地股份合作制。根据在册农业人口的性别、年龄，测算出每一农户基分数，再按基分确定每户的土地承包面积入股，组建"农业发展股份合作社"的松门远景模式。二是以集体土地承包经营权为基础的单纯型土地股份合作制。把全村农户的第二轮土地承包面积折成股数，建立"集体土地股份合作社"的泽国牧南模式。三是以村集体财产和土地为基础进行股份量化的综合型土地股份合作制。将全部村级集体资产经清产核资后量化折股，组建"集体资产股份合作社"的大溪潘郎模式。参见管敏文、蔡裕亮：《温岭市社区土地股份合作制的实践与思考》，载《农村经营管理》2003 年第 11 期。上述模式曾在省内被宣传、推广，并成为时下由农村集体经济组织整体股改形成村（社区）股份经济合作社的坚实基础。因为从目前集体经营性资产的来源来看，大多数仍从原来集体企业和村集体土地而且大部分是村集体土地转化而来，集体资产股权与农户承包地紧密相关。

[2] 此现象在互为相邻的街道及自然村之间较为普遍，该市农村工作办公室及各乡镇街道负责人对此一问题表示早有预估。此外，该市农办去年创纪录的收到了 8 件人大建议案及政协提案，几乎全部反映农村股改的各方面问题，也从侧面反映了改革推进的难度。

（四）相关制度待完善，诸多难题待厘清。股份合作组织依然存在传统管理痕迹，理念、职能、职责不清，政社合一普遍存在。随着人口变动和股红分配的提升，原有股权设定模式、对象界定等所引发的矛盾也逐步显现。如“农嫁女”权益保护问题，股权“四不”政策（股权固化采“生不增、死不减、迁入不增、迁出不减”的一次性配置）等。国家有关政策法规没有与之配套，特别是尚无法律明确规定减免村级集体的营业税、房产税、所得税等政策，在一定程度上制约了规范发展。股东代表大会、董事会、监事会以及重大决策管理程序等没有真正得到落实，也为改制后集体组织的可持续发展埋下了先天性隐患。

三、农村股份合作制改革面临的现实法律难题

在农村股份合作制改革推进过程中，股权争议成为改革政策落地和基层社会治理的焦点问题，近年来，农村特殊群体争利现象日趋多发，因成员资格引发的权益纠纷和上访案件亦呈上升态势，并呈现新的发展特征，即由过去少数村集体的偶发、个别争议发展到现在多数村经济合作社的频发、普遍争议；股权争议范围从原来的“外嫁女”及其子女的股权争议演变为包括“外嫁女”及其子孙、“非转农”成员以及居住在农村社区的城市居民等多类特殊群体的争议，争议人群从单一结构向多元结构转变。此外，与农村股份合作制改革运行的其他相关法律问题，如股权的流转、村班子和股改后企业经营决策层的关系处理等问题，也成为制约后续改革推进的重要问题。

（一）关于股东主体资格确认的法律问题

由于农村股份合作制改革涉及每个农民的切身利益，如何界定股东主体资格就成了当前农村股改的核心环节和争论焦点。围绕着集体组织成员资格即成员权产生的股权争议，主要是由我国农村集体所有制结构所致。我国法律虽明确规定农村集体资产归农民集体所有，但集体资产产权归属问题却长期虚置——长期以来，法律未曾清晰界定集体所有是集体组织代表所有还是集体成员共同共有，对集体组织成员也无明确的资格条件，导致农村人口流动引起的社员股东资格亦随之变动，进而导致农村股权争议的长期存在。而通过农村股份合作制改革，股东主体资格（固化）界定的意义正在于明晰集体经济中农民所享有的权益。

1. 村民、集体经济组织成员与股东主体资格的区别

村民、集体经济组织成员与股东主体资格，这三个概念常被人们混淆，在基层农村股改实务中也经常陷入将三者“等同视之”的认识误区。事实上，“村民”是《中华人民共和国村民委员会组织法》派生的一个政治概念，“村民”可以在本自治组织中依法表达自己的意志，并享有选举权和被选举权，其表明的是一个农村居民的身份权利。而“集体经济组织成员”则是指户籍在该集体经济组织，或生活在该组织，对集体经济组织资产拥有所有权和处置权，同时承担特定义务的人员。确定农村集体经济组织成员资格，应当坚持两个原则，即以在该集体经济组织有户籍，生

活在该组织为基本原则，辅以对该组织资产享有权利、负有义务为补充原则。[1] 在20世纪七八十年代农村较为封闭的时期，这两种人员在事实上呈现完全竞合的状态。但随着城乡一体化的加快推进，农村人口流动加速，有些户口在本村的村民未取得集体组织成员资格，少数未保留村民资格的却仍拥有集体经济组织成员资格。

而股东主体资格是在农村股份制改革背景下产生的，其与村民、集体经济组织成员有重合关系但并非完全等同于两者之中任何一者。股东主体资格与村经济合作社（社员）息息相关。在浙江省政府办公厅于2011年12月下发的《关于进一步加强农村集体资金资产资源管理的意见》中，明确规定农村集体资金、资产、资源依法属于村经济合作社全体成员共同所有，并提出要加快推进农村集体资产股份制改革。股改以后，原村经济合作社名称更改为"村股份经济合作社"，新的村股份经济合作社成为以资产为纽带、股东为成员，实行独立核算、自主经营、自负盈亏、民主管理的综合性集体经济组织。但村经济合作社社员并非与改革后的村股份经济合作社股东直接等同，符合何种条件的原社员及其他人员可以被确定为股权享有者（股东）是股份制改革的基础性前提。也就是说，只有经过了资格确认这一转换环节，通常意义上的村民、集体经济组织成员、原村经济合作社社员才能实现身份转变，进而被赋予股东主体资格。

2. 股东主体资格的界定

依照《浙江省村经济合作社组织条例》的规定，要按照尊重历史、权利义务平等、程序公开、民主决策、广接受、宽覆盖原则，由全体社员代表会议讨论决定集体资产股权享受人员的边界和资格。但同时强调，既要依照法律法规和有关政策，综合平衡考虑各类对象的利益诉求，又要注重落实和保护好特殊群体和弱势群体利益，防止通过多数人表决剥夺少数弱势群体利益情况的发生。从现有政策实践以及兼顾依法依规和村社自决两者之间平衡的角度来看，当前农村股改过程中的股东界定，总体上应遵循"依据法律、尊重历史、公平合理"的原则，以国家及省法律法规和政策为基本前提，只有在不违背现有法律及政策规定的限度内，方可由村级民主讨论决定。

由于农村情况千差万别，对股东成员界定有关问题，省委、省政府只提出"广接受、宽覆盖"的原则性意见，缺少具体的顶层设计，台州、温岭两级市委、市政府也无法在操作层面上出台刚性的政策文件。主要原因有两个方面：一方面，股东界定存在同一性和差异性的矛盾。各乡镇街道、各行政村居情况差别大，成员构成复杂，乡土习惯和村规民约也不一致，很难在市级层面出台一个涵盖全面、适应各地实际情况且被各村普遍接受的政策性文件；另一方面，股改对象的界定必须坚持依法依规和村社自决的统一，在引导各地遵守国家法律法规和各级政策规定的基础上，

---

〔1〕 对于农村集体经济组织成员的确定标准，理论界和司法实务界存在较大争议：一是户口论，即以是否具有本村户口作为衡量集体经济组织成员的唯一标准；二是村民论，其实质是户口论的翻版，但条件比前者更宽泛；三是土地承包经营权论，即以是否具有承包经营权作为集体经济组织成员的衡量标准；四是权利义务论，即通过与集体经济组织之间建立一定的关系，履行了一定的义务而成为集体经济组织成员。迄今，全国人大未在相关立法中对集体经济组织成员资格界定标准予以明确，全国人大法工委在针对全国人大代表要求就集体经济组织成员资格界定标准作出解释的建议答复中称："农村集体组织成员资格的认定比较复杂，需要综合考虑当时的政策、村集体组织的土地来源、构成、变迁，以及其有无在本村机体组织内从事过劳动、时间长短、贡献大小等因素；为了达到较好的社会效果，可在当地人民政府的指导下，根据本村、本地实际情况，由其所在村的村集体经济组织依照法定程序予以认定。"

仍需尊重社员的民主决策权、民主管理权。在目前缺乏市级层面刚性文件的基础上，各地选择由乡镇街道、村居一级分别拟定辖区内股份合作制改革方案和股份经济合作社章程，如对股权是实行静态抑或动态管理，[1]是否设集体股、人口股和农龄股，还是全部设人口股，[2]股权界定基准日的时间设定（人口股设置上的股改固化基准日）等股权设置存在不同做法。同时，须对股权享受对象进行一般性规定，对不应享受人口股对象进行禁止性规定，且均设置兜底条款，并对有关特殊群体股权资格按照上级政策规定可以享受股权的情形进行列明，同时可以规定部分人员须经村社员代表大会讨论决定。此外，不得在两处及以上股份合作社享有一次原生股份也是实践中普遍予以重点把握的原则。[3]

通常而言，股东成员可以分为社员股东和非社员股东。社员股东主要指股份制改革时实际在册的村经济合作社社员（集体经济组织成员），以股权界定基准日为界，包括本地原农业人口及其衍生人口、转居留职人员以及其他符合条件的人员。其中本地原农业人口及其衍生人口包括原籍和户口均在本地的农业人口及其未成年子女；因婚嫁原因，户籍已迁入本集体经济组织的农业户口人员；本集体组织成员依法收养且户口已迁入本集体经济组织的子女。转居留置人员是指农转居后没有领取劳动力安置费而由集体安置的成员。其他符合条件的人员包括政策性移民落户的社员及其子女（已享受经济补偿的挂在居除外）等。

而非社员股东主要包括原有的村集体经济组织成员及其他非成员股东，其中原有的集体经济组织成员是指原集体经济组织成员因征地、改革转居、死亡等原因，股改时已不在集体经济组织内的人员及其子女；或者原户口在本村但因特殊原因外迁的，如从本集体经济组织入伍现役义务兵及符合国家规定的士官；全日制大专院校就读，户口迁往学校的在校本村学生；原户口在本村但依法正在服刑人员等。

3. 几类特殊争议主体的股东资格确认

在将集体产权进行折股量化到个人及资产收益的股改过程中，各村社做法各异，界定不一。其主要问题集中在特殊群体要求参与农村集体经济的股份分配和福利分配。特殊人群，是指认为自身与农村集体经济组织因涉及某种特殊关系而要求参与改制后集体利益分配的人员。调研

---

〔1〕 从温岭的实践来看，政策层面进行“生不增、死不减”的静态管理引导，实行股权一次配置永久不变的静态管理。这是因为“股权是农户财产权，具有长期性和稳定性”这一根本属性决定了应当进行静态管理，且动态管理会引发后续诸多问题，不符合改革导向。例如，省政府办公厅出台的《关于全面开展村经济合作社股份合作制改革的意见》中指出，原则上坚持静态管理股权，即“权跟人（户）走，生不增、死不减、可继承，可在本社内转让”。

〔2〕 例如，按照《温岭市全面推进村经济合作社股份合作制改革实施方案》的要求，在股权设置方面，原则上不设集体股，以设“人口股”为主，“农龄股”等为辅，或将农龄贡献折算到人口股中。相应地，村股份经济合作社的股东也区分为社员股东和非社员股东两大类，具有人口股的为社员股东，享有选举权、被选举权和股份分红权益；不具有人口股的为非社员股东，仅享有股份分红权益。基层调研发现，大多数村干部及农户对原则上不设集体股表示赞同，但对于要不要设农龄股，多数认为尽量不要设农龄股，计算操作非常复杂，人口复杂的村很难搞清楚确切农龄，不但费时费力还可能引发新的矛盾，故建议只设人口股；少数意见认为农龄股可以较清晰地反映对村集体的贡献大小，设计更为精细也更为公平。

〔3〕 例如，各镇街道操作办法如明确规定不应享受股份对象条件的，均将“已在其他村经济合作社享有股权人员”列入其中，作为排除对象。

发现,主要集中在以下几类争议人群。

第一种是农嫁女、农嫁居及入赘婿(也称上门女婿)问题。从目前的股改实践以及妇女信访实务来看,涉及农村出嫁女及其子女、离婚农妇及其子女、女儿户及招婿妇女三类对象的权益侵害问题较突出。综合现行立法及政策,宜认定为股份享受对象包括以下五类:(1)因合法婚姻关系落户夫家的农村妇女;(2)户口未迁出的原本村农嫁居妇女;(3)与本村社员已办理结婚书的原离异妇女及随迁子女(子女人数依据法院判决);(4)户籍关系未迁出本村且在新住地没有成员资格的离异妇女随母子女(子女人数依据法院判决);(5)入赘婿婚后户籍迁入且失去原所在集体组织成员资格的。不应认定为人口股享受对象包括以下三类:(1)户口迁出的农嫁居妇女及其子女(该子女的户籍应为农户);(2)居嫁农已婚女(此处的居民指传统居民户),其子女股权按户籍随父或随母确定;(3)户口未迁入保有原集体经济组织成员资格的农嫁女或入赘婿。但更多的特定情形是需要综合提供证明材料,经所在村社员代表大会讨论通过的,主要包括以下四类:(1)外来媳妇户口无法迁入的,根据事实婚姻(同时需提供结婚证及户籍地村居没有享受村集体经济福利分配待遇的证明,并加盖当地镇政府或街道公章)予以享受,没有提供相关证明的不予享受;(2)从外国(境外)嫁入的,已定居的可享有股权,从外县市、外省嫁入的,以户籍关系为准予以界定股权;(3)农嫁农户口未迁出的,同时需提供结婚证及嫁入地村居没有享受村集体经济福利分配待遇的证明,并加盖当地镇政府或街道公章方予以享受,如没有提供相关证明的不予享受;(4)已离婚女户口未迁出的,经查再婚需同时提供结婚证及嫁入地村居没有享受村集体经济福利分配待遇的证明,并加盖当地镇政府或街道公章方予以享受,如没有提供相关证明的不予享受。

第二种是农转非问题。原则上户口农转非人员不能享受人口股。但由于存在政策推动、综合改革等历史遗留原因,特定情形下的农转非人员仍应明确为股权享受对象,主要包括两类:(1)因小城镇综合改革户籍关系从本村迁至小城镇的原本村社员及其子女(小城镇是指该市县辖区范围内的乡镇、街道),户籍无须迁回,在原村享受股权;(2)父或母一方因征地农转非后的非农子女且居住在本村享受集体照顾的。实践中,几类特殊情形应交由村社员代表大会讨论通过,包括两种:(1)因自己出资办理“户改农转非”(包括蓝印户口)的原本村社员及其子女和因购房原因或户口集聚等原因,户籍关系迁入小城镇的或挂靠城中村的,经村社员代表大会讨论通过,可在原本村享受股权;(2)因购房、小城镇综合改革等原因户籍关系迁入小城镇后的已婚女视作农业户口,参照农嫁农、农嫁居类型确定股权。

第三种是于行政、事业单位和国有企业、县属以上大集体企业就职相关人员问题。原则上于行政、事业单位和国有企业、县属以上大集体企业就职相关人员不能享受股份。从实践来看,绝大多数地区认为,上述人员因为已经享受体制内利益,不宜再同时作为社员股份的享受对象,包括以下几类:(1)劳动人事部门正式办理正式招工录用手续并在行政、事业单位和国有企业、大集体企业有正式工作的在职人员及已享受国家退休待遇的人员;(2)户口在村,经劳动人事部门批准的国有企业及国有控股企业、县属以上大集体企业正式或退休人员;(3)子女顶替招工户口农转非及本人户口迁回农村的原企业退休人员;(4)因土地征用指标安排在国家事业单位、国家垂直管理单位、国有企业及农村合作银行的编制内正式职工辞职、辞退或停薪留职的、开除或判刑的，不享受股权。对于几类特殊临界期间人员，应作区分探讨：(1)原本村社员单方为劳动人事部门办理正式招工录取手续的行政、事业单位和国有企业及国有控股企业（包括在职、退休或已改制）的单职工，但其户口已经迁入的配偶及其子女原则上仍应给予股权；(2)属非编制内的合同工、临时工应享受股权；(3)因企业及国有控股企业改制后进入短期合同工、临时工的，应予以享受股权；(4)虽为正式录用人事部门在编人员，在录用试用期间内，暂保留其股权，待正式录用后股权予以收回。

第四种是户口迁出的高等学校学生和应征入伍军人问题。原户口在本村的高等学校学生和应征入伍的军人，原则上应当保留股权资格。包括以下几类：(1)正在服义务兵役的本村社员（已转为士官的人员暂保留人口股，待其退伍后，未享受部队或地方安置的予以配制）和全日制大专院校就读的在校本村学生；(2)原就读全日制大中专院校毕业自谋职业的非农人员，户口迁回本村的社员或户口挂靠村集体户，予以享受股权；(3)对原大中专学生因就学迁出，毕业后户口留在人才交流中心目前暂时无法迁回，且没有正式工作的，经查属实应予享受；没有正式工作的大中专毕业生已婚女及同户册子女，若嫁给农民或"户改农转非"对象，股权在男方享受，若嫁给正式居民的，股权在原村享受。

第五种是本村村民违反计划生育政策法规超生子女、违法收养子女以及被判服刑人员问题。对于存在违法事由人员的股份享受问题，实践中存在不同看法。一种观点认为，该类村民及其子女存在违法事由，若仍确认其股东资格，可能变相鼓励以违法手段获取股东资格情形的发生；另一种观点认为，违法事由与股东资格享有应区别对待，股东资格享有兼有农民身份福利性质，应当以违法事由是否对身份取得形成决定性障碍进行判别，并作出区别处理。例如，户籍迁出本村或注销的被判处徒刑的服刑人员，原则上股权证书仍应由其委托人或股份经济合作社予以保留。而对于在基准日前违反计划生育政策的对象在未依法处理之前，可规定不予以享受；已处理的对象，何时给予股权可结合所在村的村规民约界定，或者设定一段冷冻期限，使其虽享有股权，但排除其分红资格。至于违法收养的子女，原则上不能享受股权，但符合该村村规民约，经村社员代表大会讨论通过的，也可以考虑给予股份。

第六种是户籍从外地迁入或迁往外地的其他人员问题。主要包括以下几类：(1)原定销户及其子女（也称"买粮户"或"买饭户"），可由村社员代表大会讨论决定。(2)原迁入本村户口的外来挂靠人员，若户口是非农，不符合股改享受对象；若是农业户口的，以挂靠人员户口迁入时承诺"不参加集体经济分配的"不享受股权，未承诺的由村经济合作社社员代表会议讨论确定；城镇户籍人口回迁原籍农村。(3)农业户口迁出外籍后又迁回原籍，应当享受股份，如农户因办企业、建房和孩子入学等原因，二轮土地承包后，户口迁往县内外村，二轮土地承包时在原村有承包土地的，在原村享受股权。(4)户籍从外县迁入，承担迁入村社员义务的，按照权利义务平等原则，若迁出村没有给予股权的，迁入村应予以股权（有协议的除外）。

（二）关于股权的流转及其他法律问题

1. 股权的流转问题

社员享有的股份制改革企业的股权，既是一种身份权，也是一种财产权。目前股改实践中对股权的流转限制较多，规定其可以继承，但转让对象限于社员内部，个别经济较发达的村的村社干部出于对股权过于集中可能导致决策权转移的担忧,甚至在章程中约定内部股份流转的限制比例。从农村集体经济的特殊性考虑,现阶段农村集体制度与一般的股份制企业尚有区别,社员股份也带有一定的身份属性,规定内部转让及比例限制有一定的合理性。但从长期来看,增强股权的流动性是解决目前股改产权关系导致一系列问题的关键,应当对股权的对外转让进行宽松化处理,过渡期可约定审慎的流转程序——必须经过严格的审查、审议及股东的投票多数决,成熟运作后也可考虑设立农村股权交易中心,允许流转交易。出于对股权流动性过大可能导致分红无法到位的问题,建议同步设立股权的保全制度,对于常年外出或因其他原因无法行使表决权或提取分红的,由他人受托代行职责或由股份合作社直接提存。

2. 村班子和股改后企业经营决策层的关系问题

理论上,集体资产产权制度改革后股份合作组织成为一个市场化的主体,但事实上董事会、监事会人员大都是原村社班子人员,经营能力普遍较低,且多数仍然沿用原有村经济合作社的管理方式,村班子和股改后企业经营决策层极易混同,又难以引进职业经理人,满足不了股份合作组织发展的需要和村民的要求。假设两者进行了人员分离,当前集体资产经营相对较好的地方大多是依靠一些有能力、有威望的原村干部,一旦失去这种依靠,将会对村集体资产安全经营带来较大风险。而且在市场经济条件下,一人一票表决制难以形成高效决策,影响发展活力,加之农村居民法律意识、现代企业意识和合同意识都不强,股份经济合作组织内部和外部又缺乏有效的监督措施,极易造成监督失控,引发更大的风险,集体资产的保值增值也很难真正实现。

四、农村股份合作制改革相关完善对策与建议

为了能够成为“股东”,符合条件的村民纷纷将户口回迁到本村,股权之争的背后实质上是基于村民(社员)福利身份和集体产权分红利益之争。欲解决当前农村股份合作制改革中的实务操作及法律诸多问题,须就立法、行政及司法三方面入手,综合施策,力求实效。

(一)立法层面:拾遗补阙,加快集体经济组织法人地位及税务征收问题落地

1. 加快制定农村集体经济组织法或相关条例,破除农村集体经济组织地位尴尬

现有调整股份合作制企业的政策法规都是由各部门,各地方分别立法,带有局部性、地方性,且极不统一,使现实中的股份合作制改造很不规范。进行全国统一立法,是股份合作制改造健康发展的当务之急。农村集体经济组织和集体资产管理立法长期落后,目前全国尚没有这方面的法律法规,浙江省也只有2007年修订颁布的《浙江省村经济合作社条例》,难以满足农村股份经济合作社改革发展的需要。因此,要以立法形式明确农村集体经济组织的市场主体法律地位,正确界定职能;明确农民对集体资产股份占有、退出的程序和农村集体资产股份抵押、担保、继承的权能;明确集体经济组织成员的界限,切实保障农民集体经济组织成员的权利。浙江省人大常委会应尽早修订《浙江省村经济合作社条例》或对股份经济合作社单独立法,省政府要组织开展《浙江省农村集体资产管理条例》立法调研,尽早出台包括农村宅基地、农村建设用地在内的农村集体资产等管理措施。

2. 合理设定改革中涉及的税费标准,避免红利税与更名税费过高影响集体产权制度改革进程

农村集体经济组织及其改制后的经济合作社、社区股份合作社或公司制企业参与市场经济

应当履行义务、按章纳税，但有三类税费的收取值得商榷：一是分红时的个人所得税，又称红利税。集体产权制度改革前，集体给成员以福利等形式分配集体收益，无须缴纳个人所得税，但改革后，公司或社区股份合作社派发股份红利则需要缴纳20%的个人所得税。在基层调研中，不少镇村基层干部和群众对此抱有深忧，容易蔓延传导不愿开展集体产权制度改革的抵触情绪。二是集体经济组织改制中更名可能需要缴纳资产额3%的契税和0.3%的交易费，既难以承受，也不合理。红利税和更名税费在一定程度上影响了村镇开展集体产权制度改革的积极性。三是农村集体经济大多以物业出租为主，要缴纳营业税、企业所得税、房产税、土地使用税、教育费附加税、地方教育税等税费，若改革后全部按章纳税，综合税率达到36%，税负较重。对于集体产权制度改革后分红中收取的个人所得税，完全不收税是不现实的，不考虑集体成员的特殊性照单全收也是不合理的。过去几年来，农村股权改革试点进展缓慢的原因在于相应的市场交易规则和税费制度没有确立。集体经营性建设用地入市可以采用"税收+分成"的税费制度，建立兼顾农民、集体、国家和各级政府利益的土地增值收益分配机制。笔者建议专门对此部分征税立法进行修订：一是参考城镇职工个人所得税起征点，设定一个起征点，对集体组织成员按月计算的其他收入加上分红达到起征点以上的部分计征个人所得税。二是由地方根据当地人均收入状况确定对红利超过一定额度的部分计征个人所得税。此外，笔者建议免除集体经济组织更名中涉及的契税和交易费，降低其他税费的收取标准。[1]

(二)政府层面：统筹协调，顺利推进农村股份合作制改革各项工作

农村股份制改革是需要不断创新、不断实践的新生事物，牵涉范围广，试点力度大，与农民利益息息相关，如何把握好与时俱进和实事求是的原则，系统谋划、统筹推进，需要政府各职能部门在各个层面协调配合，沟通协作。

1. 在改革方式上，坚持因地制宜原则，结合各地实际分类推进改革。从各村实际出发，因村制宜制定改革方案，分类推进改革。具体区分三种类型：第一类是村级经济有实力，集体资产质量较高，有相对稳定经营收入来源的合作社，大胆实施股份合作制改革；第二类是村级经济依靠土地征用一下子富起来，货币资产尚未转化为经营性资本，缺乏相对稳定经济收入来源但潜力较大的合作社，在股份合作制改革过程中要注重营造村级集体经济发展新的增长点，同时解决好村民的社会保障问题，鼓励失土农民自谋职业；第三类是经济基础缺乏实力，土地资源潜力不大，又没有相对稳定经济收入的村，搞单项保障到改革后期研究处理。

2. 在政策制定上，坚持依法依规原则，妥善处理好不同群体、不同对象之间的利益关系。具体分四步：一是搞好清产核资。除公益性资产和资源性资产外，将集体经营性净资产列入股份量化范围，而股份合作制改革后，集体土地征用所得的补偿费和集体资产的置换增值，可追加集体资产折股量化总额。二是明确股权设置。不设集体股，留足公积金、公益金，根据需要可设立盈余公积金(或风险金)。不设干部贡献股，个人股一般只设人口股和农龄股两种。明确股权可以继承，允许在内部转让，但不得退股提现，原则上不随人口增减而变动。三是合理量化股份。其

---

〔1〕 参见韩俊、张云华、王宾：《以还权于民为根本出发点 推进农村集体产权制度改革——上海市闵行区调查报告》，载《农村经营管理》2014年第10期。

中对于农龄股主要以社员在本村工作的年限为计算依据。同时，对在校大中专学生、入伍战士、刑释解教人员、行政事业单位职工等曾经在册人员、户口已迁的婚嫁人员、土地资源已变相享受人员及改革前已“农转非”招工人员根据不同情况区别对待。四是规范运作管理。组织设置上设立股东（代表）大会、董事会和监事会。第一届股东代表由原经济合作社社员代表直接过渡，董事会、监事会成员由原乡镇党委提名，经股东（代表）大会选举产生。在运作管理上按照有关规定维护集体经济组织和股东的合法权益。股份经济合作社班子成员的报酬，由上级党委、政府按有关政策进行考核，经股东（代表）大会讨论通过后执行。

3. 在具体环节上，坚持公平公正原则，推行“阳光操作”和社员自治。坚持发扬民主，充分发挥社员的主体作用，实行民主议事、集体决策、社员（代表）大会公开决议，妥善解决历史遗留问题。过程中实施“阳光”操作，接受群众监督，充分保障集体经济组织成员的知情权、决策权、参与权和监督权。先期召开社员代表大会，形成《股份经济合作社章程（草案）》和实施办法，重点讨论股权享受对象和股权比例，对一些特殊人员确定具体的政策处理办法。同步做好宣传工作，由区工作组成员、原乡干部和社员代表分成若干个小组，做好上门宣传、解释政策，确认家庭成员情况，调整测算方案，修改完善《股份经济合作社章程（草案）》和实施办法。及时张榜公布《股份经济合作社章程》和实施办法，以及量化到人的股权情况，接受群众监督。最后召开股东代表大会，正式通过《股份经济合作社章程》，选举产生董事会、监事会成员，推选董事长、副董事长和监事会主席，并颁发股权证书。

4. 在股权转让、合作社经营运作上，坚持政社分离，不断规范完善创新。必须要对现行村社股份制双重职能进行有效分割，真正实现企业化管理、市场化运作。加强股份合作制实体制度的建设和监督执行，引导改组后成立企业法人。建立健全股份合作制企业的分配制度、管理制度等，建立权责明确、管理科学、约束与激励相结合的内部管理体制以及集体资产经营增值的激励机制，严格按照公司法的要求实施管理，董事会成员和实体管理人员报酬由股东大会决定，以解决企业的分配特别是“二次分配”不公平问题。此外，还要提高股份合作制企业人员素质。在股权设置机制上，在适当时候重点增设募集股，通过实行募集股，重点吸纳社区内外的个人、企业、社团组织特别是有实力的机构入股，吸引资金和人才，解决股份制企业客观上要求规范发展与管理人员素质相对不高的矛盾，增强企业的竞争力。

（三）司法层面：定分止争，为农村股份合作制改革提供有力司法保障

正确理解严格适用法律和正确执行改革政策之间的关系，尤其是处理好村规民约和现行法律之间“活法—制定法”之间冲突和协调关系，通过审判实务中司法判决的示范效应，厘清农村股份合作制改革涉及的各方权益保护边界，为各项改革的顺利推进提供有力司法保障。

1. 涉及变更抚养关系纠纷案件的审理思路与对策

为获得更多经济利益，符合条件的农村夫妻离婚关系的婚生子、同居关系的非婚生子，根据男女双方所在的自然行政村村集体经济实力及股份分红权益，通过诉讼变更抚养关系，用以选择孩子的股权所在村，由此导致农村抚养纠纷、变更抚养权纠纷案件大幅增加。对此问题，笔者认为，特定政策引发的利益变动属于农村村民的自由意志，法院应当在予以理解的同时保持一定的克制，仅依据现行法律规定依法审理，从最有利于子女生长的角度判决子女抚养权归属，对符合

变更抚养条件的要依法判决变更。

2. 涉及社员资格和股份分红纠纷案件的审理思路与对策

涉及社员资格和股份分红纠纷案件，尤其是涉及外嫁女等特殊对象的配股分红纠纷，笔者认为，审判实务中也应当遵循“依据法律、尊重历史、公平合理”的原则，区分情况进行审理。对于符合现行法律规定或上级政府政策要求，原则上属于配股分红对象，村社员代表大会不当予以限制的，应当在审理过程中予以充分释明，经释明仍坚决不予纠正的，应依法裁判保护起诉人的合法利益。对于现行法律或上级政策无限定要求，属于村民自治范畴的，立案登记后予以释明，不符合起诉条件的，依法作出不予受理裁定。

3. 涉及股权流转和继承纠纷案件的审理思路与对策

当前农村股改过程中股权流转和继承纠纷的审理，仍应当坚持阶段性判断的观点。对于当前全省股改政策中既定的“允许继承，但转让仅限于成员内部”的规定，应当予以充分尊重，审判时不宜进行突破。可待政策放开后，再根据情况调整审判策略。

论土地整理监管法律行为的规范内涵

吴 悠* 徐 瑶**

目 次

一、问题的提出

土地整理是“一种以未利用地和低效耕地为对象,以增加有效耕地面积、提高土地利用率和产出率、改善农业生产条件和农村生态环境为目的,最大限度地、最大可能地、全方位地以各种合法方式对土地资源进行重新配置的土地整治活动”。[1] 土地整理监管作为一种法现象,则是“依据土地整理立法保障机制中相关法律规范进行的监管,是土地整理立法保障的实施活动”。[2] “法律的直接目的在于影响(指引、约束、整合)人的行为或行为倾向,使人们的行为达到法律规则和原则所预设、所表达的行为模式,进而达到它的价值目标。”[3] 土地整理监管法律行为是参与土地整理活动的各方主体依据土地整理相关规范性法律文件的规定在土地整理项目建设各环节中所为的行为,土地整理监管法律行为作为一种具体化、专门化的法律行为,兼具法律行为本身的普遍性和土地整理监管的特殊性。厘清土地整理监管法律行为的规范内涵,可以促进土地整理监管活动目标的实现。

土地整理项目由于其建设周期长、项目难度大等特点,其项目建设主要由政府牵头实施,对于建设项目的监管要求社会公众参与政府治理,从而推进多层次多领域依法治理,这体现了《中共中央关于全面推进依法治国若干重大问题的决定》在“增强全民法治观念,推进法治社会建设”中所要求的“提高社会治理法治化水平”。同时,土地整理监管也是《中共中央关于全面深化

---

* 西南大学法学院教授、硕士研究生导师,法学博士。

** 西南大学法学院硕士研究生。

〔1〕 赵谦:《我国土地整理权属设置的宪法依据论》,载《法商研究》2014 年第 2 期。

〔2〕 赵谦:《构筑我国土地整理的法律保障》,载《光明日报》2014 年 1 月 1 日,第 6 版。

〔3〕 张文显:《应当重视和加强法律行为研究》,载《中外法学》1993 年第 1 期。

改革若干重大问题的决定》在“健全城乡发展一体化体制机制”中规定的“加快构建新型农业经营体系”的“最严格的耕地保护”原则的具体体现。此外,土地整理监管还是《深化农村改革综合性实施方案》中推进“耕地保护制度”的典型平台。

土地整理监管法律行为是一个复合概念,可将其拆分为土地整理监管和法律行为两个部分。就法律行为而言,近年来,学界对于法律行为的研究可大致分为对法律行为本体的研究和具体部门法法律行为研究。法律行为的本体研究主要为“法律行为的概念辨析”〔1〕“法律行为的效力”〔2〕“附条件的法律行为”〔3〕“法律行为的类型化”〔4〕“法律行为与私法自治”。〔5〕具体部门法法律行为研究范围主要为对民事法律行为、刑事法律行为和行政法律行为领域的相关定义、性质及构成要件。对土地整理监管的研究主要在“外国的土地整理监管机制”〔6〕“土地整理储备移动监管”〔7〕“土地整理监管机制的价值分析”〔8〕“土地整治项目综合监测”〔9〕“土地整理监管法律关系”〔10〕“土地整理项目招标监管”〔11〕“土地市场监管”〔12〕“土地开发整理监管”〔13〕等领域进行,没有针对土地整理法律行为的研究。因而探究土地整理监管法律行为的规范内涵既能拓宽法律行为理论的研究范畴,又能为土地整理监管活动的切实开展提供必需的行为指引。

规范内涵作为法释义学的“一个基本概念”,〔14〕是“现行有效法律规范与个案裁判的阐明对象”。〔15〕往往基于“逻辑—分析的维度”,〔16〕通过“对法律概念的分析、对各种不同规范和原则间

〔1〕 王冠玺:《法律行为、民事行为、民事法律行为概念辨析——及对民法总则制定的启示》,载《求是学刊》2015年第5期。

〔2〕 黄忠:《法律行为部分无效的处理规则研究》,载《当代法学》2010年第3期。

〔3〕 崔建远:《论法律行为或其条款附条件》,载《法商研究》2015年第4期。

〔4〕 兰艳:《法律行为的类型化新探——以模式化和类推化为面向》,载《学术论坛》2013年第3期。

〔5〕 迟颖:《法律行为之精髓——私法自治》,载《河北法学》2011年第1期。

〔6〕 赵谦、王霞萍:《德国土地整理监管机制及对中国的启示》,载《世界农业》2015年第4期。

〔7〕 康振达、周泽兵、李继领:《移动终端下土地整理储备移动监管平台的研究与应用》,载《测绘通报》2015年第9期。

〔8〕 赵谦:《我国土地整理监管机制的价值分析》,载《华中农业大学学报》(社会科学版)2014年第5期。

〔9〕 管栩、金晓斌、魏东岳、陈原、杨晓艳、周寅康:《土地整治项目综合监测体系构建》,载《中国土地科学》2014年第4期。

〔10〕 赵谦、窦继萍:《论土地整理监管法律关系》,载《湖北警官学院学报》2014年第5期。

〔11〕 齐宝库、赵璐、任家强:《基于进化博弈的农村土地整理项目招标监管策略选择》,载《农业经济》2013年第10期。

〔12〕 陆红、陈利根:《论土地市场监管机构的设立》,载《中国土地科学》2011年第7期。

〔13〕 高世昌、王长江:《中国土地开发整理监管工作回顾与展望》,载《资源与产业》2009年第4期。

〔14〕 [德]罗伯特·阿列克西:《法律论证理论——作为法律证立理论的理性论辩理论》,舒国滢译,中国法制出版社2002年版,第317页。

〔15〕 王立达:《法释义学研究取向初探:一个方法论的反省》,载《法令月刊》2000年第9期。

〔16〕 [德]罗伯特·阿列克西:《法律论证理论——作为法律证立理论的理性论辩理论》,舒国滢译,中国法制出版社2002年版,第311页。

之逻辑关系的考察”[1]而进行解析,以探明相关“法律之概念—体系”。[2] 解析土地整理监管法律行为的规范内涵即是分析该类行为作为“概念所反映的事物的特有属性”,[3]在“法律概念的分析”基础上去考察“类型化”[4]的土地整理全过程各环节监管行为之“逻辑关系”。由于法释义学具有“稳定、进步、减负、技术、检验及启发”[5]这六方面的功能,以法释义学分析土地整理监管法律行为的规范内涵能够为土地整理监管活动的切实开展提供基础的行为指引,最终推动构建土地整理监管有效机制,将“最严格的耕地保护”原则落到实处。

二、土地整理监管法律行为的特有属性

(一)定义

“法律行为”这个词在过去是作为民事法律行为的代名词来使用的,但随着时代与社会的发展,法律行为一词现已超出了民法的范围,几乎涉及一切法律部门。法律行为有广义和狭义两种学说。有学者将广义的法律行为看作法理学中的法律行为,将其定义为“法律行为是一种社会行为,是从外部表现出来的法律关系主体的举动。其产生通常是以法律规范的确切规定为前提,没有相应的法律规范就无法评断行为的法律价值。从当事人的行为与法律的规定是否一致来看,法律行为可分为合法行为与违法行为。最后,法律行为是人们有意识或有意态的举动,意识的有无或强弱,是构成法律行为的必要主观条件”。[6] 如前所述,广义的法律行为是从各法律部门中的行为现象中高度抽象而来的,如民事法律行为、行政法律行为、经济法律行为等,也包括各类别的法律行为,如合法行为、违法行为。广义的法律行为是各部门法律行为与各类别法律行为的最上位法学概念。

狭义的法律行为,主要指各个部门法基于不同的研究范式对法律行为做出的不同诠释。民法学界通常将法律行为和民事行为混同,关于民事法律行为的定义,大陆主要有三种学说:一是“意思表示要素说”,[7]主张民事法律行为以意思表示为核心。二是“私法效果说”,[8]强调民事法律行为以意思表示为核心,不过更突出其私法效果。三是“合法行为说”,[9]这是我国现行民事立法采纳的学说,认为民事法律行为简称法律行为,系指公民或者法人设立、变更、终止民事权

---

[1] [德]罗伯特·阿列克西:《法律论证理论——作为法律证立理论的理性论辩理论》,舒国滢译,中国法制出版社2002年版,第311页、第312页。

[2] 同上书,第311页。

[3] 金岳霖:《形式逻辑》,人民出版社2006年版,第22页。

[4] [美]约翰·R.康芒斯:《资本主义的法律基础》,寿勉成译,商务印书馆2003年版,第444页。

[5] [德]罗伯特·阿列克西:《法律论证理论——作为法律证立理论的理性论辩理论》,舒国滢译,中国法制出版社2002年版,第311页。

[6] 李林:《试论法律行为的性质和特征》,载《宁夏社会科学》1987年第2期。

[7] 张俊浩主编:《民法学原理》(修订版),中国政法大学出版社1997年版,第204页。

[8] 梁慧星:《民法总论》,法律出版社2011年版,第162页。

[9] 1986年《中华人民共和国民法通则》第54条规定:民事法律行为是公民或者法人设立、变更、终止民事权利和民事义务的合法行为。1986年《中华人民共和国民法通则》第55条规定:民事法律行为应当具备下列条件:①行为人具有相应的民事行为能力;②意思表示真实;③不违反法律或者社会公共利益。

利和民事义务的合法行为。刑法学界通常在犯罪行为中来定义法律行为,其定义是“依照法律应该受刑罚处罚的危害社会的行为”。[1] 注重行为结果的客观性及给社会带来的负面影响。行政法学界通常基于行政主体与行政相对人间的关系来界定行政法律行为。强调主体意识对行为的影响来进行定义,即“行政法律行为,是指能引起行政法律关系产生、变更和消灭的,行政法主体有意志的行为。它可以是作为,也可以是不作为;主要是行政主体的行为,但也可以是行政相对人的行为;可以是合法行为,也可以是非法行为”。[2] 目前学界对于法律行为的研究可分为广义法律行为与狭义法律行为两部分,在这两个范围内进行具体的研究。但在实践中,有多数行为由于其自身的复杂性而具有综合性质。土地整理由于其建设周期长、参与者众多、项目建设难度大等性质,使得土地整理法律行为具有综合性质,土地整理监管法律行为的性质也相应地不只是局限于单一具体部门法领域。

“土地整理监管是依据土地整理立法保障机制中相关法律规范进行的监管,是土地整理立法保障的实施活动。”[3] 土地整理监管是集管理、协作、自治为一身的综合性监管,故土地整理监管法律行为是一种综合性法律行为。土地整理监管法律行为是一种具体化、专门化的法律行为,兼具法律行为本身的普遍性和土地整理监管的特殊性,可以在法律行为概念的基础上来定义土地整理监管法律行为。

依据土地整理监管是综合性监管的特点,依循前述的广义的法律行为的定义,可将土地整理监管法律行为定义为:土地整理监管法律行为是指根据土地整理监管当事人的意愿形成的,由土地整理监管相关立法所调整的,能够引起土地整理监管法律关系产生、变更和消灭的土地整理全过程、各环节监管行为。土地整理监管的当事人主要包括“作为监管主体的国土资源行政部门、财政部门、审计部门、纪检监察部门等相关职能部门的工作人员;作为责任主体的参与土地整理国家机关、事业单位、社会组织的工作人员和以农民为代表的各种土地整理权利人”。土地整理监管法律行为主要表现在土地整理监管全过程各环节中的各种具体行为,在实践中,土地整理多围绕“开发”这一活动进行,所以,土地整理具体环节包括“土地开发整理规划、土地开发整理项目管理、土地开发整理项目规划、土地开发整理工程设计和土地开发整理项目效益”。[4]

(二)特征

土地整理监管法律行为作为法律行为的下位概念,当然地具有法律行为所共有的“社会性、法律性、可控性、价值性”[5] 这四个普遍性特征。土地整理监管法律行为在具备前述几个法律行为的共有特征的同时,也基于土地整理监管活动自身的特点而显示出其独有的特征。土地整理监管中的行为应该是土地整理全过程、各环节的监管行为,具体包括土地整理规划、土地整理项

[1] 张明楷:《刑法学》(第4版),法律出版社2011年版,第88页。

[2] 叶必丰:《行政法与行政诉讼法》,中国政法大学出版社2003年版,第13页。

[3] 赵谦:《构筑我国土地整理的法律保障》,载《光明日报》2014年1月11日,第6版。

[4] 高向军主编:《土地整理理论与实践》,地质出版社2003年版,第53页、第86页、第148页、第203页、第305页。

[5] 张文显:《法哲学范畴研究》(修订版),中国政法大学出版社2001年版,第69~73页。

目管理、土地整理项目规划、土地整理工程设计和土地整理项目效益评价等内容。土地整理的独有特征主要表现为“专业技术性、因地制宜性、效益统一性、综合协调性”[1]四个方面,可以结合土地整理的特征来理解土地整理监管的独有特征。

第一,专业技术性。从土地整理的全过程来看,包括规划设计、项目工程建设、工程监理、竣工验收和效益评价等环节,每一环节都包含专业的技术因素。“项目的实施、监管和竣工验收更是涉及诸多的具体工程施工技术”,[2]要对土地整理进行监管需要有一定的专业技术知识作为支撑。

第二,因地制宜性。随着时代的进步,土地利用情况和社会经济状况也会有所变化,土地整理的具体内容与任务也随之有所发展。所以土地整理监管是一个动态的过程,开展土地整理监管工作应重视土地整理本身的动态性,要随着土地整理内容与任务的变化而不断改善监管的方式与内容。另外,“由于我国的各地自然经济条件不同,土地整理的目的、意义和主要研究内容不尽相同”,[3]所以在进行监管工作的同时要考虑到当地的具体状况,确定监管的对象、手段和目标。

第三,效益统一性。土地整理效益的统一性体现在两个方面。首先,土地整理是人与自然环境相互作用的集中体现,进行土地整理监管工作应注重经济效益、生态环境效益和社会效益三者的统一,要做到“生态平衡,经济得到发展,社会上可行和被人们所接受”。[4] 其次,土地整理的工作程序是一个完整的系统,各个环节相互影响,相互制约。在土地整理监管活动中,要注重对每个环节的监管工作的确实开展,达到整个土地整理监管工作的效益最大化。

第四,综合协调性。土地整理不仅需要综合运用各学科知识,同时在整理过程中也涉及不同部门之间的协调、配合,所以在土地整理监管的过程中“应树立全局的观念,要对各方因素进行综合考虑,避免工作上的失误”。[5]

(三)构成

法律行为的构成基本分为两部分,即“外在方面”“内在方面”或者“客观要件”“主观要件”,两种说法表述不同但实质相同。外在方面,是法律行为外在表现的一切方面,大体上包括三个要素,即“行为、手段、结果”;[6]内在方面则是法律行为的内在表现的一切方面,主要包括“行为意思和行为认知”。[7]

1. 外在方面

土地整理监管法律行为的外在行动。行动是主体与客体发生联系的中介。法律行为的外在行动可分为两类:一类是物质行动,即“以自身的物质力量直接作用于外界事物、人和社会关系,

---

[1] 高向军主编:《土地整理理论与实践》,地质出版社2003年版,第7~8页。

[2] 同上。

[3] 卢新海、谷晓坤、李睿璞编著:《土地整理》,复旦大学出版社2011年版,第4页。

[4] 胡振琪:《土地整理概论》,中国农业出版社2007年版,第3页。

[5] 卢新海、谷晓坤、李睿璞编著:《土地整理》,复旦大学出版社2011年版,第3页。

[6] 张文显主编:《法理学》(第3版),高等教育出版社、北京大学出版社2007年版,第154~156页。

[7] 舒国滢、艾群:《法律行为概念与结构:一个学理的探讨》,载《研究生法学》1998年第4期。

从而引起法律关系产生、变更或消灭的行动”。[1] 土地整理监管的物质行为往往表现为土地整理监管的当事人所做的各种为人所感知的外部举动，通过自身外力直接作用于外部世界，引起法律关系的产生、变更和消灭，如对土地复垦整理规划进行评审、对土地开发整理的潜力进行调查、验收土地开发整理项目质量等行为。另一类是信息行动，即“通过传达而引起法律关系产生、变更或消灭的行动”。[2] 土地整理监管的信息行动往往表现为各项土地整理监管政策和相关规范性法律文件，或是表现为各方土地整理监管当事人的意思表示行为。

土地整理监管法律行为的手段。所谓手段，“是指行为人为达到某种目的而采取的具体方式和方法，包括行动规划、措施、程式、技术等”。[3] 土地整理监管法律行为的手段指土地整理监管当事人在实施土地整理监管活动中所采取的各种方式和方法。土地整理监管法律行为是综合性法律行为，所以对实现土地整理监管所应采取的手段的设定应考虑到其复合性，可以从经济法、行政法的角度来进行监管，使土地整理活动能够有序进行。

土地整理监管法律行为的结果。每一个具体的法律行为都以某种后果为终结，没有结果的行为一般不能视为法律行为。而“法律通常根据行为的结果来区分行为的法律性质和行为人对行为负责的界限和范围”。[4] 所以，根据土地整理监管当事人的行为结果的不同，往往表现为：以行政处分追究土地整理监管国家机关中的土地整理行为人的责任，以行政处罚追究承担土地整理项目的事业单位、社会团体中的土地整理行为人的责任，以民事责任追究土地整理民事法律关系中的土地整理行为人的责任，以刑事责任追究土地整理刑事法律关系中的土地整理行为人的责任。

2. 内在方面

土地整理监管法律行为的行为意思。是指“人们基于需要、受动机支配、为达到目的而实施行为的心理状态”。[5] 从行为意思的定义可知，需要引起动机，动机又产生行为，而行为趋向目的，目的是为了满足人的需要，在一个需要得到满足后又会导致新的需要，这是行为内在方面的一个系统循环。其中，应聚焦于土地整理监管法律行为的动机。动机是推动土地整理监管当事人采取行动，以实现对耕地的有效保护目的的直接原因和驱动力。正是在这种意义上要对行为者的动机进行善恶评价，需要就各类当事人的土地监管法律行为的动因做全面的考察，确定其是否正当合法。土地整理监管的不同环节中的当事人不同，其所追求的利益也不同，这会影响监管活动中当事人所采取的行为模式。

土地整理监管法律行为的行为认知，是指行为人对自己行为的法律意义和后果的认识。“在行为过程中，认知的作用在于分析判断和行为选择。行为能力直接影响行为的法律意义”。[6]

---

〔1〕 江伟、李宁主编：《法理学教程》，吉林人民出版社2008年版，第117页。

〔2〕 同上。

〔3〕 张文显：《法哲学范畴研究》（修订版），中国政法大学出版社2001年版，第80页。

〔4〕 舒国滢、艾群：《法律行为概念与结构：一个学理的探讨》，载《研究生法学》1998年第4期。

〔5〕 同上。

〔6〕 江伟、李宁主编：《法理学教程》，吉林人民出版社2008年版，第116页。

在土地整理监管活动中，当事人因受主客观多方面因素的影响而对自身的行为的法律意义和后果的认识会出现主观认识与客观存在之间不相一致的情况，所以要尽量避免不同的当事人的认识错误，而认识错误既包括事实错误，也包括法律错误。当事人的认识错误会影响到其行为模式的选择，导致出现违反土地整理相关规范性法律文件规定的情况。

三、土地整理监管法律行为的逻辑关系

土地整理活动的长期性和复杂性使土地整理法律行为具有综合性，土地整理法律行为发生于整理活动的各个阶段，所以土地整理监管是对土地整理全过程、各环节的监管行为。土地整理的各个环节大致包括“土地整理规划、土地整理项目管理、土地整理项目规划、土地整理工程设计和土地整理项目效益”[1]这五个环节，土地整理监管法律行为应是这五个环节中的各参与人之间的各种法律行为。土地整理监管的工作是一个连贯有序的过程，各个环节之间有相应的逻辑关系。在实践中，土地整理围绕“开发”进行，所以在土地整理监管过程中，土地开发整理规划监管是逻辑起点，土地开发整理项目管理监管是终极目的，土地开发整理项目规划监管和土地开发整理工程设计监管是基本手段，土地开发整理项目效益监管是根本保障。

（一）土地整理全过程各环节监管行为之间的逻辑关系

土地开发整理规划监管作为监管活动的逻辑起点的原因在于，土地开发整理规划以土地利用总体规划为依托，是一种土地利用专项规划同时也是土地利用总体规划的深化与完善。土地开发整理规划的对象，主要是低利用率地和暂时未开发地与废弃地，其目的是增加有效的耕地面积，实现耕地总量动态平衡，确保国家粮食安全和社会稳定。[2] 土地开发整理规划在土地利用总体规划的指导下，以对一定区域内的各方因素的综合分析和土地开发整理潜力的调查评价为方式，制定出土地开发整理目标并划分土地开发整理区域，明确开发整理的工作重点。土地开发整理的具体工作的开展要以土地开发整理规划为指导，落实土地开发整理项目，以保证后续工作能够顺利开展。作为土地开发整理工作的第一步，土地开发整理规划监管就是土地开发整理监管活动的逻辑起点。

土地开发整理项目管理监管作为监管活动的终极目的，其原因在于为了实现增加有效的耕地面积，实现耕地总量动态平衡，确保国家粮食安全和社会稳定的目的，需要保证土地开发整理项目的建设活动能够符合规划要求在规定的期限内有组织、有计划地顺利完成。土地开发整理项目管理从准备阶段到实施完毕总共有九个环节，包括“编制土地整理项目可行性研究报告；项目可行性研究评估；开展项目规划设计与预算编制；项目实施准备；项目实施；中期检查；竣工验收；土地分配与土地登记和后评价”。[3] 只有加强对土地开发整理项目管理的每一具体环节的

---

[1] 高向军主编：《土地整理理论与实践》，地质出版社2003年版，第53页、第86页、第148页、第203页、第305页。

[2] 胡振琪主编：《土地整理概论》，中国农业出版社2007年版，第115页、第117~118页。

[3] 高向军主编：《土地整理理论与实践》，地质出版社2003年版，第53页、第86页、第148页、第203页、第305页。

监管才能确保建设工作的顺利展开，以实现增加有效耕地，确保粮食安全的目的。

土地开发整理项目规划监管和土地开发整理工程设计监管作为监管活动的基本手段的原因在于，这两项环节的工作在土地开发整理规划的指导下，以土地开发整理项目管理的项目可行性研究阶段的成果为依据来开展具体的工作。土地开发整理项目规划的主要内容包括土地平整工程规划、道路工程规划、灌排工程规划、农田防护工程规划和土壤改良规划等。土地开发整理工程设计的主要内容包括土地平整工程设计、灌排工程设计、农田防护工程设计、道路工程设计和电力工程设计。这两个环节的内容都是对土地开发整理规划和项目管理建设工程的具体实施手段。

土地开发整理项目效益监管作为监管活动的根本保障的原因在于土地开发整理项目效益评价通过对土地开发整理项目可行性研究报告进行审查和评价，并对项目建设的社会、生态环境和经济方面的效益进行系统论证，以此来更好地推动和保障土地开发整理工作的开展。土地开发整理涉及各方利益，在进行开发整理的过程中要对各种因素加以审查和评价，在各个环节的工作进行过程中都应符合社会、生态环境和经济利益。所以，土地开发整理项目效益监管是土地开发整理监管的根本保障。

综上所述，以土地开发整理规划监管为起点，能够得到一个科学合理的规划成果，从而确保落实土地开发整理项目工程的开展。基于土地开发整理规划，通过对土地开发整理项目规划监管和土地开发整理工程设计监管来具体进行项目建设。在项目建设的过程中，要对项目管理各个环节进行监管，确保工程的顺利进行并保证工程质量，以实现增加有效耕地，确保粮食安全的目的。土地开发整理项目工程是社会系统中的一部分，与社会系统中的其他部分相互联系，建设过程中要对项目的社会、生态环境和经济方面的效益进行系统论证以确保各个环节的工作都符合社会、生态环境和经济利益。

（二）土地整理全过程各环节监管行为自身的逻辑关系

1. 土地开发整理规划监管行为

土地开发整理规划监管中的当事人应包括作为监管主体的国土资源行政部门、财政部门、审计部门、纪检监察部门等相关监管职能部门。责任主体可按承担责任的顺序划分为首要责任主体、次要责任主体和补充责任主体。首要责任主体是国土资源行政部门中的土地整理行为人；次要责任主体是参加土地整理规划方案设计、论证、评审的事业单位、非政府公共组织、营利性社会组织中的土地整理行为人；补充责任主体是协助规划完成的其他政府职能部门、相关事业单位以及纪检监察部门中的土地整理行为人。土地整理权利人主要有作为所有权人的农村集体经济组织或县级以上人民政府、作为投资收益权人的营利性社会组织和作为承包经营权人的农民。

在土地开发整理规划监管行为中，当事人之间存在三种行为，分别是“管理行为、协作行为和自治行为”。[1] 土地开发整理规划中管理行为是指土地开发整理规划监管主体对参与土地开发整理规划责任主体进行管理。监管主体对责任主体的管理行为可视为从行政机关与行政相对人

---

〔1〕 赵谦、窦继萍：《论土地整理监管法律关系》，载《湖北警官学院学报》2014年第5期。

的角度进行的行为。监管主体应通过监管活动确保土地开发整理规划的编制与土地利用总体规划相衔接，具体应从“准备工作、调查分析、拟定规划供选方案、协调论证、确定规划方案、规划评审这几个方面展开具体监管活动，以取得包括规划文本、规划图件、规划说明、规划附件在内的合理、可行的土地开发整理规划成果”。[1]

土地开发整理规划监管中协作行为，是指土地开发整理规划监管主体之间的协作行为。由国土资源行政部门作为主要监管主体，财政部门、审计部门、纪检监察部门等相关监管职能部门作为辅助监管主体，相互配合。“财政部门负责对政府拨付的土地开发整理项目管理的经费预算、使用管理监管，审计部门负责对拨付的资金的运营绩效和项目管理的验收进行监管。纪检监察部门对规划编制过程中参与土地开发整理规划准备工作、调查分析工作、方案拟定工作、协调论证工作、确定方案工作和规划评审工作国家机关的主要负责人员、直接责任人员和其他工作人员的行为进行监管。”[2]

土地开发整理规划监管中自治行为，是指土地整理规划责任主体和土地整理规划权利人之间的自治行为，双方之间依托相关合同开展活动。两者身份随合同约定权利义务之不同亦可互换。

在土地开发整理规划监管行为的三种行为中，管理行为是基础行为，其他两种行为都是在管理行为的基础上衍生出的行为。土地开发整理规划开展是基于监管主体对参与土地开发整理规划责任主体进行管理。在此基础上，土地开发整理规划监管主体之间为了能够更好地进行管理，各部门之间会相互合作，由此出现了协作行为。另外，土地开发整理规划责任主体为了使自己进行的项目建设能够达到土地开发整理规划监管主体的审核，就会追求更专业的技术以保证项目的质量，也就产生了自治行为。

2. 土地开发整理项目管理监管行为

土地开发整理项目管理一般是根据土地开发整理规划，在土地开发整理区内安排的、在规划期内组织实施的具有明确目标的土地开发整理建设活动，包括项目立项管理、项目规划设计管理、项目实施管理、项目验收管理、项目后期管护这几个环节。[3] 可从不同角度对开发整理项目进行划分。土地开发整理项目管理监管行为中的当事人应包括作为监管主体的国土资源行政部门、财政部门、审计部门、纪检监察部门等相关职能部门。其首要责任主体是“土地整治中心”所代表的土地整治机构和负责运营土地开发整理项目的非政府公益组织、营利性社会组织中的土地整理行为人；次要责任主体是参加土地整理项目经费预算管理、验收管理的财政部门、审计部门中的土地整理行为人；补充责任主体是基于项目相关合同参加运营土地开发整理项目的各类土地整理权利人以及纪检监察部门中的土地整理行为人。土地整理权利人主要有作为所有权人的农村集体经济组织或县级以上人民政府、作为投资收益权人的营利性社会组织和作为承包经营权人的农民。

---

〔1〕 赵谦：《依法规范土地整理监管》，载《人民日报》2014 年 10 月 14 日，第 7 版。

〔2〕 同上。

〔3〕 参见卢新海、谷晓坤、李睿璞编著：《土地整理》，复旦大学出版社 2011 年版，第 300 ~ 301 页。

在土地开发整理项目管理监管行为中,当事人之间存在三种行为,分别是“管理行为、协作行为和自治行为”。[1] 土地开发整理项目管理监管中管理行为是指土地开发整理项目管理监管主体对责任主体的管理行为,由监管主体对责任主体进行管理,进而达成预期运营目标。土地开发整理项目管理应从以下几个环节进行监管,包括可行性管理、规划设计管理、经费预算管理、实施管理、验收管理、权属管理。

土地开发整理项目管理监管中协作行为,是指土地开发整理项目管理监管主体之间的协作行为。国土资源行政部门对土地开发整理项目管理实施宏观监管,同时也离不开其他部门的协助参与。财政部门负责对政府拨付的土地开发整理项目管理的经费预算、使用管理监管,审计部门负责对拨付的资金的运营绩效和项目管理的验收进行监管。纪检监察部门对项目管理过程中参与可行性管理、规划设计管理、经费预算管理、实施管理、验收管理、权属管理这六个方面的土地整理项目管理国家机关的主要负责人员、直接责任人员和其他工作人员的行为进行监管。

土地开发整理项目管理监管中自治行为,是指土地开发整理项目管理责任主体与土地整理权利人间的自治行为。《国家投资土地开发整理项目实施管理暂行办法》第6条规定“项目实施推行项目法人制、招投标制、工程监理制、合同制、公告制”。参与土地开发整理项目管理的国家机关、事业单位、社会组织中的土地整理行为人和土地整理权利人都依托于土地开发整理项目管理相关合同开展活动,两者身份随合同约定权利义务的不同也可互换。

在土地开发整理项目管理监管行为的三种行为中,管理行为是基础,其他两种行为都是由管理行为衍生出的行为。土地开发整理项目管理是监管主体为了达到预期运营目标而对责任主体的建设活动进行管理。在此基础上,土地开发整理项目管理监管主体之间为了能够更好地进行管理,各部门之间会相互合作,于是出现了协作行为。另外,土地开发整理项目的责任主体为了使自己进行的项目建设能够达到监管主体的标准,顺利通过审核,就会追求专业的单位组织提供的技术以保证项目的质量,这就产生了自治行为。

3. 土地开发整理项目规划监管行为

土地开发整理项目规划,是在该区域土地利用总体规划和土地开发整理规划的指导和控制下,通过对“项目区土地利用现状、问题、适宜性和土地整理潜力的调查、分析,合理安排项目区各类用地和工程布局,制定实施土地整理和土地分配的各项方案”。[2] 土地开发整理项目规划监管行为中的当事人应包括作为监管主体的国土资源行政部门、财政部门、审计部门、纪检监察部门等相关职能部门。首要责任主体是“土地整治中心”所代表的土地整治机构中的土地整理行为人;次要责任主体是参加土地开发整理规划方案设计、分析、评价的事业单位、非政府公共组织、营利性社会组织中的土地整理行为人;补充责任主体是纪检监察部门中的土地整理行为人。土地整理权利人主要有作为所有权人的农村集体经济组织或县级以上人民政府、作为投资收益权人的营利性社会组织和作为承包经营权人的农民。

在土地开发整理项目规划监管行为中,当事人之间存在三种行为,分别是“管理行为、协作行

[1] 赵谦、窦继萍:《论土地整理监管法律关系》,载《湖北警官学院学报》2014年第5期。
[2] 胡振琪主编:《土地整理概论》,中国农业出版社2007年版,第324页。

为和自治行为"。[1] 土地开发整理项目规划监管中管理行为,是指土地开发整理项目规划监管主体对责任主体的管理行为。监管主体应从"准备、分析与评价、提出规划方案、评价与确定规划方案、编制项目规划、审批与实施项目规划"[2]这几个方面展开具体监管活动,以保证土地开发整理项目规划的合法性与合理性。

土地开发整理项目规划监管中协作行为,是指土地整理项目管理监管主体之间的协作行为。国土资源行政部门对土地开发整理项目管理实施全过程监管,财政部门、审计部门负责资金、验收方面的监管工作,纪检监察部门负责土地开发整理项目规划准备、分析与评价、提出规划方案、评价与确定规划方案、编制项目规划、审批与实施项目规划这几个方面的土地整理项目规划国家机关的主要负责人员、直接责任人员和其他工作人员的行为实施监管。

土地开发整理项目规划监管中自治行为,是指土地开发整理项目规划责任主体与土地整理权利人的自治行为。参与土地整理项目规划的责任主体和土地整理权利人皆依托土地开发整理项目规划相关合同开展活动,以合同的形式来开展土地开发整理项目规划,两者的权利和义务以自愿协商为前提,土地开发整理项目承担单位按合同约定出资,规划单位则按合同约定完成项目规划报告、设计方案。两者身份随合同约定权利义务之不同亦可互换。

在土地开发整理项目规划监管行为的三种行为中,管理行为作为基础行为衍生出了其他两种行为。土地开发整理项目规划监管是监管主体为了得到科学合理的能够指导土地整理项目的规划方案而对责任主体的准备活动进行管理。在此基础上,土地开发整理项目规划监管主体之间相互合作,全方位保障准备活动的顺利进行,于是出现了协作行为。另外,土地开发整理规划的责任主体为了使自己的规划方案能够满足监管主体的要求,就会需要专业的单位组织为其制作方案,这就产生了自治行为。

4. 土地开发整理工程设计监管行为

土地开发整理工程设计是土地整理过程中技术性较强的一个环节,开展项目工程设计的主要依据如下:"土地整理的法规、政策;土地整理项目可行性研究报告及评估意见;土地整理项目规划;土地开发整理规划设计规范和土地整理相关行业的技术标准与规范。"[3]土地开发整理工程设计监管行为中的当事人应包括作为监管主体的国土资源行政部门、财政部门、审计部门、纪检监察部门等相关职能部门。首要责任主体是"土地整治中心"所代表的土地整治机构和负责土地开发整理工程设计的事业单位、非政府公共组织、营利性社会组织中的土地整理行为人;次要责任主体是负责运营土地开发整理项目的非政府公共组织、营利性社会组织中的土地整理行为人;补充责任主体是纪检监察部门中的土地整理行为人。土地整理权利人主要有作为所有权人的农村集体经济组织或县级以上人民政府、作为投资收益权人的营利性社会组织和作为承包经营权人的农民。

在土地开发整理工程设计监管行为中,当事人之间存在三种行为,分别是"管理行为、协作行

[1] 赵谦、窦继萍:《论土地整理监管法律关系》,载《湖北警官学院学报》2014年第5期。
[2] 高向军主编:《土地整理理论与实践》,地质出版社2003年版,第150~154页。
[3] 胡振琪主编:《土地整理概论》,中国农业出版社2007年版,第176页。

为和自治行为”。[1] 土地开发整理工程设计监管中管理行为是指土地开发整理工程设计监管主体对责任主体的管理行为。监管主体应通过有效监管确保工程设计以专业技术人员的设计为核心,其设计要依据已有标准与规范进行。监管活动应从“土地平整设计、灌排工程设计、农田防护设计、道路工程设计、电力工程设计、施工组织设计”这几个方面展开,以确保土地开发整理工程设计方案的科学、合理性。

土地开发整理工程设计监管中协作行为,是指土地开发整理工程设计监管主体之间的协作行为。国土资源行政部门在土地开发整理工程设计监管活动中起到主要作用,其他部门起辅助作用,纪检监察部门负责对土地开发整理工程设计中“土地平整设计、灌排工程设计、农田防护设计、道路工程设计、电力工程设计、施工组织设计”中的主要负责人员、直接责任人员和其他工作人员的行为实施监管。

土地开发整理工程设计监管中自治行为,是指土地开发整理工程设计责任主体与土地整理权利人的自治行为。参与土地开发整理工程设计的责任主体和土地整理权利人皆以土地开发整理工程设计合同来展开工作,两者的权利和义务以自愿协商为前提,土地开发整理项目承担单位按合同约定出资,设计单位则按合同约定完成设计方案。两者身份随合同约定权利义务之不同亦可互换。

在土地开发整理工程设计监管行为的三种行为中,管理行为是另外两种行为的基础。土地开发整理工程设计监管是监管主体为了使专业技术人员的设计达到标准,符合规范而对责任主体的行为进行管理。在此基础上,土地开发整理工程设计监管主体之间相互合作,保障设计活动的顺利进行,于是出现了协作行为。另外,土地开发整理工程设计的责任主体为了使自己的规划方案能够满足监管主体的要求,就会需要专业的设计组织为其制作方案,这就产生了自治行为。

5. 土地开发整理项目效益评价监管行为

土地开发整理项目效益评价,是“对土地整理项目可行性研究报告进行审查和评价,对项目建设的社会效益、生态环境效益、经济效益进行系统的论证,以期更好地开展土地整理工作”。[2] 土地开发整理项目效益评价监管行为中的当事人,应包括作为监管主体的国土资源行政部门、财政部门、审计部门、纪检监察部门等相关职能部门和公民、社会组织。首要责任主体是“土地整治中心”所代表的土地整治机构和参加土地整理项目效益评价的审计部门、事业单位、非政府公共组织、营利性社会组织、各类土地整理权利人中的土地整理行为人;次要责任主体是负责运营土地整理项目的非政府公共组织、营利性社会组织中的土地整理行为人;补充责任主体是纪检监察部门中的土地整理行为人。土地整理权利人主要有作为所有权人的农村集体经济组织或县级以上人民政府、作为投资收益权人的营利性社会组织和作为承包经营权人的农民。

在土地开发整理项目效益评价监管行为中,当事人之间存在三种行为,分别是“管理行为、协作行为和自治行为”。[3] 土地开发整理项目效益评价监管中管理行为是指土地开发整理项目效

[1] 赵谦、窦继萍:《论土地整理监管法律关系》,载《湖北警官学院学报》2014年第5期。

[2] 高向军主编:《土地整理理论与实践》,地质出版社2003年版,第305页。

[3] 赵谦、窦继萍:《论土地整理监管法律关系》,载《湖北警官学院学报》2014年第5期。

益评价监管主体对责任主体的管理行为。拥有土地开发整理项目管理权的国家机关应从“经济效益评价、社会效益评价、生态环境效益评价”等方面展开具体监管活动,以期更好地开展土地开发整理工作。公民、社会组织则应基于自身利益的角度,对土地开发整理效益评价工作的开展给予关注。

土地开发整理项目效益评价监管中协作行为,是指土地开发整理项目效益评价监管主体之间的协作行为。国土资源行政部门在监管活动中居主导地位,其他部门作为辅助,由纪检监察部门负责对经济效益评价、社会效益评价、生态环境效益评价三个环节的土地整理国家机关的主要负责人员、直接责任人员和其他工作人员的行为进行监管。

土地开发整理项目效益评价监管中自治行为,是指土地开发整理项目效益评价责任主体与土地整理权利人的自治行为。作为评价主体的公民、社会组织与土地整理项目承担单位间通过合同来实现土地开发整理项目效益评价。

在土地开发整理项目效益评价监管行为的三种行为中,管理行为是协作行为的基础。土地开发整理项目效益评价监管是监管主体及公民、社会组织对土地开发整理项目效益进行的系统评价。在此基础上,土地开发整理项目效益评价监管主体之间相互合作,从不同的角度进行评价,产生了协作行为。另外,土地开发整理项目效益评价的自治行为是责任主体评价责任主体与土地整理权利人基于合同进行的行为,并非基于管理行为而产生。

论土地承包经营权登记制度对农地信息失灵的克服

徐 超*

目 次

一、前言

农村土地不仅是农户生存、发展的基础性生产资料,更是支撑农业生产的生态系统平台,具有可损耗性,关乎国家粮食安全、食品安全等公共利益的实现,其本质属性是一类公共资源,而非单纯的财产权对象。在我国社会转型的进程中,“竞争、价格、供求构成市场机制运行的三大要素,信息则成为主导经济人决策,支配三大杠杆转动的核心元素”。[1] 农地信息不仅是国家掌握重要公共资源实施适度干预的决策来源,也是农地市场主体基于自身权益理性参与市场竞争的决策参考,同时为农地市场主体和国家所追求。

随着法律关系不断地发生、变更、消灭,信息也处于不断的变化和流动,农地信息依据其流动和传递的层面分为市场横向层面以及市场与国家之间纵向层面。在农地信息的横向层面,由于市场主体各自禀赋、财产、交易意愿等方面的不同,其获取信息的能力存在不同程度的差异。“个人或组织在适应未知事物时可以利用的信息,肯定是不完整的,它们是由一些信号(如价格)经过环环相扣的个人来传播的,每个人都以不同的组合方式,传递着抽象的市场信号流。”[2] 因此,在缺乏制度规制的始发情况之下,市场横向层面的农地信息呈现出无序流动的状态;在农地信息

---

* 西南政法大学经济法学院博士研究生,讲师。

本文系国家社科基金项目“农村土地‘三权’抵押融资窘境及改革措施研究”(编号:13BFX107)的阶段性研究成果。

〔1〕 李昌麒:《经济法理念研究》,法律出版社2009年版,第36页。

〔2〕 [英]哈耶克:《致命的自负》,冯克利等译,中国社会科学出版社2000年版,第85页。

的纵向层面,国家需要在众多的、无序流动的横向层面农地信息中抽取有效的信息,打破农地信息在纵向层面的不对称,使"分散的信息被许多素不相识的不同的个人所利用,由此使千百万人的不同知识形成一个外展的或物质的模式"。〔1〕

在我国社会转型和农业现代化建设的现实国情下,土地承包经营权登记制度的构建,应当同时考量农村土地资源所承载的社会公共利益与农户个体利益,并加以协调、整合,使农地信息在横向层面与纵向层面有序流动。一方面,众多分散的市场主体基于维护自身利益的内在动机,将农地信息通过土地承包经营登记公示,实现信息在私权利层面的横向有序流动,充分发挥市场机制对于各类社会资源的配置作用;另一方面,通过土地承包经营权制度使众多分散的、持续变动的农地市场信息以较低的成本进行汇集,实现农地信息在市场和国家之间的纵向有序流动,成为国家干预农地的准确、有效信息来源,能够将农村土地资源所承载的公共利益与个体利益加以协调、整合,平衡公权力与私权利之间的冲突,使国家干预农地的功能与目标得以实现。

二、土地承包经营权登记制度以克服农地信息失灵为目标的必要性与功能

(一)纵向层面:国家对农地信息的需求

土地作为农业生产的物质基础,是集合了农作物生长所需养分、要素的载体,为人类生存提供农作物的必要生产要素。"土地首先是一种自然资源,土地之上共存着资源与财产双重属性。土地的财产属性追求的是经济效率价值目标,而土地的资源属性则蕴含着对人类的生存保障等社会公平价值理念的追求。"〔2〕然而,土地所承载的农业生产能力并不是无限的,其中的养分及生态系统平衡会随着农业生产而不断消失或失衡,其作为农业生产要素的使用价值也会不断下降,如果过度使用土地还可能会对其农业生产能力造成永久性的损害。因此,土地就其使用价值而言是一种可损耗性的资源性财产。第二次全国土地调查的耕地质量等别成果显示,全国耕地平均质量等别为9.96等,耕地资源质量总体偏低,其中优等地、高等地、中等地、低等地面积分别为385.24万公顷、3586.22万公顷、7149.32万公顷、2386.47万公顷,分别占耕地评定总面积的2.9%、26.5%、52.9%、17.7%。〔3〕"我国的耕地不论数量还是质量,都令人担忧;更为甚者,数量有限的耕地还在锐减,质量不高的耕地还在退化。"〔4〕我国用于农业生产的土地资源大多在农村,其承载着个体、社会、国家等多元利益,面对土地资源分布不均、质量参差不齐并呈现下降趋势的严峻现实,国家必须掌握土地资源信息,尤其是准确、充分、有效的农地信息,以确保国家基于农地信息而制定的法律和政策能够有效地实施和落实。

(二)横向层面:市场对于农地信息的需求

人多地少的基本国情,决定了我国农村土地资源的分配、利用呈现出碎片性、小农性的特征。

---

〔1〕[英]哈耶克:《致命的自负》,冯克利等译,中国社会科学出版社2000年版,第94页。

〔2〕刘俊:《土地所有权国家独占研究》,法律出版社2008年版,第3页、第4页。

〔3〕参见国土资源部、国家统计局、国务院第二次全国土地调查领导小组办公室《关于第二次全国土地调查主要数据成果的公报》。

〔4〕肖顺武:《论耕地保护法律制度之完善——基于粮食安全视角的解析》,载《西南政法大学学报》2006年第8期。

根据国家统计年鉴的数据显示,2013 年我国的耕地约为 20.25 亿亩,人均耕地面积仅为 1.48 亩,而 2014 年年底,我国从事农业生产的人数为 22,790 万人。[1] 其中大部分集中在农村。从这个角度来讲,农村土地资源是我国极其重要的稀缺资源。我国实行生产资料的公有制,耕地承载着农民社会保障的功能,加之长期以来强调生产资料的公平分配,要求集体之内的人均土地面积、质量的均等。由于土地肥力、交通、水源、地理环境等因素的不同,要做到耕地的公平分配,需要将集体所有的地块都打破分开,因此,我国农村土地资源分配呈现碎片性的特征。

为了提升耕地利用的经济效益,激发农业生产的效率,1978 年我国开启了"包产到户"的试验,1980 年中共中央在《关于进一步加强和完善农业生产责任制的几个问题》中初步肯定了包产到户,[2] 到 1982 年 1 月中共中央印发了《全国农村工作会议纲要》肯定了"双包"(包产到户、包干到户)的生产方式。[3] 参见 1986 年《中华人民共和国土地管理法》[4]、2002 年《中华人民共和国农村土地承包法》[5]、2007 年《中华人民共和国物权法》[6] 的审议通过,以法律形式确立了我国农村土地之上的农业生产方式是以农户为单位、在小块土地进行农业生产的家庭联产承包责任制,即确立了农村土地资源利用的小农性。

在我国农村土地资源利用呈现碎片性、小农性的现实情况下,国家采用自上而下的方式获取农地信息的成本必然十分高昂。随着我国社会转型的推进,市场机制开始逐步将农村纳入其中,以行政手段获取处于持续变动中的农地流转信息,在实际上难以落实并与市场机制要求相背离,农地使用者缺乏响应国家收集农地信息的内在动机,因此,采用自上而下的信息收集方式无法保证农地信息的完整、准确、有效。基于我国农村土地资源利用的现状,土地承包经营权登记制度应成为提供了低成本的农地信息的公示和收集的制度平台。一方面,农地市场主体能够通过登记制度公示自身的权利,使众多无序流动的横向农地市场信息得以有序流动;另一方面,国家能够以低成本的方式将横向层面流动的农地信息,通过登记制度收集、转化为纵向有序流动的农地信息。

(三)土地承包经营权登记制度的制度功能分析

土地承包经营权登记制度融合了私法和公法的价值目标,呈现出独特的制度功能。一方面,国家公权力通过土地承包经营权登记确认农地权利人对于承包土地的各项具体权益,降低农地信息获取的成本,保证农地信息的真实、有效,以期达到维护农地市场秩序的目的;另一方面,通过土地承包经营权登记,收集、更新、分析农地信息,确保对诸如种粮补贴等"三农"补贴具有倾

---

[1] 依据《中国统计年鉴 2015》统计数据计算所得。

[2] 1980 年中共中央《关于进一步加强和完善农业生产责任制的几个问题》指出:"可以包产到户,也可以包干到户,并在一个较长的时间内保持稳定。"

[3] 1982 年《全国农村工作会议纲要》指出:"联产承包制的运用,可以恰当地协调集体利益与个人利益,并使集体统一经营和劳动者自主经营两个积极性同时得到发挥……在实行包产到户、包干到户的地方,提倡根据生产的需要按劳力或人劳比例承包土地。"

[4] 1986 年《中华人民共和国土地管理法》第 12 条。

[5] 参见《中华人民共和国农村土地承包法》第 1 条、第 3 条。

[6] 参见《中华人民共和国物权法》第 124 条。

斜性权力配置的激励性规制得以有效实施,保障土地资源的农业生产能力得以维持和提升。

1. 横向层面:农地信息的市场激励功能

在土地承包经营权设立并交付农户使用之后,通过登记将土地在交付之时的初始状态信息记载下来,在土地流转时通过登记可以对比流转时土地地力的变化以及权属变更;若土地承包经营权在设立后不发生流转,则通过注销登记的对比也能够知晓土地地力的变化,在土地流转市场形成完整、准确、有效、连续的横向农地信息。农地使用者也能够通过具有国家公信力的农地信息平台,以这种形式向其他农地市场主体展示自身流转土地的真实意愿,或出于维护自身利益的目的公示农地信息,使农地市场主体在激励性制度指引之下将原本自生自发秩序下的农地信息形成有序的横向流动信息链条,市场机制在信息杠杆的作用下对于各类社会资源进行配置,维护农地市场秩序。以农地融资为例,"农地抵押贷款业务的开展,需要在抵押品评估,借款人考察,贷款的发放、监督、收回过程中支付大量的信息和交易成本"。[1] 通过土地承包经营权登记制度,贷款人能够将真实的融资意愿和持有农地的信息呈现给放款人;放款人以低成本获得质量、期限、面积、权利人等农地信息,并通过抵押登记获得设定或行使抵押权之时的农地信息,一旦未来需要实现抵押权时,可较便利地在市场中寻找农地受让方。

2. 纵向层面:农地信息的国家干预功能

"私权必须服从社会要求,才能维持私有财产所有权有序行使的目标。私权也只有在良好的社会秩序下才能有效地实现其利益和效益的最大化。"[2] 通过土地承包经营权登记制度将呈现碎片化、小农化以及众多以农户为单位的农地使用者的农地信息进行汇集和公示,以农地市场主体基于实现自身个体利益的内在动因,来实现农地信息由横向流动主动向国家公权力汇集形成信息的纵向流动,为国家掌握土地资源信息提供了低成本的信息来源通道,并能够从众多农地市场主体的利益主张之中提取有效的信息作为制度设计的参考。由此,国家能够基于完整、准确、有效的农地信息,以倾斜性权利配置对承载着公共利益的土地资源进行适度、有效的干预,保障农村土地资源的合理、高效利用。

三、现行土地承包经营权登记制度的缺陷及农地信息失灵的消极影响

作为一个人地矛盾突出的国家,我国农村土地资源的利用呈现出以众多分散的农户为单位,经营着碎片化地块的小农式农业生产方式,随着社会转型和市场经济改革的深化,我国农村土地资源的利用模式与农业现代化的要求相背离,现行土地承包经营权登记制度应有的信息规制功能落空。农地信息失灵导致农村土地难以纳入市场机制进行资源配置,同时国家也失去了对农村土地这一类重要公共资源进行干预所需要的低成本信息来源。

(一)现行土地承包经营权登记模式的梳理

依据《中华人民共和国物权法》《中华人民共和国农村土地承包法》的规定,土地承包经营权

---

[1] 李蕊:《我国农地融资制度构建理路研究——基于对美国联邦土地银行制度的考察和借鉴》,载《法学杂志》2014年第7期。

[2] 唐烈英、唐立文:《中美两国土地征收补偿比较与借鉴》,载《中州学刊》2014年第9期。

属于集体所有土地上设定的一类用益物权,现行的土地承包经营权登记有以下三种模式。

1. 债权意思主义模式。以家庭方式设立土地承包经营权,自土地承包经营权合同生效时设立,[1]其物权的设立生效在于农村集体组织和农户双方达成合意,经由合同成立、生效即设立土地承包经营权。此类型的土地承包经营权因法律行为而设立时仅需当事人的意思表示,便可以产生物权上的法律效力,不以登记或交付为其生效要件。在这种模式下,是否进行登记不影响土地承包经营权的设立及生效。

2. 债权形式主义模式。以家庭方式设立的土地承包经营权以互换、转让等形式进行流转时,当事人要求登记的,应当向县级以上地方人民政府申请土地承包经营权变更登记;未经登记,不得对抗善意第三人。[2] 此类型的土地承包经营权因法律行为而变动时,除有债权的合意以外,尚需有登记或者交付的法定形式方能生效。在这种模式下,登记与否不影响土地承包经营权变更的物权效力,但基于对农地交易安全的考虑,不经登记的不得对抗第三人。

3. 物权形式主义模式。以招标、拍卖、公开协商等其他方式承包不宜采取家庭承包方式的荒山荒沟、荒丘、荒滩等农村土地而设立的土地承包经营权,其设立和以转让、出租、入股、抵押或者其他方式流转的,均需要进行登记;不登记的,土地承包经营权无法设立、生效或者不产生物权变动的效力。[3] 此类型的土地承包经营权的设立、变更,除当事人之间对于土地承包经营权设立、变更的合意之外,还须履行法定程序,即登记是土地承包经营权设立、变动的生效要件而非对抗要件,不登记则不产生权利设立、变更之效力。

(二)现行土地承包经营权登记制度的缺陷

1. 土地承包经营权登记制度的立法理念陈旧。我国现行的土地承包经营权制度以农户对于土地利用为理念进行构建,相关制度设计均是围绕农村集体成员以户为单位便捷使用土地的目的,农村集体公有制下的土地被限定在特定集体范围内使用和流转。在这种"以身份为中心"的立法理念下,强调的是对农户个体对于集体土地的利用和集体土地对于农户个体生存、发展的保障,形成以农户为单位的小农式的农业生产模式。"身份限制"使土地资源的利用被限于特定的主体范围内,并依附于特定的组织或群体,没有将土地视为承载全体社会成员整体公共利益的一类自然资源,土地流转交易成为一种关系交易,其"弊端在于交易范围很窄,使市场被人为分割,虽然关系内主体间的交易成本很低,但与关系外主体之间的交易成本却很高,支撑交易的信息量也要求很大"。[4] 由此,现代社会通过市场配置资源的决定性作用被封闭的、小农式的土地承包经营权制度弱化,甚至彻底落空。

2. 以是否具有农村集体成员身份对土地承包经营权登记模式加以区别。随着城镇化、工业化的推进,我国农村地区的社会保障体系正在逐步完善,部分农民逐渐融入城市,不再单纯依赖土地生存、发展,土地承包经营权制度所承载的社会保障功能在逐步减弱,但当前农村土地立法

---

[1] 参见《中华人民共和国农村土地承包法》第 22 条、《中华人民共和国物权法》第 127 条。

[2] 参见《中华人民共和国农村土地承包法》第 38 条、《中华人民共和国物权法》第 129 条。

[3] 参见《中华人民共和国农村土地承包法》第 49 条、《中华人民共和国物权法》第 133 条。

[4] 应飞虎:《从信息角度看经济法的基本功能》,载《现代法学》2001 年第 12 期。

依然将农村承包土地对农民的社会保障价值置于农地对全体社会成员的经济效益价值之前，以是否为农村集体组织成员为标准来区别对待农村集体成员之外的市场主体而制定土地承包经营权登记的不同生效模式，通过限制本村集体成员之外的市场主体经营本村集体的土地来保障其成员的土地权益，与当前的农村土地流转的现实发展和适度规模经营的政策指引相背离，并使农地信息的流动被限定在特定的范围内，限制了农村土地资源通过市场机制进行合理配置，阻碍了农业现代化的进程。

3. 对土地承包经营权的保护与流转分为债权型和物权型两类，债权型土地承包经营权流转信息无法通过登记获得，导致土地承包经营权登记制度的信息规制功能落空。在我国，现行的土地承包经营权制度以是否具有农村集体成员身份而进行区分对待，对家庭承包的土地实行物权保护而对其他方式的土地承包实行债权保护。以家庭承包取得的土地承包经营权可以依法采取转包、出租、互换、转让或者其他方式流转[1]以及代耕[2]等方式，其流转方式可以分为物权型流转（互换、转让、抵押）与债权型流转（转包、出租、代耕），并以此为依据设置了不同的登记模式：物权型流转采用了债权形式主义模式，是否登记由当事人选择；而债权型流转仅需要书面合同。反观以其他承包方式取得的土地承包经营权，无论设立或是流转均需登记才可生效。这种制度设计在物权法将土地承包经营权界定为一类用益物权后呈现出法理上的逻辑混乱，国家无法获得以家庭承包方式设立的土地承包经营权在农户之间债权型流转的农地信息。

4. 无视土地承包经营权在设立、流转环节中的不同风险和信息需求。土地承包经营权在设立与流转时，当事人所面临的风险是不同的，对于农地信息的需求也是不同的。就设立阶段而言，因承包方式的不同，土地承包经营权合同的双方是农村集体组织与本集体之内的农户，或是农村集体组织与本集体之外的市场主体。以家庭方式承包的，承包人自合同生效时取得土地承包经营权；以其他方式承包的，承包人自登记时取得土地承包经营权。无论哪种方式，设立土地承包经营权的合同仅涉及特定的发包方和承包方，并在设立过程中均有相应的程序制度设计，[3]以避免在同一地块上设立两个或多个土地承包经营权。若土地承包经营权不进行流转，除因承包人从事农业生产造成土地地力变化之外，农地信息的其他权利内容不会发生变化，农地信息处于相对"静止"的状态，承包人在合同生效之前就其拟承包的特定地块具有农地信息的需求，对特定地块之上设定土地承包经营权合同的当事人而言，其信息风险较小。

就流转阶段来看，当土地承包经营权设立后进入市场流转时，所面对的是农地市场中众多的潜在受让方，其权利内容也随着土地流转发生变更，农地信息处于连续的"运动"状态，潜在受让方的信息风险远大于土地承包经营权的设立阶段，对于农地信息的需求增大。现行法律规定以其他方式承包土地，土地承包经营权的设立采用登记生效模式，意味着在合同生效之后，物权登记之前的一段时间内，农地实际占有人并没有取得土地承包经营权，形成了一段"权利真空"期间，此期间的权利性质并不明确。综上，这种以是否为农村集体成员为标准进行的身份分类，以

---

〔1〕 参见《中华人民共和国农村土地承包法》第32条。

〔2〕 参见《中华人民共和国农村土地承包法》第39条。

〔3〕 参见《中华人民共和国农村土地承包法》第19条、第45条。

及无视与土地承包经营权在设立、流转阶段所面临不同的风险和信息需求差别的登记模式，增加了农地流转的信息风险和交易成本。

5. 以家庭承包方式设立的土地承包经营权登记，采用对抗主义模式无法克服农地信息失灵。在这种登记模式下，土地承包经营权的物权型流转是否登记不影响流转的效力，而这类流转在现行法律规定下仅能在农村集体成员内部。对于农户而言，物权登记公示公信所形成的财产保护、稳定交易秩序等制度功能在农村的“熟人社会”中缺乏内在激励。就国家而言，通过权利主体出于对于自身权利保护而进行登记这种低成本的信息获取渠道，仅能获得少量的农地变更信息。对于土地权利变动之法律效果的认定、权利归属状态的判断以及流转纠纷的解决等诸多环节，也难以运用物权法的裁判规则予以处理。

（三）农地信息规制失灵的消极影响

1. 横向层面：农地信息失灵的消极影响

在我国现行的土地承包经营权登记制度下，农地信息掌握在实际使用土地的主体手中，而与农村土地市场的潜在受让主体之间形成信息不对称，势必会增加处于信息劣势地位的受让主体的信息收集成本和风险防范成本。

首先，农地的地力信息是进行农业生产最重要的指标，由于市场主体作为经济人，始终在追求自身利益的最大化，就潜在的农地受让主体而言，其必然在有流转意向的农地之中选择地力最优的地块，而农地的实际使用者基于对自身利益的考量则倾向于扭曲农地信息，以使在农地流转交易中占据更大优势。

其次，当农地使用者在权利存续期间，不断投入成本提升耕地地力或是改良耕地使之便利农业生产，提升了农地的地力，但是这部分提升的地力信息可能在现行登记制度下无法彰显，农地实际使用者无法获取提升地力的成本补偿或国家补贴，农地的使用者必然出现“逆向选择”，即倾向最大限度地消耗地力而非合理使用地力。

再次，由于农地流转存在债权型流转使土地承包经营权登记制度落空，农地的实际使用者可能与物权登记主体并不一致，由此潜在的受让方不仅需要支付成本来寻找真正的交易主体，还需要在物权登记主体和实际使用者之间进行多方博弈之后才可能实现土地流转。

最后，遵守诚实信用的农地使用者在现行法律下很难证明自己不会损害潜在受让方的预期而提供错误的农地信息的制度途径或信息公示平台，受让方在进行农地流转时很难了解交易对方是否诚实信用，为了防止自身受害，只能在寻找潜在交易农地时投入成本加强防范，从而增加了农地流转的成本，农地信息不对称产生的道德风险使农地市场可能出现“劣币驱逐良币”的现象，影响农地市场流转效率的提升。

由于现行土地承包经营权登记制度所造成的农地信息失灵，农地流转只能局限在本农村集体范围之内，是农地流转双方为确保交易安全、降低信息成本、减少交易所需信息量的无奈选择。集体内部的关系交易在自然经济中相当普遍，但与市场机制下资源自由配置的内在要求相冲突。关系交易的弊端在于可进行交易的范围很窄，市场被制度的身份属性人为割裂，虽然农村集体成员之间的交易成本很低，但与农村集体成员之外主体的交易成本却很高，支撑交易的信息量标准很高。综上，农地信息失灵导致农地流转成本过高，最终导致农地市场逐渐萎缩直至消亡。

2. 纵向层面:农地信息失灵的消极影响

过于碎片化的耕地分布和以农户为单位的小农生产方式,使我国农地信息成本过于高昂,而现有土地承包经营权登记制度的落空使政府无法掌握诸如面积、地力变化、位置、水利设备以及承包期间真正的农地使用者等农地信息,政府无法对农地地力的提升给予一定鼓励,难以保证补贴能够有效实现。

首先,每个农户都是独立的农业生产单位,对农地的利用和流转都有各自的偏好选择,过多分散的利益主张无法自行汇总而变为信息的“噪声”。现行土地承包经营权登记制度使信息“噪声”无法被有效过滤,农户对于农地流转的意愿和利益主张无法通过一个开放的平台进行释放,其偏好选择无法表达。政府部门无法从众多的个体利益主张之中提取有效的信息作为国家干预农地的制度设计参考。

其次,由于现行土地承包经营权登记制度的落空,国家无法通过低成本的手段获得农地信息,则必然选择“自上而下”的高成本、强制性的行政手段来获取农地信息。如果仅是获取诸如面积、位置、地力等在较短时期内相对“静态”的农地信息,还可能通过“自上而下”的行政性手段获得准确、有效的信息,但是一旦农地进入市场流转,或是在一个相对较长时期,农地信息处于持续的“动态”之下,则政府需要消耗大量的成本,而且获得的农地信息的准确性、有效性也令人担忧,以此为决策来源所作出的国家干预必然偏离现实需求。

最后,农村土地是国家重要的自然资源,承载着社会利益和生态利益而被置于公共领域,具有强烈的外部性,由此决定了政府对土地利益分配需要进行倾斜性配置,公共财政对农地使用者就农村土地资源的利用和保护具有激励性。但是纵向层面农地信息失灵,使政府无法在宏观层面上掌握我国耕地数量和质量的整体变化情况,并据此做出适当的宏观调控;在微观层面上由于国家无法掌握有效、准确的农地信息,国家干预对于倾斜性权利配置机制也难以有效实施,针对农地的各类专项补贴无法分配到真正提升农地农业生产能力或从事粮食生产的农地使用者,国家干预的有效激励无法实现。

四、以克服农地信息失灵为导向:土地承包经营权登记制度的完善

土地承包经营权登记制度作为连通农地信息横向层面与纵向层面的制度平台,可以激励众多分散的农地使用者以登记确权的方式实现农地信息的有序流动,国家也可以较低的成本收集完整、准确、有效的农地信息,从而使国家干预农村土地的功能与目标得以实现。由此,应当构建全新的土地承包经营权登记制度,以实质正义为立法理念,逐渐弱化并适时破除现行制度中农村成员身份属性的桎梏,使其权利属性回归纯粹物权,依据其设立、流转阶段设置不同的生效模式,登记类型应当仅限于物权型流转登记,以期实现土地承包经营权登记制度对农地信息失灵的克服。

(一)土地承包经营权登记制度立法理念的完善

随着我国社会转型的不断推进,“以身份为中心”的农村土地立法理念下旨在保障农民基本生存而构建了土地承包经营权登记制度,这种理念为了保障每个农户在一定范围之内公平的承包土地,将地块打碎后分配给农户使用,限制农村集体成员之外的主体承包土地,以不同的登记

制度对两种承包方式加以区别，但以此理念构建的土地承包经营权登记制度仅是维护“形式上的公平”，使我国农村土地利用呈现出碎片化的、小农式的、封闭的状态。原有土地承包经营权登记制度的缺陷又使农地信息无法被市场主体和政府获得，此种立法理念下的制度设计已经不能适应我国农业现代化建设的需要。

由于农村土地所承载多元利益所呈现出的冲突，土地承包经营权登记制度需要以“实质正义”为理念，“其本质直接指向超越特定个体利益之上的社会利益……以此协调私人利益与社会利益的矛盾，并消除那些影响实质正义的市场机会主义、负外部性、公共产品缺失、信息偏差、垄断以及弱势群体等问题”，[1]打破原有的“身份限制”，构建“以土地为中心”的登记制度，将农地市场中自生自发的横向流动的信息经由登记制度转化为在市场与国家之间有序地纵向流动，并基于准确、充分、有效的农地信息，由国家进行适度干预，对农地所承载的失衡多元利益给予倾斜性配置。农村土地立法的“实质正义”理念，可以具体解构为以下几个方面：首先，土地是所有生命赖以生存的载体。对于土地资源的利用要抛开“人类中心主义”的错误认知，人类不过是生态系统的一部分，过度利用土地会导致土地资源的衰竭，破坏整个生态系统的平衡并危及人类自身。人类的生存和发展需要公平对待生态系统的每个构成要素，尤其是作为生态圈载体的土地。其次，农村土地是全体社会公众共同享有的资源，而不是依据身份而专属于特定群体的财产。农村土地不仅是农户生存、发展的基础性生产资料，也是承载全体社会居民诸如粮食安全、食品安全等公共利益的自然资源。土地资源的配置利用应该打破“身份限制”，将各种生产要素从身份性的组织束缚中解放出来，运用现代社会市场机制实现资源的合理配置。最后，土地不仅是当代的资源，也是未来的资源。当代人应当顾及后代人的利益而不能过度索取土地所蕴含的各种资源，保障后代人生存、发展所需的土地资源和土地所承载的自然生态圈之平衡。

（二）在适当时机消除土地承包经营权登记制度的身份属性桎梏

现行的土地承包经营权制度，以是否具有农村集体土地成员资格作为制度构建的起点，划分为家庭方式承包和其他方式承包。其目的是保障农村集体成员能够从事农业生产获得基本的生存保障，但是也将我国的农业生产利用局限在一个封闭的小农模式下，不仅限制了农民的发展，在一定程度上也将农民限制在农村土地上，而农村集体之外的市场主体和社会资本无法进入；碎片化的土地分配使用状态使农业规模经营无法实现；以家庭为单位的小农式农业生产模式限制了生产资料无法通过市场机制实现更有效率的配置、整合。

随着我国社会转型的推进，一部分农民已经开始脱离土地进入城镇从事非农生产，农村土地所承载的生存保障功能逐渐弱化，为提出土地承包经营权“三权分置”[2]逐渐破除其身份属性提供了契机。同时，破除土地承包经营权身份属性的桎梏，并不会使农民失去承包土地的资格。在“三权分置”的权利构成框架下，“承包权”作为农村集体成员在土地承包经营权设立阶段享有的资格加以保留，“其实质是一种承包集体土地的资格……不具有集体成员身份的一般经营者，其

---

〔1〕 江帆：《经济法实质正义及其实现机制》，载《环球法律评论》2007年第6期。

〔2〕 2015年《深化农村改革综合性实施方案》指出：“现有农村土地承包关系保持稳定并长久不变，落实集体所有权，稳定农户承包权，放活土地经营权，实行‘三权分置’。”

经营存续期仅以法定的承包期为限,期限届满后不得当然享有新的承包权利。其他没有分配承包地的成员得以集体成员之身份重新请求分配承包地"。[1]

"经营权"在土地承包经营权流转阶段去除其身份属性之后,成为在土地市场进行农地抵押融资和有序流转的纯粹用益物权,由此实现土地承包经营权登记制度以下几个方面的完善。首先,根据我国国情逐步消除对于农村集体成员之外的市场主体利用农村土地的限制,使社会资本能够进入农地市场,同时将农村居民从身份性的制度性桎梏从解放出来,使"农民"不再是身份而是一种职业,在农地信息的撬动下,土地、资金、劳动力、技术等生产要素得以按照市场机制进行合理配置,进而实现农业现代化。其次,打破传统农村小农式的自然社会状态,使农村不再是相互之间封闭的信息孤岛,城乡分离的二元社会结构逐渐解体,人口、资本等要素得以在城市和农村之间自由流转。同时,在现阶段农村居民依然拥有土地承包经营权设立阶段的承包资格,在保留现有制度对农民社会保障功能优势的同时,去除对于农地流转的桎梏。最后,打破了农村与农村之间、城市与农村之间、农地市场与国家之间的信息"瓶颈",原本农村"熟人社会"关系交易之间所形成的农地信息以及单一农户所掌握的农地信息,均得以通过土地承包经营权登记制度实现横向和纵向层面的有序流动。

(三)土地承包经营权设立、流转阶段设置不同的生效登记模式

土地承包经营权的设立和流转阶段,法律关系的主体和信息风险完全不同。就土地承包经营权的设立而言,应当采用债权意思主义模式,即土地承包经营设立的合同双方达成合意,并作出订立合同的意思表示,经由合同成立、生效而取得土地承包经营权,不以登记或交付为其成立或生效要件。在这种生效模式下,是否进行登记不影响这类新型用益物权的设立和生效。在土地承包经营权的设立阶段,农村土地所有权人面对的是与其产生合意并通过债权行为设立土地承包经营权的特定主体,土地承包经营权在设立之后不进行流转,农地信息处于静止状态,并不涉及其他市场主体,合同成立、生效时土地承包经营权设立、生效,并在随后经由登记机关将"静止"的农地信息进行登记。设立阶段采用债权意思主义模式的意义在于在合同成立、生效时取得物权,更有利于对权利人利益的保护。若采用物权形式主义模式,需要在登记之后才设立物权,在合同成立生效和登记期间,权利人仅受债权保护,而农地信息在此期间处于"静止",不涉及第三人和交易风险,因此,设立阶段采用物权形式主义没有必要。

就土地承包经营权的流转而言,应当采用物权形式主义,即土地承包经营权的流转发生法律上变更的效力,除当事人之间对于不动产物权变更之合意外,还须履行登记或交付的法定程序,即登记公示的方法,是物权变动的成立或生效要件而非对抗要件,必须进行登记,不登记者不生效。这是因为土地承包经营权在进行流转时,土地承包经营权人面对的是不特定的市场主体,众多的潜在受让主体对于农地信息均有需求,土地承包经营权发生流转时,农地信息处于"运动"状态。若土地承包经营权流转不以登记为权利变更的生效要件,则在权利流转时,登记无法反映真实、充分、有效的农地信息,不仅土地承包经营权潜在受让方无法获得有效的农地信息而承担

[1] 陈小君:《我国农村土地法律制度变革的思路与框架——十八届三中全会〈决定〉相关内容解读》,载《法学研究》2014年第4期。

信息风险并增加交易成本，国家也无法掌握土地资源的流动信息。

（四）土地承包经营权流转登记下的权利性质应当回归纯粹物权

中央提出土地承包经营权制度“三权分置”，“其意欲分置的对象不是土地承包经营权，而是基于‘三权’之间的区分，明晰农村土地制度所欲实现的不同功能，从而为放活土地经营权的法制路径划定功能区域与规则边界”。[1] 在坚持农村土地公有制的前提下，赋予了土地承包经营权制度新的内涵和制度功能重构，即土地承包经营权在设立和流转两个阶段实现了“承包权”与“经营权”的分离。

在土地承包经营权的设立阶段，将“承包权”保留给农户作为承包集体土地的资格，一旦农户在无法从事非农生产后回到农村，其依然可以在下一轮土地承包时具有取得土地的权利；在土地承包经营权的流转阶段，原本农村土地之上的身份属性桎梏得以彻底剥离，在流传阶段不再考虑主体的身份以及在此身份桎梏之下所要负担的制度功能，具有“承包权”的农户不能依据其拥有的承包土地的资格来干扰其他市场主体行使“经营权”，“土地承包经营权应回归于真正的用益物权。在立法上，应修改或删除与身份性相关的有关条款，并根据用益物权的基本属性对土地承包经营权进行制度重构”。[2] 进一步释放土地财产性权利的激励能量，使土地承包经营权得以作为纯粹的用益物权在流转阶段融入我国市场经济法律体系，并使农村土地能够真正融入市场机制，从而实现农地资源的合理配置。

（五）土地承包经营权登记的类型应当仅为物权型流转

我国现行法律将土地承包经营权的流转，分为转包、出租、代耕等债权型流转，以及互换、转让、抵押等物权型流转。其中债权型流转仅需出让人和受让人之间的合意便可生效，而物权型流转除双方当事人的合意之外，还需要进行登记才可生效。在确定土地承包经营权的物权属性以及流转的登记生效模式之后，区分两种类型的流转已经没有必要。

首先，在“三权分置”下土地承包经营权在流转阶段是已经割离其原有的身份属性的物权，即“经营权”，无论哪种类型的流转，受让人都可取得相同的占有、使用、收益等权能。从制度设计的角度，债权型流转可以等同于附期限的物权型流转，债权型流转在制度设计上能够被物权型流转所吸收。

其次，从克服农地信息失灵的角度来看，债权型流转所产生的农地信息变更无法为其他市场主体和国家获得。由于土地资源是一种资源性财产，承载着多元利益，土地承包经营权流转使农地信息不断变化，市场基于交易安全和降低交易成本考量，国家基于对自然资源的管理考量，均对真实、充分、有效的农地信息具有强烈的需求，而债权型流转无须登记便可生效，使市场和国家均无法利用登记这一低成本的制度获取农地信息。

最后，若“经营权”流转区分为债权型和物权型，很可能使农地流转当事人中的一方为了扭曲农地信息而故意倾向于采用债权型农地流转，违背诚实信用原则而损害对方的合法权益。特

---

[1] 姜红利：《放活土地经营权的法制选择与裁判路线》，载《法学杂志》2016年第3期。

[2] 丁文：《论土地承包权与土地承包经营权的分离》，载《中国法学》2015年第3期。

别是在农业税取消后,“农户面向市场自主在承包土地上经营……关心的是市场风险,是生产方便”,[1]农户为了农业生产的便利倾向于采用程序相对简化的债权型流转,甚至仅采用口头形式,使土地承包经营权登记制度的克服信息失灵之功能失效。若仅采用物权型流转的立法模式,将债权型流转吸收到物权型流转,对未登记流转行为不予认可,则可利用市场对于农地信息的需求将“劣币”逐出,实现土地承包经营权登记对农地信息失灵的克服。

[1] 贺雪峰:《小农立场》,中国政法大学出版社2013年版,第41页。

土地承包经营权“三权分置”的现实基础及实现路径

杨志航*

目　　次

一、引言

党的十八届三中全会通过了《中共中央关于全面深化改革若干重大问题的决定》,标志着我国开启了新一轮的农地改革。农村土地承包经营权是现阶段农地改革的重要对象之一,继2013年12月党中央农村工作会议提出“落实集体所有权、稳定农户承包权、放活土地经营权”之后,连续3年的中央一号文件都明确指出,在稳定农村土地承包关系的前提下实现所有权、承包权以及经营权的“三权分置”。“三权分置”是引导土地有序流转的重要基础,是我国农村改革的又一次重大创新。[1] 农村土地承包经营权“三权分置”不仅仅是政治层面的创新,同时也是法律层面的改革创新。党的十八届四中全明确指出,“重大改革必须于法有据”。因此,相关法律的修订将成为必然。然而,根据我国现行法律的规定,农村土地承包经营权因其承包方式的不同而被区分为以家庭承包和以其他方式承包两种不同的形式,这就造成了理论上和实践中土地承包经营权尚未形成一尊的局面。本文拟以家庭承包和以其他方式承包的农村土地承包经营权之不同作为讨论的基础,揭示“三权分置”的现实基础以及实现“三权分置”的途径,以期对未来相关法律的修订有所裨益。

---

* 北京航空航天大学法学院博士研究生。

〔1〕 参见农业部部长韩长赋解读《关于引导土地经营权有序流转发展农业适度规模经营意见》。

二、土地承包经营权的法规范基础

2002年通过的《中华人民共和国农村土地承包法》(以下简称《农村土地承包法》)第二章和第三章分别规定了“家庭承包”和“以其他方式的承包”两种土地承包的方式,2007年通过的《中华人民共和国物权法》(以下简称《物权法》)沿袭了这样一种规定。所谓家庭承包,是指对具有社会保障性质的耕地、林地、草地等农村土地采取农村集体经济组织内部的承包方式时,以该农村集体经济组织成员(农民)人人有份、内部家庭(农户)为经营单位的承包。其他方式承包是指除家庭承包外,不宜采取家庭承包方式的荒山、荒沟、荒丘、荒滩等农村土地,通过招标、拍卖、公开协商等方式的承包。[1] 比较两种承包方式,会发现两者的区别在于以下几个方面。

1. 承包主体的不同。家庭承包的承包方是本集体经济组织的农户,而以其他方式承包的承包主体则更为多元化,既包括本集体经济组织的成员也包括本集体经济组织以外的单位或者个人。以家庭方式承包经营的基本单位是农户,而不是户内成员。但是作为本集体中户内的成员,无论男女都享有平等承包的权利;与之不同的是,以其他方式承包中的承包主体则不限于农户,并且其承包权的地位也不具有平等性,法律明确规定“在同等条件下,本集体经济组织成员享有优先承包权”。可见在以其他方式承包中,当事人的地位较之本集体组织成员而言具有不平等性。

2. 承包地承载的功能不同。以家庭方式承包的土地具有社会保障功能,而以其他方式承包的土地不具有社会保障功能。以家庭方式承包的土地承包经营权以农户为基本的分配单位,其目的在于强调农户家庭的保护和稳定。诚如有学者所言:“土地承包经营权虽然是一种用益物权和一种财产权,但其具有一定的身份性。”[2]由于我国尚未建立全面的农村社会保障制度,因此,以家庭方式承包的土地承包经营权具有优先保障农民的基本生活需要的功能。而以其他方式承包的土地则更多的是承载着经济上的功能,这一功能最明显的体现就是可以引入招标、拍卖、公开协商等商业化竞争机制以发挥“四荒”土地资源的价值的最大化。除此之外,以其他方式承包的土地在转让过程中并无主体限制、承包需要交纳相应的税费等都说明了这种承包方式“去保障性功能”的特点。

3. 承包土地的类型不同。以其他方式承包的土地所指向的对象为荒山、荒沟、荒丘、荒滩等不宜采取家庭承包方式的农村土地,即通常所说的需要投入巨大财力和物力去经营的“四荒地”。而以家庭方式承包的土地则包括耕地、林地、草地,《农村土地承包法》在家庭承包中明确了这一类型并对各种土地的承包期进行了规定。

4. 承包土地的保护不同。即对家庭方式承包的土地实行物权保护。[3] 而对其他方式承包的土地则根据是否依法登记设立而区分为物权保护和债权保护。“《农村土地承包法》规定了物

---

〔1〕 参见丁关良:《土地承包经营权流转法律制度研究》,中国人民大学出版社2011年版,第3~4页。

〔2〕 刘保玉:《物权法学》,中国法制出版社2007年版,第262页。

〔3〕 参见时任全国人民代表大会农业与农村委员会副主任柳随年于2001年6月26日在第九届全国人民代表大会常务委员会第二十二次会议上所做的《关于〈中华人民共和国农村土地承包法(草案)〉的说明》。

权性质的土地承包经营权和债权性质的土地承包经营权两类。”[1]尽管《物权法》明确了土地承包经营权的用益物权的性质，但是由于《物权法》相关条文的规定仍没有脱离《农村土地承包法》的规定，因此，讨论对承包土地保护的问题不能忽视《农村土地承包法》以及最高人民法院《关于审理涉及农村土地承包纠纷案件适用法律问题的解释》（以下简称《土地纠纷解释》）中的规定。根据《农村土地承包法》和《土地纠纷解释》的相关规定可以明确，家庭承包经营的土地实行物权保护。《农村土地承包法》第22条规定：“……承包方自承包合同生效时取得土地承包经营权。”并且“土地承包经营权自合同生效时设立”，即说明以家庭方式承包的土地承包经营权无须登记便可发生物权效力。但是，以其他方式承包的土地承包经营权则需要根据是否进行登记而有物权保护和债权保护的不同。“以招标、拍卖、公平协商等方式取得的土地承包经营权，有的与发包方是债权关系，如承包菜地，承包期3年，其间是一种合同关系。而承包‘四荒地’，由于期限较长，投入较大，双方需要建立一种物权关系，以便更好地得到保护。因此应当依法登记，取得土地承包经营权证或者林权证等证书。在此前提下，承包经营权才具备流转的基础。”[2]《农村土地承包法》第49条便体现了这一说法。该条规定以其他方式承包的土地，经依法登记取得土地承包经营权证或者林权证等证书的，才可以采取转让、出租等方式流转。《土地纠纷解释》第21条也规定：“承包方未依法登记取得土地承包经营权证等证书，即以转让、出租、入股、抵押等方式流转土地承包经营权，发包方请求确认该流转无效的，应予支持。但非因承包方原因未登记取得土地承包经营权证等证书的除外。”该规定也表明以其他方式承包的，承包方如果没有依法进行登记，则其取得的仅仅是债权而不是物权，因此得不到物权保护。区分债权保护和物权保护的意义在于对两者的保护措施的不同，对物权保护的措施包括停止侵害、返还原物、恢复原状、排除妨害、消除危险、赔偿损失等民事责任；而对债权保护的措施则仅仅是承担违约责任，即请求债务人履行或不履行。

5. 流转方式的不同。家庭方式承包的农村土地承包经营权，作为主体的承包方有权依法自主决定是否流转以及流转的方式，但是应当经发包方同意或者报发包方备案。流转方式为转包、出租、互换、转让或者其他方式。而以其他方式承包的农村土地承包经营权，如果进行登记并取得土地承包经营权证或者林权证等证书的，其经营权可以依法转让、出租、入股、抵押或者其他方式。如果没有进行登记，由于其仅仅取得的是债权，因此法律是禁止其流转的。《农村土地承包法》规定在“四荒”之上成立的土地承包经营权，若未依法登记取得土地承包经营权证书，也应作为债权性质的土地承包经营权，不得流转。

6. 登记在不同承包方式的作用不同。通过家庭方式设立土地承包经营权，是指集体经济组织的成员以农户的名义，与集体经济组织签订承包合同，创设土地承包经营权。[3] 土地承包经营权自承包合同生效时设立。这种通过承包合同而不需要登记来直接设立土地成经营权的模式

〔1〕 丁关良：《土地承包经营权的特征与物权、债权性质差异》，载《改革》2004年第3期。

〔2〕 胡康生主编、全国人民代表大会常务委员会法制工作委员会编：《中华人民共和国物权法释义》，法律出版社2007年版，第281页、第304页。

〔3〕 崔建远：《物权法》（第2版），中国人民大学出版社2011年版，第265页。

更多地体现在农村的“熟人社会”的实际情形中。因此,以家庭方式承包的农村土地承包经营权是不需要进行登记的,《农村土地承包法》第23条规定的登记并不是物权意义上的登记而仅仅是出于行政管理的角度进行的登记。但是,以家庭方式承包的土地承包经营权的登记是民法范畴的登记,如该法第38条所规定的采取互换转让方式流转的登记即为具有对抗效力的物权登记而非行政登记。而以其他方式承包的土地,《农村土地承包法》规定了“依法登记的可以流转”以及“未经登记不得对抗善意第三人”,这其中的登记属于民法上不动产物权变动范畴意义下的登记,而非行政管理意义上的登记。此外,《物权法》关于此种土地承包经营权的抵押需要登记的规定,也是民法范畴的登记。

上述的论述从法律保护、登记的作用、承包土地的类型等多个方面对以家庭方式承包和以其他方式承包的农村土地承包经营权进行了比较,笔者认为,我国长久以来坚持的农村土地承包经营权二分的事实是讨论“三权分置”的前提,中央也多次明确“现有土地承包关系保持稳定并长久不变”。较之以前“长期”的提法,“长久”二字更意味着将农村土地承包经营权区分为家庭承包方式和以其他方式承包的现实必将一直持续下去,因此,讨论土地承包经营权“三权分置”的概念并将这种政治性的提法予以法律化的重要前提条件就是坚持土地承包经营权因承包方式的不同而被法律所二分并将长期二分的现实。

三、土地承包经营权“三权分置”的概念界定

随着我国城镇化进程的不断深入,农村劳动力的大量转移,实践中农村土地承包经营权流转明显加快,在现有的国家关于土地流转的法律不能够满足土地流转的需要的基础上,中央提出了农村土地承包经营权的“三权分置”,其后中共中央办公厅、国务院办公厅印发的《关于引导农村土地经营权有序流转发展农业适度规模经营的意见》则在确立“引导土地经营权有序流转”作为指导思想的基础上提出“坚持农村土地集体所有权,稳定农户承包权,放活土地经营权”。2015年中共中央、国务院《关于加大改革创新力度加快农业现代化建设的若干意见》中再一次明确提出:“抓紧修改农村土地承包方面的法律,界定农村土地集体所有权、农户承包权、土地经营权之间的权利关系。”党的十八届三中全会通过的《中共中央关于全面深化改革若干重大问题的决定》也明确规定:“稳定农村土地承包关系并保持长久不变,在坚持和完善最严格的耕地保护制度前提下,赋予农民对承包地占有、使用、收益、流转及承包经营权抵押、担保权能,允许农民以承包经营权入股发展农业产业化经营。”由此可见,中央提出的“三权分置”是在保障土地所有权不变的前提下,最大限度地释放其在规模经营中的能量,实行集体所有权、承包权和土地经营权“三权分置”,这是对农村土地产权制度理论的丰富和发展。新的制度安排坚持了农村土地集体所有,强化了对农户土地承包权的保护,顺应了土地要素合理流转、提升农业经营规模效益和竞争力的需要。可以说,“三权分置”创新了农村土地集体所有制的有效实现形式,在中国特色农村土地制度演进史上翻开了新的一页。[1] 由此可见中央提出的“三权分置”的出发点是在明确土地承包关系长久不变的基础上,引导土地经营权规范有序流转,赋予土地承包经营权抵押、担保

〔1〕 参见韩长斌:《土地“三权分置”是中国农村改革的又一次重大创新》,载《农村工作通讯》2016年第3期。

权能，允许向金融机构抵押融资。在实践中，农地的流转行走于法的边缘，乃至践行于法外，具体方式可谓五花八门，不一而足。[1] 其实早在中央提出之前，试点工作就已经开展了。2000 年浙江省以土地信托模式创新农村土地制度，广东省南海区的股份合作制模式以及苏州地方政府采取储备库的方式，都实现了“土地所有权、承包权、经营使用权的分离”。上述的试点工作的目的旨在实现流转方式的多元化。

“三权分置”不仅是中央政策上的表达，其在我国法律层面也具有一定的基础。《农村土地承包法》《物权法》等法律确认了农村土地集体所有权以及农户对集体土地的承包经营权，这是我国农村土地制度改革的基石。[2] 《物权法》规定了“除国家所有的农村土地外之农村土地归农民集体所有”，这是“三权分置”中最为重要的关于农村土地所有权在法律上的确认。由于我国实行“以家庭承包经营为基础、统分结合的双层经营体制”，《物权法》赋予了以家庭经营的农户以承包经营权权利人的法律地位，《农村土地承包法》第 4 条则具有宣誓意味地表明“农村土地承包后，土地的所有权性质不变。承包地不得买卖”。也就是说，我国的民事法律已经基本建立了基于农村土地集体所有权和农户对集体土地承包经营权的框架。现在需要解决的问题就是如何将政治上的土地承包经营权的“三权”进行民法化的表述。由于农村土地归农民集体所有表明的是对所有权的确认，这一确认也是“三权分置”中“实行集体所有权”在民法上论述的基础，“三权”中的集体所有权已经被法律所固定。因此唯需要讨论的是“承包权和经营权”这二种权利如何符合民法的表述方式。

有学者认为：“现阶段我们通常所说的农村土地流转，是指农地使用权的流转，农地产权在现有制度下被分解为三种权利：集体拥有土地的所有权、农民拥有土地的承包权和土地的经营权（使用权）。”[3] 因此，在农地权问题上，我们应该继续坚持“明确所有权，稳定承包权，搞活使用权”的原则。将经营权作为使用权的同义词，采取的即是“承包权和使用权”的模式。

也有学者认为，土地承包权作为承包土地的资格理所当然地以集体组织成员为前提，其强烈的身份属性意味着只要被集体经济组织所认可，那么在分包土地时就享有承包土地的资格。而土地经营权则赋予农户对土地的独立支配的权利，一旦设定，至少在权利存续期限内农户对承包地即享有一种用益物权。因此，土地承包权与土地经营权是互相排斥的。土地承包权实际上是集体经济组织成员权在土地承包上的一种具体化，是土地经营权取得的一种中介，目的是设定土地经营权。[4] 这种模式可以被称为“承包权—经营权”的模式。

还有学者认为，农民作为集体中的组成部分，其享有的土地承包经营权是其自己享有的地权，土地承包经营权“三权分置”应当是构建于一种“自物权”的权利。这与传统的用益物权是建

---

〔1〕 参见陈小君：《农村土地制度的物权法规范解析——学习〈关于推进农村改革发展若干重大问题的决定〉后的思考》，载《法商研究》2009 年第 1 期。

〔2〕 参见宋才发、向叶生：《农村集体土地“三权分置”的法律问题探讨》，载《广西师范大学学报》（哲学社会科学版）2015 年第 6 期。

〔3〕 梅福林：《我国农村土地流转的现状与对策》，载《黑龙江教育学院学报》2006 年第 10 期。

〔4〕 参见朱广新：《土地承包权与经营权分离的政策意蕴与法制完善》，载《法学》2015 年第 11 期。

立在他人不动产或者动产有所不同,并且这种权利是对土地限于农业型的耕作的权利,因此将其命名为“耕作经营权”或者“耕作权”。这种“经营权”可以转让、可抵押。建立于这种理论的模式为“土地承包经营权—耕作(经营)权”。[1]

亦有学者认为,应当在坚持采用土地承包经营权的前提下,另行采取“土地承包权”的概念,土地承包权具有成员权、可期待的权利属性,而土地承包经营权则以财产性、让与性、要式性和期限性作为特征。这种提法则将土地承包经营权去“身份性”,从而为其流转进行了民法上的建构。这一看法可以看作“土地承包经营权—土地承包权”模式。

甚至有学者提出的模型是“土地承包经营权—经营权”的模式。在这种模式下,土地承包经营权人享有占有、使用、收益以及处分的权能,而建立于其上的则仅仅是取得了占有、使用、收益权能的物权属性的经营权,这种“土地承包经营权—经营权”的模式,其效果等同于土地承包经营权在时间维度上被分割,并予以部分转让。也就是说,“经营权设立后,土地承包经营权的占有、使用、收益权能将受到前者的限制”。当然,在这种模型下,土地承包经营权是用益物权,颁发权属证书,进行权属登记。受制于物权法定原则,按照现行法律,土地经营权只能是债权,不颁发权属证书,不进行确权登记。土地经营权主要是基于租赁合同产生的,内容和期限由双方谈判确定的。基于合同的相对性原理,土地经营权人如果逾期不支付租金,土地承包人可以解除合同。不过,虽然土地经营权仅仅是债权,但是可以通过颁发证书等模式使其物权化。

上述各种模式都具有一定的合理性。但是笔者以为“土地承包权—土地经营权”的模型忽视了农户可以从事生产经营的基础是对“土地承包”的实现,因此与现实情况不相符;而“土地承包经营权—经营权”的模型将经营权与“占有、使用和收益”进行对应,这与物权的基本原理不符,同时也带来了经营权是物权还是债权的再次争议;“承包权—使用权”模式则与物权法的“一物一权”不符,因此,上述模型都不能很好地解决“三权分置”在民法中的配置问题。唯有采取“土地承包经营权—土地承包权”,才能将我国现有的法律制度与“三权分置”的指导思想有机结合起来。设立土地承包权,将其具有的成员权的属性作为一种前提,强调了社会保障的功能,土地承包权涉及的不是营利问题而是生存问题,注重的是公平性。与之对应的土地承包经营权则以流转为目的,旨在促进农业主体对资源的最大利用,其具有更多的“经济功能”。此外,由于“农村土地承包经营权区分为家庭方式承包和以其他方式承包”的前提条件将长久不变,将以家庭方式承包的土地承包经营权法律化为土地承包经营权和土地承包权也是与以其他方式承包的土地承包经营权进行协调的最优化的方式。即在讨论以其他方式承包时,仍采用“土地承包经营权”的概念,而讨论以家庭方式承包时,则在“土地承包经营权”概念之下区分出一个“土地承包权”;但无论采用哪一类承包方式,土地承包经营权的概念本身并不包含身份属性而仅仅包含着经济功能的属性。因此,本文将以“集体所有权—土地承包权—土地承包经营权”这种模型作为定义“三权分置”的公式,即“三权分置是在促进以家庭方式承包的土地流转为目的的以集体所有权为基础的土地承包权和土地承包经营权分置的一种模式”。

〔1〕 孙宪忠:《推进农村土地“三权分置”需要解决的法律认识问题》,载《行政管理改革》2016年第2期。

四、土地承包经营权“三权分置”的实现路径

“三权分置”被区分为“集体所有权—土地承包权—土地承包经营权”,这样的模式将适用于以家庭方式承包的土地承包经营权。集体所有权的所有权的属性以及土地承包经营权的用益物权的属性已经被我国的《物权法》所确立(尽管如第一部分所述,以其他方式承包的土地承包经营权因是否登记而具备物权的性质仍存争议),但是“土地承包权”的概念如何被民法所接受或者以民法的惯有方式表达出来,仍具有讨论的空间。

(一)建立土地承包权概念的前提

以家庭方式承包的土地承包经营权属于用益物权。所谓用益物权,是指以支配标的物的使用价值为内容的物权,或者说是权利人对他人所有的物依法享有占有、使用和收益的定限物权。[1] 派生于集体所有权之上的以家庭方式承包的土地承包经营权的承包人与集体的关系却与其他物权法所有规定的用益物权人与所有权人的关系不完全相同。因为“农村土地承包采取农村集体经济组织内部的家庭承包方式”以及“农村集体经济组织成员有权依法承包由本集体经济组织发包的农村土地”。这说明土地承包权人与土地所有权人的关系是一种“成员—组织”的模式,而典型意义的用益物权属于他物权的表述意味着主体之间并不具有如此的关系。《农村土地承包法》要求以家庭方式承包的应该以农户作为承包方,再次表明了这种用益物权的特殊性,即土地所有权归属集体所有,用益物权人并不是该集体中的成员而是以具有该集体身份作为前提条件,真正享有用益物权的权利人则是建立在该身份之上成员的有机体即农户。因此,有学者指出,“农民集体和集体成员之间真正的法律关系,是‘农民集体’及其集体土地所有权来源于农民入社”。[2] 这样理解,则土地承包权的地位就明晰起来,它实则是一种承包土地的资格性的权利,由于这种资格性的权利以集体经济组织成员资格为前提,所以可以说土地承包权在本质上是一种集体经济组织成员权在农地分配或承包上的行使结果。以家庭方式承包的土地一旦分配给农户,土地承包权的使命即告完成,其后对该块土地任何形式的处置都不再与土地承包权有关,只有发生土地承包合同到期或者法律规定可能收回或调整的情形时,土地承包权才再次具有意义。

(二)土地承包权与土地承包经营权的区别

将土地承包权界定为一种资格性的权利或是权利行使处分的前提具有实证法的基础。这从现行法律对土地承包经营权的规则中看出:我国法律在对以其他方式承包的土地进行的规定本身就说明土地承包经营权就是一种不负担任何“身份”属性的纯财产性权利,这一方式取得的土地承包经营权除需要以招标、拍卖、公开协商等有偿方式进行外,承包人的资信情况和经营情况也被作为能否取得土地承包经营权的一项条件。因此,笔者认为,土地承包经营权应该在现有的概念下取消其身份特性的属性,而恢复期仅仅是一种根据市场法则所取得的一种用益物权的属

---

〔1〕 参见崔建远:《物权:规范与学说——以中国物权法的解释论为中心》(下册),清华大学出版社2011年版,第487页。

〔2〕 孙宪忠:《推进农村土地“三权分置”需要解决的法律认识问题》,载《行政管理改革》2016年第2期。

性。唯有如此限定,才会符合对物从"所有"到"使用"的一种规律。这样的土地承包经营权才与《物权法》中的用益物权吻合。除了上述论述外,《农村土地承包法》第5条也规定了农村集体经济组织成员享有承包的权利。这两种权利的属性在权利主体、权利内容、权利性质方面具有显著的区别。

从权利主体角度观察,土地承包权的权利主体因"家庭经营方式"被限制于农村集体经济组织内部的农户,农户则因其成员隶属于该集体组织而成为土地承包权的主体。土地承包经营权则不同,其不仅仅可以是该集体中的成员,即便集体组织以外的个人和企业也可以成为土地承包经营权的权利主体。《物权法》适用的土地承包经营权人的概念不仅更具包容性,而且为未来的变化预留了空间。

从权利的内容观察,土地承包权仅仅是赋予其权利主体依法承包的权利,这一权利的行使具有平等性,无论男女都享有平等的承包土地的权利,任何人和组织不得侵害;并且该权利仅仅是一种取得土地承包经营权的前提和基础。[1] 只有与发包方签订合同,这种潜在的权利才可以变为实在的权利,因此是一种期待权。就期待权而言,其权利人只是期待将要取得某种权利,只有在某种特定的法律事实实际发生后才可能发生实际取得权利的效果,从期待权向既得权的转化必须要求法定事实的发生才能完成。[2] 而土地承包经营权则是一项实在的权利,即只要签订了承包合同,其权利就是确定的。我国《物权法》《农村土地承包法》都规定了"占有、使用和收益"以及"自主流转、自主组织生产经营和处置产品、获得补偿"的权利。这些权利都是土地承包经营权人确定地享有的权利,也是土地承包经营权作为一种用益物权所必需的权利。这也符合物权法定中物权的内容依法律规定的基本原理。

从权利的性质观察,有学者认为土地承包权属于成员权。[3] 我国传统对民事权利的分类习惯分为财产权、人身权,王利明教授则将民事权利区分为财产权、人身权和综合性权利,土地承包经营权则按照这种分类标准被划分为综合性权利中的社员权。[4] 土地承包权因主体是农村集体经济组织成员而具有这一权利,主体享有这一权利具有专属性,土地承包权具有社会保障的属性,这也是符合我国传统对土地承包经营权的认识的。

(三)登记改革是实现"三权分置"的最佳路径

如前所述,以家庭方式承包的土地承包经营权和土地承包权的关系如何通过法律表达出来应当坚持以两种权利的属性的不同为原则。对于物权属性的权利应以登记作为彰显权利的方式,而对于成员权属性的则不必采取登记的方式。因此,笔者认为,土地承包权因其成员权属性尤其是兼具身份和社会保障因素的原因不需要登记。对于物权性质的土地承包经营权,则必须坚持将土地承包经营权作为独立的用益物权的前提下,根据物权法定以及物权公示的原则,将土地承包经营权纳入不动产的登记范畴,才可能使农民真正地对该权利享有充分的权利。土地权

---

[1] 参见王利明、周友军:《论我国农村土地制度的完善》,载《中国法学》2012年第1期。

[2] 参见王利明主编:《民法总论》(第2版),中国人民大学出版社2014年版,第113页。

[3] 参见戴威、陈小君:《论农村集体经济组织成员权利的实现》,载《人民论坛》2012年第1期。

[4] 参见王利明主编:《民法总论》(第2版),中国人民大学出版社2014年版,第113页。

利是涉及国计民生的重要权利，故法律无不要求国家出面承担登记的责任，以国家的信誉和国家行为的严肃性作为保障，使土地登记具有取得社会一体信服的法律效力。这种法律效力就是土地登记的国家公信力。这种公信力，是任何民间的证明都不可比拟的。土地登记具有国家公信力，这是土地登记制度的本质特征之一。对土地承包经营权进行确权登记，既是对土地承包经营权这一用益物权的确认，也是对农民土地财产权利的确认。根据《不动产登记暂行条例》的规定，集体土地的所有权以及耕地、林地、草地等土地承包经营权都是作为登记的对象，登记的事项则包括(1)不动产的坐落、界址、空间界限、面积、用途等自然状况；(2)不动产权利的主体、类型、内容、来源、期限、权利变化等权属状况；(3)涉及不动产权利限制、提示的事项；(4)其他相关事项。在“三权分置”的情形下，以往《物权法》所规定的“土地承包经营权自土地承包经营权合同生效时设立”的条款也应进行相应的修正，仅仅存在于家庭方式的土地承包权因为其身份性则可以继续采取这样的合同生效设立的方式，这也符合土地承包权成员权属性的特点。但是对于具有物权意义的土地承包经营权，则应当采取公示主义的原则。至于采取公示要件主义还是公示对抗主义，则应当在不改变既有规定的前提下进行。由于我国现行法律对土地承包经营权的登记所采取的方式并不统一，对采取互换、转让方式流转采取的是公示对抗主义，而对以招标、拍卖、公开协商等方式取得的荒地等土地承包经营权进行抵押登记采取的则是公示要件主义。至于最重要的土地承包经营权的取得，法律规定了以家庭方式承包的自合同生效时设立，却未对以其他方式承包的土地承包经营权进行规定，这违背了公示是物权享有和变动的基本原则的理论。《物权法》之所以对土地承包经营权采取了合同生效时设立或者登记对抗主义的，是有其特定历史原因的。一是由于我国农村地区并没有完整的不动产登记系统，如果强行要求农村不动产物权以登记作为公示方式，就会使大量的物权丧失其存在的基础；二是农村不动产物权主体在现行法下多限于本集体经济组织成员，大家彼此了解；三是考虑到登记需要相应的费用，而登记对抗主义可以减轻农民的负担。但时至今日，彼时的条件已经不再存在，据统计，全国家庭承包经营耕地流转面积4.43亿亩，占比达33.3%。如此巨大的流转比例和数量，也表明应当改变以往对土地承包经营权登记重要性的认识，尤其是不动产登记机构的设立以及《不动产登记暂行条例》的颁布，登记制度必将覆盖整体不动产；规模经营的要求也将给彼此了解的“熟人社会”关系带来松动，因此，对土地承包经营权进行登记势必将发挥越来越重要的作用。为了有利于土地承包经营权的物权属性的确定和流转的便利，保护交易安全并促进资源的优化配置，应当在确定登记的基础上对登记的效力进行规定。这一效力的规定的宗旨是使“土地承包经营权”可以流转，并且实现以家庭方式承包的承包经营权的流转不受限制的目的。由于我国现行法律规定了以家庭承包取得的土地的流转方式为转包、出租、互换、转让或者其他方式流转，而以其他方式承包之土地的流转方式则包括转让、出租、入股、抵押或者其他方式流转。以家庭方式承包的土地并不允许入股或者抵押。但是通过法律的修订，将使无论哪种方式取得的土地承包经营权都可以入股、抵押甚至采取更先进的流转模式，因此选择何种登记主义意义重大。笔者认为，仍应以登记要件主义为宜。一方面，我国《物权法》对不动产实行登记要件主义，并且与土地承包经营权经济属性类似的建设用地使用权也采取登记要件主义，对比之下则会发现从物的价值角度和市场运行机制角度来看，土地承包经营权也应当采取登记要件主义。另一方面，我国关于土地承包经营权的抵押采取了登记要件主义，而对互换、转让则采取了登记对抗主义，本身就带来了逻辑上的混乱。抵押权仅仅是使债权人享有优先受偿的权利，而互换或者转让是产生权利变更的效果，本着“举轻以明重”之原则也应当采取登记要件主义。最后，基于最终流转的安全性的考量，为了善意第三人免受不测的损害，对于土地承包经营权的设立应当采取登记要件主义，即土地承包经营权非经登记不得成立，以避免登记对抗主义甚至登记可有可无的模式可能给农户带来的损害。

五、结语

“三权分置”的对象应当限制在以家庭方式承包的土地承包经营权上，否则势必导致逻辑上的混乱。在相关法律的修订成为必然的前提下，采取“土地承包经营权—土地承包权”的模式是最经济的方式。只需要通过登记制度的改革，对物权性质的土地承包经营权的登记效力统一为登记要件主义便可避免交易中的种种不安全行为，而对仅具有表明身份权性质的土地承包权仍可采取原因的合意主义即可。

我国农村土地"三权分置"的实施路径及法治保障

吴晓敏*

目 次

土地是农业生产经济发展的基础，也是我国国民经济发展的重要保障。土地问题是"三农"问题中的核心，农村土地的市场化改革对提高农业生产率，实现集约化规模经营，提高农民财产性收入以及土地流转融资能力具有重要作用。党的十八届三中全会提出了承包权和经营权的分置，虽然政策选择已经确定了，但必须通过良好的制度设计和权利保障才能真正贯彻中央土地改革的精神，释放改革红利，惠及广大农民。

一、我国农村土地"三权分置"的提出背景

（一）我国土地改革的发展以及"三权分置"的提出

中华人民共和国成立以来，党和国家高度重视土地制度的改革，其关注的重点就是土地产权制度，从1949年到1953年，政府将封建半封建的地主土地所有制变为农民土地所有制，使广大农民摆脱了剥削，极大地解放了生产力，但小农经济分散性、脆弱性的弊端也显现出来，因此，在1953年到1956年，实行了农村土地合作社的形式将农民私有的土地集合起来变为合作社成员共同经营的资源，提高了土地的集中性，但公社制度也降低了农民的生产积极性。1958年人民公社运动极大地损害了农民的耕种热情，直到1962年确定了农村集体土地所有制，才实现了由农民所有到集体所有的转变，奠定了中国土地所有制的基础。[1] 1979年党的十一届三中全会后提出的家庭联产承包责任制打破了我国人民公社对土地的经营，实现了农村土地所有权和经营权

---

* 西南政法大学经济法学院法学硕士研究生。

〔1〕 参见胡国利、马三喜：《1949年以来中国农村土地制度变迁的几种推力》，载《开发研究》2012年第1期。

的分离，极大地调动了农民生产的积极性，同时也保障了土地的安全性。所有权和经营权分离的土地制度实现了解决农民的温饱问题和促进粮食增产的目的。但随着经济的发展以及城市化进程的加快，务工农民逐渐增多，农地流转规模也不断扩大，农村劳动力的大量缺失使农地规模化生产无法实现，农地利用效率低下，由于家庭联产承包责任制负担了社会保障功能并以实现公平分配为目标，作为我国的基本土地制度不可动摇和偏废，但如今土地承包经营权的保障功能逐渐弱化，农民的财产性需求更加强烈，为了实现土地流转的稳定性和开放性，促进土地的适度规模经营必须改革土地承包经营权的权益内容，将土地承包经营权分解成承包权和经营权，并在稳定承包权的基础上放活经营权。因此，在 2014 年 9 月 29 日召开的中央全面深化改革领导小组第五次会议上，习近平总书记正式提出农村土地所有权、承包权、经营权“三权分置”，指出要在坚持农村基本经营制度的基础上，落实集体所有权、稳定农户承包权、放活土地经营权。[1]

（二）“三权分置”的内涵

“三权分置”强调的是土地承包经营权和经营权的分离，在不改变农民土地承包经营权的前提下，将经营权从承包权中分离出来作为独立的权利类型分属于其他的经营权人，对新的经营权人的资格并不局限于集体经济组织的成员，具有对土地进行农业生产经营的资本、技术、经验和条件，保证农业生产用途的就可以成为新的经营权人。土地承包经营权依然作为用益物权，同时应当赋予经营权成为次生性的用益物权。[2] 这样就可以从权利固定上防止承包权人和经营权人随意撕毁流转合同带来的风险。中央一号文件中共中央、国务院《关于全面深化农村改革加快推进农业现代化的若干意见》中提到“允许承包土地的经营权向金融机构抵押融资”，如果经营权具有抵押的权能，其就应该具有物权的性质。

土地承包经营权和土地经营权的关系并不是分离后的对立，土地承包经营权依然具有占有、使用、收益的权能，《中华人民共和国农村土地承包法》中明确规定，“农村土地承包采取农村集体经济组织内部的家庭承包方式”“通过家庭承包取得的土地承包经营权可以依法采取转包、出租、互换、转让或者其他方式流转”“在同等条件下，本集体经济组织成员享有优先权”。这表明土地承包经营权在流转时权利整体移转，或为债权性权利转移，并不必然发生承包权和经营权分离的法律效果，这也说明了在“三权分置”下，承包经营权的分离并非农地流转的唯一形式。

应当确定经营权为物权性质的权利，与承包权分离后，两者具有不同的权利内容。当经营权人占有、使用土地时，承包人被排除在这些权能之外，但其具有相应利益的获取权。承包权和经营权分离，也不是承包地的租赁经营方式。经营人在占有、使用的债权性质外还享有处分权（担保抵押），使经营权具有物权属性，而非简单占有、使用土地的权利表征。这也是其与原本土地承包经营权中流转方式的根本区别。农村土地产权包含了占有权、使用权、收益权和处置权等，每

---

〔1〕参见2014年11月20日中共中央办公厅、国务院办公厅联合印发的《关于引导农村土地经营权有序流转发展农业适度规模经营的意见》。

〔2〕参见潘俊：《新型农地产权权能构造——基于农村土地所有权、承包权和经营权的权利体系》，载《求实》2015年第3期。

项权利的分权利既可以由一个主体享有,也可由多个主体共同享有。[1]

应当注意的是,“三权分置”一定是建立在农村土地集体所有的基础上,这个前提不能动摇。如果允许土地承包经营权直接自由流转,那么就会斩断原有集体成员与土地的联系,失去土地的农民得不到基本的保障,就容易引发混乱,集体也将逐渐瓦解。这就违背了我国“平均地权”,保障农民生存的土地政策和根本政治体制,这在一定程度上也会影响我国城镇化的效率,这也是不允许土地承包经营权进行抵押担保的根本原因,但随着工业化和城镇化的发展,农村土地又需要更大规模的流转,提高农村的利用效率,所以党中央提出在稳定土地承包经营权的基础上放活经营权,实现承包权和经营权分置并行,这样既可以满足农地流转融资的需要,实现农地利用的最大化,同时分离之后进行流转的只是经营权,承包权仍由承包人保留,不进入市场交易,又稳定了现今的家庭联产承包制度,是我国农村改革的又一次重大创新。

二、我国农村土地“三权分置”的可行性分析

(一)“三权分置”创新了土地产权制度,符合农业现代化的道路

“三农”问题是中国改革发展的根本性问题。1949 年废除半封建和封建土地制度,建立农村土地集体所有制并不断探索其有效实现形式,就是为了探索一条适合中国国情的发展道路,确保广大农民群众共享经济社会发展成果,避免两极分化,实现共同富裕。这就要求土地关系必须适应土地生产力的发展,才能有效推动农业现代化的进程。如今家庭联产承包责任制已经不能完全适应多样化的土地流转模式和经营的需求。大量农民进城务工,土地撂荒情况也越来越突出,同时土地分散的个体经营也越来越不适用市场经济的需求。其具有的社会保障功能和稳定农民生活最低水平的历史任务已经实现。在这种情况下,党中央看准形势,顺应民意,把土地承包经营权分离出土地经营权是符合农业现代化道路的发展趋势的。邓小平同志曾经指出:中国社会主义农业的改革和发展,从长远的观点看,要有两个飞跃。第一个飞跃,是废除人民公社,实行家庭联产承包为主的责任制。第二个飞跃,是适应科学种田和生产社会化的需要,发展适度规模经营,发展集体经济。如今在推进新型城镇化建设,统筹城乡发展,转变农业发展方式,实现农业现代化的背景下,要促进农村土地资源的优化配置和适度规模经营的集约化,在保障农民土地承包经营权不变的前提下,赋予土地经营者更多的可选择权能才能充分利用农村土地。这样可以兼顾农地制度的效率与安全,提高农业生产水平,促进城乡发展,有助于开辟中国特色新型农业现代化道路。

(二)符合产权激励的作用机制和生产资料所有制的发展规律

科斯指出,将权利配置给那些能够最具生产性地使用权利并且有激励他们这样使用的力的人才是契约安排的理想状态。[2] 因此,将土地所有权、承包权和经营权分置后就能够有效调整土地的产权结构,平衡各方的收益分配,最大化限度地利用土地,起到产权激励的作用。“在资本主义时代的成就的基础上,在协作和共同占有包括土地在内的一切生产资料的基础上,重新建立

〔1〕 参见刘俊:《土地承包经营权性质探讨》,载《现代法学》2007 年第 2 期。

〔2〕 参见卢现祥、朱巧玲主编:《新制度经济学》,北京大学出版社 2014 年版。

劳动者的个人所有制。"[1]马克思在《资本论》中解释了否定私人所有制之后如何建立公有制的模式。也就是一方面，要协作生产实现规模化的农地经营；另一方面，生产资料（包括土地）的物质形态不能分割，但其价值形态可以通过确权形式分解为个人所有，从而使个人通过流转获得收益。目前党中央提出的农村土地"三权分置"在坚持和完善最严格的耕地保护制度的前提下，赋予农民对承包地占有、使用、收益、流转及承包经营权抵押、担保权能，为农民提供了多样化的土地利用方式和财产性收益，生动而具体地实践了马克思"重新建立劳动者个人所有制"的思想，是社会主义公有制的有效实现，具有重大而深远的理论意义。

（三）有利于促进农村土地流转市场的发展，缓解农民融资贷款困难的局面

随着生产力的提高，农民在生产过程中对资金的需求力度也越来越大，但由于家庭联产承包责任之下的土地承包经营权不允许抵押担保，农民融资贷款的难度十分巨大。农村土地承包经营权作为农民最有价值的资产之一，在"三权分置"的情形下就可以将土地经营权进行抵押担保，承担农民融资流转的功能价值。在经营权抵押实现时，权利人获得的不是土地承包资格而是土地上的经营性收益，这样不仅没有破坏集体组织成员的资格界限，而且还优化了农村土地要素的资源配置，扩大了农村抵押担保物的范围，拓宽了农村土地所有制的有效实现形式，也有效解决了农村融资困难的现实问题。

三、我国农村土地"三权分置"的制度化配置

农村土地问题是"三农"问题的核心和农村改革的关键。土地制度结构的第一层次是所有制，第二层次是权力构成。由于第一层次是固定不变的，因此，土地改革只能在第二层次也就是土地权利的权能上做文章，即充实扩大土地使用权的权能，利用产权激励和稳定预期的功能以提高土地的利用率，调动土地使用者的积极性。[2]"三权分置"的实施就是在总结我国农村土地承包经营权改革实践经验的基础上，根据农村现实需要和未来发展作出的顶层设计，目的是进一步解放农村生产力，推进适度规模经营和保障农民财产权利双重需求。为了落实党的十八届五中全会的部署精神，加快落实"三权分置"的政策体系，就必须构建以产权确认、产权流动和产权实现三种制度为支撑的土地改革内容，实现制度化的配置，从而保障土地经营权有序流转。

（一）土地产权界定确认

"三权分置"的政策落实必须建立在土地权利体系清晰界定的基础上，明确农村土地权属确认、登记、管理体系，划清所有权、承包权、经营权的权利边界，保证各项权能独立行使，充分发挥各自的效用。只有明确界定所有权、承包权、经营权的权利边界和三者之间的权利关系，才能为"三权分置"构筑完整的产权基础。集体所有权的核心是处置权，对其他权利的不规范行使具有根本的约束与控制作用，农户承包权的核心是财产权，为了发挥其最基本的生活保障功能，经营权的流转不能影响农户承包地的财产权益；土地经营权的核心是收益权，提出的创新点就在于优化土地资源配置，实现"农地农民有、农地农业用"，提升土地的利用率的同时保障务工农民的财

---

〔1〕［德］卡尔·马克思：《资本论》，中国社会科学出版社1983年版，第825页。

〔2〕参见刘守英：《中国土地制度改革的逻辑与出路》，载《财经》2014年第14期。

产性收入水平的提高。

当前在全国范围内稳步推进的土地确权颁证工作,就是建立归属明晰、权责明确的农村土地权属界定体系的关键步骤,是启动“三权分置”改革的关键性前置条件,全国已有 2300 多个县(县级市、区、旗)开展了试点,涉及2.4 万个乡镇、38.5 万个村,完成承包耕地确权登记面积4.7亿亩。[1] 确权登记有利于厘清集体和农民之间的土地关系,让农民心中有数,放心流转承包地,有利于土地经营权的实现,为“三权分置”创造良好的前提条件,如果没有法律性产权确认和保护的基础支撑,“三权分置”改革或者将难以实质性推进,或者蕴藏诱发土地混乱无序流动的巨大风险。

(二)土地产权流转

“三权分置”的核心环节就是处理好土地流转经营的问题。要加速土地经营权能够规范有序地向专业大户、家庭农场、农民合作社、农业企业等新型经营主体流转。加快建立和完善体系化的土地流转制度平台,促进目前村服务站点、乡镇流转中心、县交易市场的流转交易体系的完善,强化信息发布、政策咨询、合同备案、价格评估、仲裁纠纷等服务机制的规范运行,尤其是要发挥经营权的抵押担保功能就要建立专业的经营权抵押的社会化机构为其提供信息咨询,对经营权的价值进行合理评估、纠纷处理、交易指导等服务,实现经营权的变现功能,引导土地经营权更多地通过安全有效的公开市场流转,以市场需求为指向在更大范围流动,推进多种形式的土地适度规模经营合理发展。同时,在完善市场流转市场的同时要加强各级政府在土地流转中的监管责任,防止耕地经营“非粮化”倾向,严厉查处违法“非农化”行为。

(三)“三权分置”产权功能的实现

“三权分置”需要在明确各自权利核心的前提下通过完成从产权确认到产权流动再到产权实现的完整过程,实现农村土地由零碎经营到规模经营、由低效经营到高效经营、由小农经营到产业化经营的根本转变。因此,要实现“三权分置”规模化集约经营的目的就必须加强对农业的全方位支持和保护力度。首先,要加强对农业基础设施资金的投入力度,拓宽“三农”投入渠道,探索采用 PPP(Public-Private Partnership,政府与私人合作建设基础设施)、基建贷款贴息、政府购买服务等多种方式,带动金融和社会资金更多地投向农业农村。其次,要为不同类型的经营主体提供多元化发展的条件。通过金融机构、产品、服务创新,面向规模经营主体设立大额、中长期贷款,给予利率优惠和财政贴息,开发资金互助、信用合作、融资租赁、土地经营权抵押担保、互联网金融等多种金融业务,同时加强对经营权的后续保障制度的建立,探索开展产量保险、价格保险、收入保险等新型保险产品试点,降低新型经营主体的经营风险。最后,要大力培育多元化经营主体的农业生产水平和技能。农民家庭承包的土地可以由农民家庭经营,也可以通过流转经营权由其他主体经营,但无论承包土地经营权如何流转,集体土地承包权都属于农户家庭。在“三权分置”下,就承包农户特别是转移进城的农民而言,要最大限度地保护和体现其承包土地的财产权益。应当考虑到在广大青壮年劳动力外出打工、留守老人和妇女又不愿意完全放弃土地经营

---

[1] 参见韩长赋:《土地“三权分置”的又是中国一次重大创新农村改革》,载传媒人论坛:http://www.mediach.com/cmwx/65724.html,最后访问日期:2017 年 12 月 18 日。

权的地区，要加强对他们生产技术手段的培训和扶持，学习新型农机化操作，新型农作物种植。[1] 大力发展多种形式的社会化服务，引导普通农户加强联合与合作，可以尝试通过土地股份合作、土地托管半托管、联耕联种等形式，实现土地经营权在兼业农户、新型主体之间的共享，发展以服务集中为特征的农业规模经营。对于不愿意或者不想将土地经营权分离的农户，使其在继续经营自己的土地时提升农业经营的专业化、组织化和集约化水平。无论是土地集中型还是服务型，都要坚持和创新多种形式和适度规模，引导农民提质增效，持续增收，增强农业竞争力，走中国特色农业现代化道路。

四、我国农村土地“三权分置”的法治保障

（一）完善物权法律体系，为“三权分置”的实施提供合法基础和标准

“三权分置”要想得到真正彻底的贯彻实施，取得一定效果，就必须有法律上的基础和保障，否则无法建立与经营权的流转和抵押相关的各项体系，导致其权利的实现困难重重。目前，我国现行《中华人民共和国农村土地承包法》《中华人民共和国物权法》《中华人民共和国土地管理法》等涉及农村土地产权的法律中，均未对农村土地所有权、农村土地承包权、农村土地经营权的权利内容进行界定，也未对其权能边界进行明确划分。土地经营权这项从土地承包经营权上分离出来的权利，在法律上的规制基本上还是一片空白。虽然我国各地也在积极探索“三权分置”的有效实践形式，[2] 但毕竟没有明确的法律保障，出现纠纷得不到解决的情况和风险的可能性大大增加，因此，必须在法律上对经营权进行明确的权利定位并对相应的内容边界作出规定。例如，法律可明确规定土地经营权人的权利义务为：按时足额支付租金，并保持合理的浮动；合法利用农地，不得改变农地用途，确保农地农用；合理利用农地，不得对农地造成永久性损害，确保农地可持续利用。

土地经营权应被界定为从土地承包经营权中分离出来的新的用益物权。经营权必须通过合同方式取得，即土地承包权人与受让人必须订立合同。此外，经营权的获得应进行登记，未经登记不产生效力。将土地经营权定义为用益物权可以使土地经营者安心投资，保障经营，防止土地承包经营权人任意撕毁合同的风险，保障土地经营权的合法权益。土地承包经营权是在农村土地所有权上设立的用益物权，在这一权能基础上可以再分离权利，设立新的用益物权。但这并不是将农村土地承包经营权分离为承包权和经营权，而是将农村土地承包经营权的占有、使用和收益权能分离出去，形成经营权。在经营权分离之后，农村土地承包经营权并不因此消灭。经营权到期后，承包经营权人的权能就自动恢复。但由于经营人在占有、使用的债权性质之外还享有处分

---

[1] 参见仲济香：《农村土地“三权分置”下的农民利益保护研究》，载《改革与开放》2015 年第 15 期。

[2] 例如，珠三角地区探索以土地承包经营权入股、集体统一经营的土地股份合作制；上海松江探索引导农户将土地经营权流转给村集体，统一整理后再发包给有经营能力农户的家庭农场制；湖北沙洋探索农户承包权不变、协商交换经营权，小块并大块，实行“按户连片”耕种制；四川崇州探索以土地经营权入股合作社，农户、合作社、职业经理人和专业服务组织共同经营的“农业共营制”；河南商水、山东济宁探索土地经营权主体不变，农户通过市场购买服务，委托专业服务组织、合作社全托管、半托管开展农业生产经营等，都是“三权分置”的有效实现形式。

权，以致经营权具有物权属性，而非简单占有、使用土地的权利表征以区别于承包地的租赁经营形式。

有些学者认为物权具有排他性，根据一物一权原则，同一物权上不能设立两个相似的物权，[1]因此，如果土地承包经营权和要分离出去的土地经营权的权利内容相似，对象都是农村土地，两者必然冲突违反一物一权原则。但如果两者权利的对象不同，则尽管都是用益物权，两者也不会产生冲突和矛盾。土地承包经营权与经营权作为不同用益物权的制度安排便能够成立。民事权利的对象也就是客体有顺序之分，其“得以物、精神上创造或权利为其支配的客体，是为第一阶层的权利客体。权利本身则得作为权利人处分的对象，乃第二层的权利客体”。[2] 在一般情况下，事实上存在的物为第一顺位的权利客体，所有权和所有其他的支配权属于第二顺位的权利客体，它们是把第一顺位的权利客体作为自己的客体的。具体到土地承包经营权和土地经营权上，它们作为独立的用益物权就需要以扩展用益物权的客体范围为前提。用益物权的功能在于充分利用客体的价值，而特定权利也应当可以成为用益物权的客体，即在一定期限内行使客体权利并取得收益的权利，而作为客体的权利的作用对象则是特定的有体物，根据法定的间接方式取得对有体物的实际占有、使用和收益的权利。早在古罗马时期，用益权客体的范围经历了逐渐扩大的演进过程，其客体不仅包括消费物，亦包含权利。[3] 通过权利用益物权的建立可以提供行使土地权利的有效方式，提高土地的利用率。在现行丰富的审判实践中，也已经存在以判例的方式赋予土地经营权的物权效力的情况。

（二）完善土地经营权的抵押担保机制

2014 年中央一号文件提出“允许承包土地的经营权向金融机构抵押”，这里不仅包括土地承包经营者将自己的经营权进行抵押，还包括分离出的土地经营权的经营者进行抵押。前者作为法定的用益物权，政策上可以赋予其抵押担保权能，不存在法律制度上的冲突。后者作为债权，政策上赋予其抵押权能，存在法律冲突。因此，要从法律上尽快确定土地经营权的用益物权地位。各地普遍视为允许“土地经营权”抵押。有的地方政府出台文件规定，农村土地承包经营权确权登记颁证工作要给承包方发土地承包权证，给经营者发土地经营权证，允许经营者以土地经营权向银行申请抵押贷款。这种经营者对其土地进行经营权抵押的行为风险较大。[4]

为解决融资困难，可允许承租人采取土地租赁合同质押贷款、土地经营收益评估贷款、经营者信用贷款等方式，而不宜简单地允许其以土地经营权向金融机构申请抵押贷款。另外，经营权的抵押担保机制需要以经营权的确权颁证工作为前提，确定土地经营权的主体、经营土地范围、期限，明确土地经营权人的权利义务，这样才能为后续的担保奠定权利基础。通过专业的经营权

---

〔1〕 参见陈小君：《我国农村土地法律制度变革的思路与框架——十八届三中全会〈决定〉相关内容解读》，载《法学研究》2014 年第 4 期。

〔2〕 王泽鉴：《民法总则》，中国政法大学出版社 2001 年版，第 205 页。

〔3〕 参见周枏：《罗马法原论》（上册），商务印书馆 1994 年版，第 399 页。

〔4〕 山东枣庄市峄城区一个粮食种植专业合作社以流转来的 1600 亩耕地经营权抵押贷款，2013 年 6 月因还不上 300 万元贷款，其理事长跑路。

价值评估机构对将要进行担保的经营权进行定价收益分析，最后，当实现抵押权时应将抵押偿还顺序确定为土地上附着的收益物，再依次取得经营权的使用权、占有权和处分权。这样规定的好处是可以减缓经营权变现的困难，提高融资的效率。

（三）建立政府对农业土地的监管制度

加快健全工商资本租赁农地监管和风险防范机制，建立工商资本租赁农地上限控制级备案、审查审核、风险保障金、事中事后监管等制度。当权力规范体系完备之时建立制定农村土地经营法或者在《中华人民共和国农村土地承包法》中增设一章“土地经营权”，完整确定“三权分置”的合法性。当条件不成熟时，应该制定相应的政策或规定对工商资本进入土地经营流转环节进行监督管理，至少规定工商资本获取农村土地经营权需向有关部门提交申请，经审核通过后，才允许其获得农村土地经营权，审核标准包括是否具有农业经营的经验和条件、是否能够保证农地的农业用途等；规定经营权转让的最低期限和最高期限，在期限内，农村土地的经营所得归经营权主体所有，经营权主体可以将农地经营权用于抵押担保。[1]

---

〔1〕 参见陈金涛、刘文香：《农村土地“三权分置”的制度设计与实现路径探析》，载《求实》2016年第1期。

农村土地“三权分置”下权利主体之风险防范：规则审视与制度设计

翟　帅*

目　次

权利永远不能超出社会的经济结构以及由经济结构所制约的社会的文化发展。〔1〕“三农”问题一直是我国经济社会发展不可回避的“瓶颈”，促进农业增效，带动农民增收，推动农村繁荣必须激活农村要素资源，尤其是土地资源。只有提高对农村土地的利用效率，唤起沉睡的巨量资本，才能为农村发展注入活力，才能为我国改革的推进开辟新道路。党的十八届三中全会通过的《全面深化改革若干重大问题的决定》明确了农村土地制度的改革方向。2015 年中央一号文件明确了在落实农村土地集体所有权的基础上，稳定农户承包权，放活土地经营权，鲜明地提出了农村土地“三权分置”的改革方向，具有强烈的时代性。由于农村土地“三权分置”的法律规范体系不科学，“政策代法”现象严重；相关重要概念模糊；内容滞后甚至冲突，导致权利主体利益纠纷频发。因此，很大必要在现行规范体系下明确权利主体，厘定权利内涵，分析总结相关主体面临的潜在风险，为法律规范体系的完善提供可资借鉴的参照。

一、农村土地“三权分置”的演进

（一）农村土地的“两权分置”

原始社会包括土地在内的生产资料公有，由具有血缘关系的人们共同劳动和平均分配劳动成果。春秋战国时期的奴隶社会，土地表现为最高统治者个人所有，即“普天之下，莫非王土”，

---

* 郑州航空工业管理学院法学院讲师、航空经济发展河南省协同创新中心研究员，法学博士。

〔1〕 参见《马克思恩格斯全集》（第 3 卷），人民出版社 2002 年版，第 305 页。

这亦是分封制得以实现的物质载体和制度基础。随着生产力的发展,封建社会土地私有制开始出现,并与国家土地所有制并存,两者消长互生。直至中华民国成立,在平均地权思想指导下,土地私有制得到了切实地贯彻,只不过土地的集中和兼并现象较为突出。中国共产党成立后,以"耕者有其田"的土地政策,积极推进土地革命。到1950年颁布的《中华人民共和国土地改革法》实现了广大农民的土地所有制,农民获得了千百年来梦寐以求的土地及所有权,激发了农民的生产热情。1954年《中华人民共和国宪法》(以下简称《宪法》)第8条规定:国家依照法律保护农民的土地所有权。但随着1956年农业合作化浪潮的兴起,不仅土地所有权,还包括基本的农业生产资料所有权都沿着"初级社—高级社"的道路收归集体所有;而且通过思想宣传、政策优惠的诱导以及统购统销政策,切割了农民自由通往市场的可能,促使集体最终代替农民成为所有权主体。在公有化改造的后期,农民合作社又集中了人民代表大会制度和行政管理的职能,形成了政经合一和政社合一的人民公社。传统意义上的农民成为人民公社的成员——社员。在土地所有权关系上,农民与国家间二元关系让位于国家和集体的二元关系,农民依附于集体,为集体工作,挣集体工分。

改革开放后,要求经济改革的呼声已然处于蓄势待发的喷薄状态,随即农村土地改革先行一步,将人民公社确定的集体所有土地制度改革为集体所有下的家庭联产承包责任制,使土地的所有权和承包经营权相分离,农民可以承包经营土地,但不得以出租、抵押等形式转移承包经营权,并以一系列法律法规和政策限制土地经营使用权的流转。1982年《宪法》第10条明确规定土地不得买卖、出租、抵押或者以其他形式非法转让,不仅针对土地所有权,更包括土地经营使用权。通过制度改革,农村土地形成了所有权和承包经营权"两权分置"的状态。虽然1985年国家宣布人民公社制度解体,但这种制度仍然保留了下来。

（二）农村土地的"三权分置"

为稳定农村社会和促进农业发展,对土地承包经营权的流转逐渐出现了政策上的松动。1984年国家出台《中共中央关于一九八四年农村工作的通知》提出:社员在承包期内,因无力或转营他业要求不包或少包土地的,可以经集体同意,由社员自找对象协商转包,但不能擅自改变向集体承包合同的内容。1988年《宪法》进行修正,明确规定土地的使用权可以依照法律的规定转让,以根本法的形式确定了土地经营使用权流转的合法性,为具体制度的细化提供了法理支撑。1993年党的十四届三中全会发布的《中共中央关于建立社会主义市场经济体制若干问题的决定》指出:允许继承开发性生产项目的承包经营权,允许依法有偿转让。2001年发布的《中共中央关于做好农户承包地使用权流转工作的通知》指出:允许土地使用权合理流转,是农业发展的客观要求。2003年颁布的《中华人民共和国农村土地承包法》(以下简称《农村土地承包法》)正式实施,确定了土地承包经营权可以转包、出租、互换、转让或其他方式流转。2014年中央一号文件即《中共中央、国务院关于全面深化农村改革加快推进农业现代化的若干意见》指出,必须赋予农民对承包地占有、使用、收益、流转的权能。随着改革的深入,在农业产业结构调整和城镇化快速发展背景下,农村劳动力大量离土离地,事实上存在土地抛荒以及流转的问题,使土地承包主体和实际经营主体相分离。截至2015年年底,全国家庭承包经营耕地流转面积4.43亿亩，占比达33.3%。[1] 为了更进一步激活农村发展动力，客观上要求我国法律必须放松对农民土地承包经营权流转的限制，创新性地将承包经营权分为相对独立的土地承包权和土地经营权，坚持承包权特殊获得制度，赋予经营使用权灵活使用制度，形成农村土地所有权、承包权和经营权的“三权分置”格局。

可以看出，改革开放之前，农村土地是集体所有权和承包经营权的统一，土地集体所有、集体统一经营，在迁徙限制和户籍管制政策配合下，农民具有人身依附性地固定在集体之下。为调动农民的生产积极性，国家建立健全了家庭联产承包责任制，使农村土地的所有权和承包经营权开始适当分离。这是农村土地的“两权分离”，使农民的基本生活有了保障。只不过这种“两权分离”仅限于土地承包经营权，而对于农村土地集体经营性建设用地使用权以及宅基地使用权的流转问题则基本上没有涉及。因此，从法律用语概念的准确性上来讲，“三权”应该是指土地所有权、土地使用权和土地经营权；而不是仅指所有权、承包权和经营权。土地使用权不仅包括土地承包权，还包括宅基地使用权和集体经营性建设用地使用权，这也符合《宪法》规定的土地使用权可以依法流转的规范含义。只是由于土地承包权作为政策和法律破冰的开始，具有重要的历史意义，作为约定俗成的称谓保留了下来而已。2015年中央一号文件提出构建新型农业经营体系，进行集体经营性建设用地入市以及宅基地制度改革试点，赋予符合规划和用途管制的农村集体经营性建设用地出让、租赁、入股权能。随后，中央办公厅和国务院办公厅联合颁布《关于农村土地征收、集体经营性建设用地入市、宅基地制度改革试点工作的意见》，标志着我国农村土地制度的改革逐渐深入。这些文件开始深入推动农村集体经营性建设用地使用权和宅基地使用权的流转。所以，我们对“三权分置”中承包权的理解不能过于狭隘，而必须适时地吸收新的内涵。

二、农村土地利用类型及土地“流转”概念之厘定

（一）农村土地利用类型

农村土地一般分为农用地、建设用地以及未利用地。建设用地大致包括农村公益设施用地，如学校、村委会、垃圾处理中心等；集体经营性建设用地，如乡镇企业为经营而占用的规划为建设用地的土地；以及宅基地，即农民为了建造住宅的土地。未利用地一般指农村的“四荒”地。

（二）土地“流转”概念之厘定

1. 农村土地“流转”之内容

“流转”一词，通常是指事物形态的变动，在法学的一般语境下均指使所有权抑或基于所有权之上的权利的变动。因此，土地流转既包括土地所有权的流转，亦包括土地使用权的流转。但对于农村土地，基于我国特殊的历史发展脉络所形成的所有权格局，即农村土地集体所有制，“农村土地流转”一词有着自身独特的内涵。随着城镇化建设的扩大，农村土地转化为国有土地后再依据招、拍、挂出让过程中表现的农村土地所有权的转移，是农村土地所有权转移的唯一形式。这种农村土地所有权转移的法律渊源是《宪法》第10条（国家为了公共利益的需要，可以依照法

[1] 参见韩长赋：《土地“三权分置”是中国农村改革的又一次重大创新》，载中国经济网：http://www.ce.cn/xwzx/gnsz/gdxw/201601/27/t20160127_8593780.shtml，最后访问日期：2017年6月15日。

律规定对土地实行征收或征用并给予补偿。任何组织或者个人不得侵占、买卖或者以其他形式非法转让土地。农村土地的使用权依照法律的规定转让)，学界专门谓之“土地征用或土地征用”，而非“土地流转”。因此，我们必须明确，在我国“土地流转”是指在土地公有制下(属于国家和集体)对土地使用权的流转，而非所有权的流转，包括土地承包经营权的流转、建设用地使用权的流转以及宅基地使用权的流转。这也契合《中华人民共和国物权法》(以下简称《物权法》)将物权设定为所有权、用益物权和担保物权三种类型的立法精神。

2. 农村土地“流转”之阶段

就认识和研究活动而言，人们所采取的方法本身是否科学，是决定认识和研究活动能否成功的关键。[1] 从农村土地使用权(含承包权)的来源来看，其是特定人群基于一定的身份或依据法律规定取得的。例如，土地承包经营权和宅基地使用权是基于身份而免费取得的。农村建设用地使用权和“四荒”土地招标拍卖流转法律明确，程序特定，参与利用的人较为局限，较少具有竞争性，甚至是无偿转让使用权。集体经营性建设用地使用权的获得也具有局限性。这种依据身份和特定法律规范取得的农村土地使用权面对集体这一所有人，对实现土地资源优化配置的意义不具有深刻影响，可以视为农村土地的初始性流转。若激活农村活力，必须扩大权利行使的空间，目前的改革也正是朝着这一方向努力。为了让农村土地使用权真正成为农民增收、农业发展和农村繁荣的利器，必须让农村土地使用权发挥作用。我们的研究重点应该放在取得土地使用权后将使用权再次流转的行为上。因此，笔者认为，农村土地流转主要是指在坚持土地集体所有制的前提下，初始获得农村土地使用权的特定人群将该使用权再次转让的行为。

三、农村土地“三权分置”下权利主体之厘定

权利主体的精准界定是交易的基本前提，农村土地流转的顺利进行和高效推进需要我们明确权利主体，分析相关权利主体面临的风险并加以完善，真正激活农村土地要素资源。“三权分置”，即土地所有权，土地使用权和土地经营权，关于农村土地利用的规范散见于《物权法》《中华人民共和国担保法》(以下简称《担保法》)、《中华人民共和国土地管理法》(以下简称《土地管理法》)、《农村土地承包法》等法律以及行政法规中，“三权”的权利主体在目前的法律规范体系下存在许多语焉不详的地方值得深入研究。

(一)农村土地所有权主体

土地的征收主要在政府和所有权主体之间，《物权法》也规定了土地补偿的对象是集体土地所有权，准确地确定农村土地所有权是基本的前提。《宪法》第10条第2款规定：农村和城市郊区的土地，除由法律规定属于国家所有的以外，属于集体所有；宅基地和自留地、自留山，也属于集体所有。至于这个集体是何种性质，是法人还是非法人组织抑或独立的机构，相关法律没有进行说明。《物权法》第60条规定土地所有权属于“农民集体所有”。也就是说，土地所有权人是“农民集体”。但2010年中央一号文件提出：把农民集体土地所有权证确认到每个具有所有权的

---

[1] 参见周叶中：《宪法》，高等教育出版社、北京大学出版社2000年版，第29页。

集体经济组织。2011年国土资源部、财政部、农业部《关于加快推进农村集体土地确权登记发证工作的通知》要求：到2012年年底全国范围内农村集体土地所有权证确认到每个具有所有权的集体经济组织。2011年国土资源部、中央农村工作领导小组办公室、财政部、农业部《关于加快推进农村集体土地确权登记发证工作的通知》指出：把农村集体土地所有权确认到每个具有所有权的农民集体，按＊＊村(组、乡)农民集体填写。

由于各地做法不一，导致实践中对农村集体土地所有权到底是“农民集体”还是“集体经济组织”存在严重分歧，“农民集体”和“集体经济组织”究竟是同一事物还是性质相异的事物？可惜的是，我国目前的法律规范体系还未能给出确切答案。在实践中，中西部地区由于土地经济价值尚未凸显，多以“农民集体”为土地所有权主体。经济尚好的中西部个别区域，一些村委会代表农民集体将部分土地使用权出资入股到本村集体成立的集体经济组织中。在这种情形下，“农民集体”和“集体经济组织”是截然不同的两个主体。在经济发达地区，由于很多省份将农村土地确权后以村为单位成立了各种类型的合作社，并登记为法人组织，村民作为法人的股东，即本文所说的“集体经济组织”，在土地所有权确权中也存在将土地所有权登记为各类合作社情况。在这种情形下，“农民集体”和“集体经济组织”是“一套人马、两块牌子”。在第一种情形下，“集体经济组织”出现破产或资不抵债时不会波及农民集体所有的土地所有权；而在第二种情形下，“集体经济组织”所有的土地所有权就会受到直接威胁。

(二)农村土地使用权主体

农村土地使用权主体包括土地承包经营权主体、集体经营性建设用地使用权主体以及宅基地使用权主体。下面将分别阐述三类农村土地使用权的主体。

1. 土地承包经营权主体

《中华人民共和国农业法》第10条规定：国家实行农村土地承包经营制度，依法保障农村土地承包关系的长期稳定，保护农民对承包土地的使用权。鉴于土地承包经营权的叫法由来已久，因此，没有必要将土地承包经营权改称为土地承包使用权。土地承包权是农民最重要的财产权利，是以土地集体所有为基础的权利。这也是农村土地“三权分置”制度最初形成的基础权利之一。目前法律规范体系下能够获得农村土地承包经营权不局限于农村集体组织成员。“四荒”土地主要是以招标、拍卖和公开协商的方式实现，而且农村集体经济组织成员在同等条件下享有优先承包权，法律规范较为明确，存在的问题也不突出。所以，对“四荒”地承包权本文不作过多的分析。土地承包经营权是以集体成员身份获得的，但是承包经营权主体是农户。《农村土地承包法》第3条规定：农村土地承包采取农村集体经济组织内部的家庭承包方式。

2. 集体经营性建设用地使用权主体

《物权法》第151条规定，集体所有的土地作为建设用地，应当按照土地管理法等法律规定办理。《土地管理法》允许集体所有的土地可以用于非农建设，主要包括宅基地使用权、公益事业建设用地使用权和集体经营性建设用地使用权。

乡村公益事业建设用地由于所有权和使用权是统一的，因此，乡村公益事业建设用地使用权原则上不涉及流转问题，本文也不再赘述。对于集体经营性建设用地使用权，根据《土地管理法》第60条规定，农民集体可以将土地使用权以投资入股方式设定建设用地使用权，土地所有权仍属于农民集体。集体建设用地使用权人限于土地所有权人及其成员，除此之外，任何单位和个人进行建设，不得使用农民集体所有的土地。

3. 宅基地使用权主体

《土地管理法》第 62 条规定：农村村民一户只能拥有一处宅基地。但是第 62 条也规定农村村民出卖、出租住房后，再申请宅基地的，不予批准。究竟是"户"申请宅基地，还是"村民"申请宅基地。户的内涵在我国并非严格意义的法律用语，《户口登记条例》也没有相应的界定。一般以是否为同一户口记录簿来判断是否为一户。但是，许多农村鳏寡孤独者可以为一户，五口之家也可以为一户。由于没有明确的规范指示，各地判断标准严重不一。有的地方规定子女满 18 周岁即可申请宅基地；有的地方规定户口单列（分家）时方得申请宅基地；有的以子女结婚后方可申请宅基地。加上我国目前宅基地退出机制缺失，农村宅基地使用规模越来越大，甚至占用耕地。不少地方为保护耕地出台"冻结"宅基地审批制度，造成上访事件亦层出不穷。

（三）农村土地经营权主体

随着经济发展和城镇化提高，农村人口向城市迁移，传统上家家包地、人人种田的生产方式发生了巨大变化。在工业化、城镇化以及工业现代化发展目标的激励下，已经实施 30 多年的"集体所有、农户承包经营"的双层经营体制，正朝着"集体所有、农户承包、多元经营"体制转变。农业生产格局中涌现了新型经营主体，各种合作社、企业以及家庭农场不仅促进了农村经济发展，也带动了农业生产的集约化、规模化和专业化。全国各地探索将土地使用权进行流转的新型模式层出不穷，给"三农"发展注入活力，其中以土地承包权的流转所产生的影响较广泛和深远。从法理上来讲，农村土地使用权的流转不存在宪法上的障碍，只需要根据实践调整相关法律即可。宪法采取授权立法的模式，即土地使用权可以依照法律的规定转让。目前关于农村土地使用权流转方面的规范主要调整的是农村土地承包权的流转，而关于经营性建设用地使用权以及宅基地使用权流转方面的规范则较贫乏，多以政策性规定为主。在任何国家、任何地区，土地的供给和流动，都不可能使绝对彻底的市场机制。[1] 农村土地经营权主体既可以是组织，也可以是个人，在选择范围上较宽泛，但农村土地经营权主体还是存在一定的身份限制或资格限制。

2002 年《农村土地承包法》颁行，将土地承包经营权的流转以法律的形式确立下来。《物权法》第 128 条规定：土地承包经营权人依照农村土地承包法的规定，有权将土地承包经营权采取转包、互换、转让等方式流转。为了保护土地资源的有效使用，土地承包经营权的承包方有严格的资质要求，土地承包经营权的流转合同的受让方必须具有农业经营能力。而且不得改变土地用途，且在同等条件下本集体经济组织成员享有优先受让权。

集体经营性建设用地使用权，亦是从禁止流转向规范有序流转进行转变。担保法和物权法规定乡镇、村企业的土地使用权不得单独抵押。以乡镇、村企业的厂房等建筑物抵押的，其占用范围内的土地使用权同时抵押。《土地管理法》第 63 条规定：农民集体所有的土地的使用权不得出让、转让或者出租用于非农业建设；但是，符合土地利用总体规划并依法取得建设用地的企业，

---

〔1〕 参见蒋巍巍：《集体土地使用权及集体非农建设用地流转问题分析》，载《中国土地科学》1996 年第 51 期。

因破产、兼并等情形致使土地使用权发生转移的除外。这是从土地的使用目的和转让的被动性角度限制土地使用权的转让。2004 年 10 月国务院发布的《关于深化改革严格土地管理的决定》第 10 条提出在符合规划的前提下，村庄、集镇和建制镇中的农民集体所有建设用地使用权可以依法流转。党的十八届三中全会通过的《中共中央关于全面深化改革若干问题的决定》指出，在符合规划和用途管制前提下，允许农村集体经营性建设用地使用出让、租赁、入股，实行与国有土地同等入市、同权同价。2014 年 1 月公布的中共中央、国务院《关于全面深化农村改革加快推进农业现代化的若干意见》指出，规范农村集体经营性建设用地入市；改革农村宅基地制度，在保障宅基地用益物权前提下，选择若干试点，慎重稳妥推进农民住房财产权抵押、担保和转让。因此，对于集体经营性建设用地使用权主体的确定仍然仅有有限的几种方式。

《土地管理法》规定宅基地属于集体所有，不得转让、买卖、出租和抵押。宅基地只能由村民申请，城镇居民不得在农村购买和违法建造住宅。按照《物权法》规定，宅基地只能在集体组织成员内部流转，不能向城市居民和集体组织以外成员转让。《土地管理法》规定：如果继承人和受赠予人不是本经济组织成员，允许当事人继承和接受房屋，但是宅基地使用权灭失。因此，宅基地经营权主体仅限于集体组织内部成员。

四、农村土地“三权分置”下权利主体的风险和防范

农村土地的“三权分置”适应了现代农业发展的趋势，是农业经营制度的创新。集体所有权的关键是处分权，是农村土地上权利的来源；承包权的核心是财产权，是农民生活的基本保障；经营权的核心是收益权，是通过土地资源的优化配置而实现的效益提升。但土地所有权、土地使用权以及土地经营权在流转中均会面临诸多问题，产生诸多利益纠纷。每一方只有在其与另一方的联系中才能获及自己的规定，这一方只有反映了另一方才能反映自己，另一方也是如此；所以每一方都是其对方的对方。[1] 值得说明的是，虽然对“三权”内容分别阐述，但是“三权”的主体所面临的风险并非是截然分离的，而是存在一定的交叉和联系，某个权利主体的风险有可能有其他权利主体所引起或者造成其他权利主体的风险。虽然细分“三权”内容有时显得重叠，但却有利于在我国对“三权”主体风险研究不足的现状下，深入剖析各个权利主体的潜在风险，为寻求制度上的完善提供理论支持。

（一）农村土地所有权主体风险及防范

由于农村土地所有权主体尚不清晰，无论“农民集体”和“集体经济组织”是否为同一组织，在风险社会中随着社会化资本的大量涌入，在农村土地流转和经营中，作为权利主体如何承担责任成为一个“两难命题”。市场经济是权利经济，是契约经济、竞争经济，也是市场主体地位平等、意志自由的经济。[2] 《宪法》确立的农村土地所有权禁止转让，这是农村土地关系中不可逾越的底线；而在市场经济中，如果土地所有权主体进行经营性活动，在面对亏损后不能以主要的财产——土地所有权承担责任。权利主体就不具备最基本的市场经济主体地位，不能承担责任，

---

〔1〕 参见［德］黑格尔：《小逻辑》，贺麟译，商务印书馆 1980 年版，第 255 页。

〔2〕 参见李龙：《法理学》，武汉大学出版社 1996 年版，第 58 页。

既会对债权人的利益造成隐形伤害，又不构成对权利主体的惩罚。农村的发展、农业繁荣和农民增收在资本逐利的市场环境下更是无从谈起。因此，如何平衡“农民集体”和“集体经济组织”的关系，防止经济规则对农村土地所有权的冲击就成为关键。既要照顾到经济运行规律，又要防止土地所有权非法流转。既要保护债权人利益，也要促进土地所有权主体谨慎合理地参与经营。所有权的权能在于占有、使用、收益和处分，农村土地所有权的处分权能可以说是处于“冻结”状态，不能参与经营流转。但是土地的占有、使用和收益权能可以处分流转，一旦土地所有权主体出现资不抵债，就可以以土地的占有、使用和收益权能带来的利益进行赔偿。随着土地所有权之上的用益物权确权工作的推动，土地用益物权的经济价值会日益凸显。有人担心土地用益物权的流转会造成土地所有权“事实上”的转让。这一问题在我国土地用益物权的期限性正好可以有效解决这一问题。《物权法》第126条确定的耕地承包期为30年。草地的承包期为30年至50年。林地的承包期为30年至70年。土地所有权主体参与经营时以约定期限的用益物权承担相应责任，用益物权届满之时，土地所有权恢复圆满状态。此后，土地所有权主体又可以以新的用益物权进行投资和承担风险。因此，必须通过立法明确农村各种类型组织以土地使用权作为财产来源的，面临破产、兼并等情形均不得损害农村土地所有权，且限于该土地使用权的剩余期限。

（二）农村土地使用权主体的风险及防范

1. 土地承包经营权主体的风险及防范

农户作为土地承包经营权主体，法律上没有明确界定农户的范围和标准。农户所有的承包地如何继承，农户的承包地由谁决定流转。农户是农村中以血缘和婚姻关系为基础组成的农村最基层的社会单位。[1] 农户范围确定的标准一般以户籍为准，但在实践的操作上却十分模糊。导致农村土地继承范围远远超出户籍的限制，使土地流转不受承包期的限制。因此，为了保护集体土地所有权和集体其他成员，法律规范必须明确农户的范围以及农户承包地继承和流转的方式，更要明确农户人口迁移或死亡情形下承包地回归集体的制度。

在法规范领域，一种绝对性义务并不符合正义之要求。[2] 土地承包经营权的流转依赖于合同，虽其权利义务均有双方自愿约定，但法律法规亦设定了消极条款，转让方和受让方均不得违法，否则合同无效。这即是突出承包权主体的风险，也是土地经营权主体面临的风险。主要集中在两个方面：一是对法律法规禁止性规定的违反。例如，《物权法》规定，只有以其他方式取得的“四荒”土地承包经营权才能设定抵押，以家庭承包方式取得的土地承包经营权不得抵押。《农村土地承包法》第37条规定，采取转让方式流转经营权的，应当经发包方同意。对这些规范的违反均可以导致合同的无效。二是对本集体成员土地承包优先权的不尊重。“四荒”土地优先发包给本集体成员；以及土地承包经营权流转中本集体成员享受优先受让权，转让方应当履行告知义务。但是由于农村“熟人社会”简化了法律规范操作，没有公示告知其他成员的情形可谓占据了绝大多数。如何在农村保障其他成员的优先权，笔者认为，要么采取村委会登记告知程序，对程序性事项作出细化；要么尊重事实由村民自由决定。这是较妥帖的选择。此外，土地承包经营

〔1〕 参见丁关良：《土地承包经营权法律制度研究》，中国人民大学出版社2011年版，第32页。

〔2〕 Reinhold Zippelius, Rechtphilosophie, 1994, S. 74f.

权主体利益保障也是突出问题。很多农民进城务工,将土地长时期甚至是“永久租赁”给其他经营主体。由于当时每单位租赁价格较低,甚至是象征性的,随着经济发展、物价提升,每单位租赁价格已经显得“非常廉价”,对农民来讲显失公平;经营方则以必须按照合同履行为由拒绝提高租金,由此引发的纠纷日益增多。因此,公权力如何平衡合同自由原则与农民权利保护以及经营主体想通过稳定租期和租金扩大对承包地的投入之间的矛盾?可以在实践中采取最低指导定价制度,由本地区农业部门出具指导意见,供流转双方考虑。或者采取土地转让合同示范文本建议制度,着重平衡租赁时间过长合同中双方权利义务。例如,随着物价增加,双方本着平等协商原则,每5年增加土地租金,每次增加不超过原租金的5%。

2. 集体经营性建设用地使用权主体的风险及防范

由于集体经营性建设用地使用权主体限于村集体及成员,集体经营性建设用地使用权采取行政审批的方式,除了乡镇企业破产、兼并情形下可以流转外,禁止其他形式的流转。集体经营性建设用地使用权的使用必须符合区域规划以及用途管制,禁止改变土地利用类型。《土地管理法》第63条规定,农民集体所有的土地的使用权不得出让、转让或出租用于非农业建设。《担保法》第36条规定:乡镇、村企业的土地使用权不得单独抵押。以乡镇、村企业的厂房等建筑物抵押的,其占用范围内的土地使用权同时抵押。这些规定均不得改变,否则皆为违法行为。

此外,如何在设置集体经营性建设用地使用权前提下保障集体利益也是需要考虑的问题。实践中,很多乡镇企业的兴办人都是集体组织,由集体决定使用村集体土地,必须保障村民的集体资产收益权。对于该部分收益,必须公开透明,专项用于集体建设或村民福利。同时,有关审批部分也应及时登记备案和公示,防止村集体负责人“暗箱”操作,损害集体利益。因此,2014年8月国土资源部、财政部等部门联合发布的《关于进一步加快推进宅基地和集体建设用地使用权确权登记发证工作的通知》要求对宅基地和农村集体建设用地登记确权。《土地管理法》规定:继承人非本集体组织成员,亦有权继承和接受房屋,但集体经营性建设用地使用权灭失除外。在这种情形下,继承人若继续经营,如何破解集体经营性建设用地使用权主体限制制度。笔者认为,应该区别情况,对于无偿划拨的集体经营性建设用地使用权,继承人若继续使用,则需缴纳使用费;若已经缴纳使用费,则可以在使用期内继续使用。至于使用费的确定,需要农业部门、国土部门以及物价部门等部门联合确定。

3. 宅基地使用权主体的风险及防范

依据物权“房地一体”及“地随房走”原则,在转让、出租、抵押和买卖房屋时,宅基地使用权事实流转就与法律规则存在冲突。此外,1993年国务院颁布《涉及农民负担项目审核处理意见的通知》取消了农村宅基地使用费,确立了宅基地使用权基于身份的福利性属性而无期限,这与用益物权的期限性存在冲突。这些冲突主要集中在几个方面:一是通过房屋买卖、抵押以及继承,造成了宅基地使用权人事实上为非本集体组织成员,非本集体组织成员使用宅基地破坏了宅基地作为福利性资源的本质,损害了集体的利益。二是原集体组织成员户籍迁移后,房屋尚存的情形下,事实上使用原集体组织土地,亦损害集体利益。三是本集体中某“户”成员申请获得宅基地使用权后,原宅基地使用权主体灭失后,购买或继承该宅基地使用权上房屋,造成拥有多套房屋之下的宅基地使用权,造成资源的浪费和不公平。四是为了提高农村宅基地利用效率,许多地方进行了极其“不规范的制度创新”，在法律层面造成许多矛盾。

笔者建议，既要考虑到宅基地使用的特殊性，也要照顾到事实上宅基地流转的需要，既不能损害法律的权威性，也要促进社会资源在城乡之间合理流转。因此，必须改变宅基地流转过程中的无偿使用制度和无期限使用制度。非集体组织成员通过房屋买卖、抵押以及继承成为宅基地使用权人的，必须实施有偿使用制度，缴纳使用费。本集体组织成员通过继承或购买事实上获得多处宅基地使用权，为平衡集体、使用人以及其他成员的利益，也应采取有偿使用的办法。当然，可以针对是否为本集体成员采取有差别的使用费标准。同时，针对宅基地使用权初始免费获得，而对宅基地使用权流转中应该采取有期限使用制度。否则，仅仅缴纳一次使用费即可永久占有和使用该土地，是极不公平的，建议按照我国城市国有土地使用权的期限，对于宅基地使用权以70年为准。通过有偿使用和有期限使用，可以有效解决农村宅基地利用中的种种矛盾。党的十八届三中全会通过的《中共中央关于全面深化改革若干重大问题的决定》指出：改革完善农村宅基地制度，选择若干试点，慎重稳妥推进农民住房财产权抵押、担保、转让，探索农民增加财产性收入渠道。对于没有法律依据的制度创新，必须及时从法理上弥补缺陷。

（三）农村土地的经营权主体的风险及防范

政策是国家或政党为实现一定历史时期的任务和执行其路线而制定的活动准则和行为规范。[1] 政策不仅可以起到拾遗补阙的作用，有时甚至能够直接发挥法律调整的作用。[2] 在土地法领域，政策性体现得较为明显，以致现实中往往是政策现行，法律滞后。《中华人民共和国民法通则》第6条也明确规定：民事活动必须遵守法律，法律没有规定的，应当遵守国家政策。因此，国家政策我国法律渊源中占据重要地位。在土地使用权流转层面，国家政策突破法律规范的现象极为严重，表现为法律尚未规定，而政策已有规定；法律禁止而政策允许。例如，《担保法》第37条规定，宅基地使用权不得抵押。国务院目前正式发布了《国务院关于开展农村承包土地的经营权和农民住房财产权抵押贷款试点的指导意见》，要求试点地区稳妥有序开展“两权”抵押贷款业务，有效盘活农村资源、资金、资产，增加农业生产中长期和规模化经营的资金投入，为稳步推进农村土地制度改革提供经验。又如，集体经营性建设用地使用权的流转，除了特定方式的转让和抵押外，没有其他流转方式。但是《中共中央关于全面深化改革若干重大问题的决定》却允许在符合规划和用途管制的前提下，允许农村集体经营性建设用地出让、租赁、入股，实行与国有土地同等入市、同权同价。如何平衡政策与法律规范的冲突，需要立法机关及时授权进行调整。为了促进农村集体经营性建设用地使用权抵押贷款的扩大，全国人大出台了《全国人大常委会关于授权国务院在北京市大兴区等地试点暂时调整实施有关法律规定的决定》，从法律层面上扫清了制度障碍。总的来看，由于政策稳定性较差、用语不够规范、内涵不清、执行弹性也大，因此，土地领域政策的法律化成为必需，尤其是科学界定相关法律用语之内涵至关重要。对常见的流转方式，转让、出租、抵押、入股、出资、互换等概念必须严谨界定，防止因概念模糊导致经营主体权利受损。而且现今立法应以全民族之利益为基础，注重农、工之民族经济关系。对于以民族

---

〔1〕 参见沈宗灵：《法理学》，北京大学出版社1999年版，第364页。

〔2〕 参见张守文：《经济法理论的重构》，人民出版社2004年版，第132页。

精神、民权思想、民生幸福为中心之一切新组织新事业，予以保障。[1]

五、结语

农村土地的“三权分置”有利于引导土地有序流转，发展规模农业，培育新型农业经营主体。《宪法》第 10 条规定：土地的使用权可以依照法律的规定转让。《宪法》第 13 条规定：国家依照法律保护公民的私有财产和继承权。作为土地上的使用权，包括土地承包经营权、集体经营性建设用地使用权以及宅基地使用权等，无论是否单独作为用益物权，在流转过程中的《宪法》障碍都是不存在的。因此，在根本法的指导下，我们应该适时调整相关法律的规定，清理不符合“三农”发展的规范，完善促进“三农”发展的规范，使土地使用权真正成为农民增收的利器，成为农村安定的保障，成为农业发展的基础。

---

〔1〕 参见史尚宽：《民法总论》，中国政法大学出版社 2000 年版，第 55 ~ 56 页。

农业适度规模经营背景下大学生新型农业经营主体引导分析

——以新型城镇化与农村土地制度改革面临的问题为背景

张倩倩*

目　次

自2015年提出"三权分置"改革以来,农村集体土地的承包经营权分离为土地承包权和经营权,从而形成农村土地所有权、承包权和经营权三权并行分置状态。随着农村土地承包权和经营权的分离,在家庭承包的基础上衍生出了多种新型经营主体与经营方式。转变土地经营方式,发展适度规模经营是我国农业现代化的必经之路。随着这一系列改革措施的实行,一方面,现实中农村土地"由谁来种""怎么种"的问题依然有待解决,我国农业现代化和乡村面貌的改善依然有很长的路要走。另一方面,在我国高等教育实现大众化的背景下,大学生就业本身也是一个难题,若能将新时期大学生引入新农村建设中,将大学毕业生的就业压力转化成农村发展的动力,无疑会给农业、农村的建设带来新元素,并提供农村土地制度改革的主体动力。同时,大学生加入农村建设,也是当下立业之路,是自身事业发展的全新视角。

一、农村土地经营权流转的现状

(一)农村土地承包经营权的法律规定

在市场经济的背景下,土地流转是实现适度规模经营的必要条件。虽然我国不允许买卖农村土地承包经营权,在法律层面上农村承包土地的流转受到了极大限制,但是,现实中还是有很多承包地流转的情形。由于承包地的所有权属于集体经济组织,而承包土地的农户只能成为土

* 四川大学法学院民商法学硕士。

地承包经营权的享有者，其所拥有的只是依法占有、使用、收益的权利。《中华人民共和国物权法》规定，土地承包人依法对其承包经营的耕地、林地、草地等享有占有、使用和收益的权利，有权从事种植业、林业、畜牧业等农业生产。结合《中华人民共和国土地管理法》和《中华人民共和国农村土地承包法》的相关规定，可看出我国关于土地承包经营权在承包人的身份、承包地的目的、承包地的流转以及承包地的期限等方面都作了相应限制。[1] 在承包地的流转方面，规定了土地承包经营权可以采取转包、出租、互换、入股、转让或其他方式流转。但是在承包方身份方面，只允许转让给本集体经济组织成员。严格限制农村承包地的流转，实质上是国家为了提高农民的种粮积极性，增强农民对土地的长期投入的信心，从而确保农民的主体地位，实现农村土地对农民生活的社会保障功能而做出的决策。在我国走向城市化道路的过程中，农村劳动力向城镇和非农产业移转，农村出现了人少地多的现象。而农村劳动力向城镇流转在一定程度上又促使农户家庭土地资源产生了流动的需要。农村土地承包经营权的流转有利于优化土地资源配置和提高农业生产率，对于建立现代化的农业体系具有重要意义。

（二）土地流转面临的机遇和挑战

2014 年国务院发布的《关于引导农村土地经营权有序流转发展农业适度规模经营的意见》中确定的“三权分置”改革是农村土地改革的又一次重大创新。由于农村土地承包权和经营权的分离，在家庭承包经营的基础上衍生出了多种新的经营主体与经营方式，如家庭农场、专业大户、专业合作、股份合作、企业化经营、农业产业化经营等。承包经营权的流转，推动了我国新型农业经营主体的快速成长，有利于提高农业盈利能力和市场竞争力。部分地区积极探索新的规模经营方式，也产生了一批农业新人。[2] 土地制度改革直接改变了我国农地分割细碎化、经营规模过小以及经营效益低下等现实问题，在一定程度上带动了农村经济全新发展。但是土地流转过程中呈现出的经济化、利益化等特点，也给农村的发展带来了隐患。[3] 开展农业适度规模经营势在必行，但是规模是否适度，人地关系是否相匹配，是否因地制宜，这些都是应该考虑的“度”的问题。

（三）规模经营的制约因素及隐性分析

农业本身属于低收益产业，经营主体不能实现经济效益最大的目标，从而制约了市场主体流入土地。首先，在土地流转交易机制尚未建立的情况下，市场主体流入土地的成本较高。这种“高成本低收入”使农业成为一个经济效益较低的部门，当市场主体流入给农民的收益低于其预期收益时，农民自然不愿意流转土地。因为在“半耕半工”的状态下，土地收入仍然是他们最后的生活保障，土地仍然发挥其社会保障功能。其次，土地本身产权模糊以及市场机制缺失阻碍了土地的流转。市场潜在的交易主体因为土地产权不明晰而不放心对土地做相应的投资安排；而

---

〔1〕 参见杨遂全、祁全明：《农村土地使用权流转的主要方式及效力评价》，载《西北农林科技大学学报》2015 年第 2 期。

〔2〕 参见张振中、杨娟：《合作经营让农民激情迸发——长沙市鹊山村土地“三权分置”的创新与实践》，载《农民日报》2016 年 2 月 22 日，第 1 版。

〔3〕 参见刘肇旺：《小岗村土地流转隐性现状及相关问题研究》，载《法制与经济》2014 年第 18 期。

且还存在土地适度规模经营失败后,规模经营主体与农民事先约定的流转费用难以兑现,致使农民权益受损的风险。另外,制约农业适度规模经营最重要的一点是农民总体技能水平不能满足农业适度规模经营的需求。土地适度规模经营除了土地的集中之外,还需要劳动者、资金、技术等农业生产要素的优化配置,劳动者是生产力中最重要的因素。当前农民呈现“高龄化”“妇女化”“没文化”状态,不能为适度规模经营提供一批懂技术、会管理、有现代市场意识的新型农民,而且当前农民所掌握的总体技能水平仍然未能完成由传统农业技术向现代技术的转变。[1]

现有的农村土地流转虽然呈现出一种充满活力的状态,也确实给农村经济带来了新的发展,但是在土地流转发展集约化、规模化经营的背后,也隐含着诸如土地流转管理和组织上缺乏必要的规范性和协调性等问题。这些隐性的因素部分根源来自于农民本身和土地本身,其最终影响的还是农民主体的利益以及农村的发展。大部分农民旧有的观念以及农户的“恋土”情节无法改变。由于农民认为土地流转年限长、收益不明显,而自身思想比较涣散,只专注于经济利益,致使农地流转缺乏主观动力。[2] 现行的流转程序容易使农民产生误区,以为土地经营权流转之后土地就不是自己的了。在实际的土地流转中,存在大量的公司征用部分农户的农业用地,改变了原来土地用途,将土地用于生产工业原料或者在集体建设用地兴建产房等情况,这样的土地流转方式带来的经济效力及稳定性对中国新农村建设的意义值得深思。还有的外方买断农户土地承包权或者给农户每年几百元的土地流转补偿费,而拿到补偿费的农民表面上摆脱了农业,自己进城务工或者进到本地企业打工,但实际上这种形式是否真正解放了劳动力还值得反思。不能让农民自己“造血”的发展模式是招商引资集体流转土地产生的不可忽视的隐患。[3] 农村土地经营权有序流转,发展农业适度规模经营必须严格落实耕地保护政策,坚守农地农用的底线,应该在引入资本、技术等生产要素的同时,重视普通农户的发展,培养家庭农场,打造传统承包户的“升级版”,在稳定家庭经营基础上培养新型的经营主体。[4] 贺雪峰教授在2014年12月召开的“农村土地流转三农问题研讨会”上强调:“2亿农户是种田主力,他们的出路是关键问题。”他说:“主张土地通过流转,搞规模化的现代农业,鼓励公司下乡,关键是农民有没有出路,这是最重要、最基本的问题,而非单纯从农业角度考虑问题。”

(四)经营权流转的主体范围限制

从农村土地对农民权益的保障功能以及如今土地流转中出现的问题出发,土地流转必须坚持一个原则:受让方必须是从事农业经营的主体,未经依法批准,不得将承包地用于非农建设,承包期内不得调整承包。近年来农村大学生返乡数量明显回升,大学生在满足相应民事行为能力和受让条件下,仍然不能顺畅地加入农业适度规模经营。这造成了大学生对土地承包需求与之失地农民对土地的渴望之间的矛盾现象,以及回原籍农村大学毕业生身份认可遭遇的尴尬。他

---

[1] 参见孙林、傅康生:《农村土地适度规模经营的阻碍因素与转型路径》,载《中共中央党校学报》2015年第1期。

[2] 参见吴越、兰婷:《农村土地承包经营权流转瓶颈分析——以农民的主体性为分析视角》,载《农村经济》2015年第7期。

[3] 参见刘肇旺:《小岗村土地流转隐性现状及相关问题研究》,载《法制与经济》2014年第18期。

[4] 参见胡佳:《韩长赋:老板下乡,带动老乡而不是代替老乡》,载《中国老区建设》2015年第2期。

们成为生活在农村的居民户，丧失了原集体经济组织成员所享有的包括土地承包经营权等权利。土地流转法律制度的不完善和户籍管理制度的落实等因素造成农村籍大学毕业生土地流转不畅。[1] 返乡大学生加入土地经营权流转的权利应该得到保障。而我国农技服务体系人才十分匮乏，在积极培育新型农业经营主体的需求下，切实保障农村籍大学毕业生土地承包经营权以及引入更多大学毕业生成为新型农业经营主体势在必行。只有积极改进当前农业经营者的发展现状，促进新型农业经营者的成长，从国家层面以及相关产业层面探索全新的策略，提高新型农业经营者的地位，才能让新型农业经营权在我国农业发展中贡献更大力量。

二、培育新型农业经营主体是发展适度经营的需要

（一）新农村建设及农业现代化要求培养新型农业经营主体

党和国家对农业问题一直十分关注，党的十八大对我国的农业发展进行了战略部署。为了让我国农村的生产力得到提升，构建现代化的农业、农村，加快农村的改革步伐，需要对农业经营主体进行革新和培育。[2] 我国现行的农业经营主体制度不利于农业机械化生产的推广，其生产的效益也难以满足现代化农业的标准。农民是新农村建设的主体，其综合素质的高低直接决定了新农村建设的进程，新农村建设的要求是生产发展、生活富裕、乡风文明、村容整洁、管理民主。因此，和新农村建设相匹配的应该是有文化、懂技术、会经营、讲文明的新型农民。培育新型农民，把蕴藏在农村巨大的人力资源转化为人力资本优势，依靠科技进步和提高农村劳动力的综合素质来促进农业现代化发展，必然成为新农村建设的着力点和战略选择。

（二）当前新型农业经营主体的发展现状及不足

随着农村土地流转开放和农业适度规模经营的开展，改革试点地区的小农经济正在瓦解，逐渐分化成了少数农业规模经营主体。他们主要由资金充足、规模流转土地的家庭农场主和种粮大户组成，其来源构成包括外来非农资本、本地非农资本、外来农业资本和本地农业资本四类。除了少数农业适度规模经营主体之外，还兴起了农业生产服务主体和粮食收购加工主体等服务主体，而大部分的农户则成了土地和劳动力的主要提供者。少数的农业规模经营主体的发展正将小农经济向以规模经营主体为主导的资本化农业趋势带动，规模经营主体和农业生产服务主体成为一个利益共同体，而普通的农户遭到了排挤。普通农户的土地资源和劳动力资源被规模经营主体吸收用于其生产的进一步扩大，而小农户对于规模经营主体的依赖性更强，处于“半无产化”的从属地位。对于这种资本下乡的现象，经济学者表示并不反对资本进入农业生产经营领域，但是对于“外来的”“人为推动”的资本下乡持保留意见。[3] 显然“内生的”“自发出现”的资本积累更有利于农民自身利益的发展。相较于给农村、农民带来更大风险的资本下乡，培育新型

---

[1] 参见闫坤、康晶晶：《回原籍农村大学毕业生土地流转现状及问题》，载《石家庄职业技术学院学报》2015 年第 1 期。

[2] 参见高丽萍：《当前新型农业经营主体发展现状及对策分析》，载《山西农经》2016 年第 1 期。

[3] 参见陈航英：《新型农业主体的兴起与“小农经济”处境的再思考——以皖南河镇为例》，载《开放时代》2015 年第 5 期。

农业主体的探索更有利于农业的健康发展,更能实现农业经营规模化和城镇化进程之间的协调。新型农业经营主体的培养是“人的新农村”建设的主要内容,引进和培育一批年轻的、高学历的职业农民和懂技术、懂经营的农业管理层人员才能适应农业现代化的发展,让新型农业主体成为农民中的精英。[1] 而现有的大学生村官和“三支一扶”的大学生作用有限,培养有意向从事农业生产和经营的年轻大学生并让他们成为农业发展的带头人应成为一种趋势。“谁来种地”的问题首先得到良好解决后,“怎么种地”的问题就比较容易突破了。

(三)将大学生引导作为农业适度规模经营主体的必要性

综观世界上农业生产率较高的国家的发展经验可知,在现代农业经济发展中,能够带动农业生产率提高以及农业产量飞速发展的重要贡献因素,已经不再是土地、资本和人口数量的投入,而人力资本的素质和知识、技能的提高,对经济发展的推动作用远远超过物质资本和劳动力资本的投入。而对于我国,改善农民的知识、技能,增强农民自力更生的能力是一个比较艰辛的过程,我们在培训专业农民和对现有农民知识上的帮助的同时,将拥有较高的知识文化水平且在大中城市难以立足的大学生引入到农业中来是一个必然选择。[2] 再看我国部分地区农业经营主体发展的实践状况,[3] 农地流转缺乏“主体动力”以及农地流转和资本下乡给农民和土地带来的新问题成为农村发展的障碍。在农村土地“三权分置”改革的背景下,我们应该看到新时期土地流转的机遇,同时也是有知识、有眼光、懂市场的大学生群体到农村发展的机遇。[4]

三、引入大学生作为农村土地经营权主体

(一)大学生新型农业经营主体引入可能性条件

新农村建设的政策机制是大学生在农村创业的支撑,而现代农业发展的理念要求,为新农村建设和大学生创业指明了组织效益化目标,城乡一体化建设的改革机制是促进大学生献身农村创业的动力。[5] 近年来,不断有大学生返乡创业成功的报道,[6] 也有学者对大学生农村创业的模式进行考察和研究。将大学生农村创业与农村劳动力统筹起来进行组合,是一种值得肯定和探索的解决大学生就业问题的途径,同时也是能够有效带动农村留守劳动力移转的方式。[7] 而在土地流转带来的劳动力和土地分离的前提下,大学生如能得到支持,充分利用农村的土地和劳动力资源以及丰富的自然资源,实现以创业促进就业,还能解决农村劳动力就业问题,同时为我国城镇化发展做出贡献。[8] 除了大学生村官模式之外,大学生还可以利用自己的专业知识,结

---

[1] 参见王震、廖鸣峰:《奉贤区培育“三个新型”农业主体的探索与实践》,载《上海农村经济》2015 年第 5 期。

[2] 参见邵利君:《新农村建设背景下新型农民的培训研究》,吉林农业大学人文学院 2015 年硕士学位论文,第 72 页。

[3] 参见陈青塘:《福建尤溪新型农业经营主体发展的实践与思考》,载《当代农村财经》2016 年第 1 期。

[4] 参见伍振军:《土地流转现状与机遇》,载《时事报告》2015 年 2 月 1 日,大学生版。

[5] 参见唐朝继:《新农村建设与大学生创业新视角》,载《湖南社会科学》2010 年第 5 期。

[6] 参见张珂:《绥江 4 名大学生创业撬动农村土地流转转型》,载《云南经济日报》2010 年 10 月 19 日,A01 版。

[7] 参见程芳:《基于农村留守劳动力大学生农村创业模型》,载《现代教育管理》2012 年第 6 期。

[8] 参见陈晓霞、龚玲、孙子琪:《江西省大学生农村创业模式及其制约因素研究》,载《科技广场》2013 年第 4 期。

合农村当地特色，探索知识型创业模式以及特色产业创业模式。[1]

(二)大学生新型农业经营主体的引入有利于突破农业适度规模经营的“瓶颈”

在农村土地流转过程中，资本下乡趋势已经不可避免，搞规模化、鼓励公司下乡的同时，也应该考虑农民和农业的出路。现在面临农业政策困境，而依靠农业现代化让农业有出路，目前世界上还找不到成功的经验。农业现代化首先必须解决好企业和农民利益的关系，而现实中企业下乡制造新的“失地农民”和“失业农民”的现象给我们警醒，应该努力做到使农业适度规模经营发展与城镇化进程和农村劳动力移转规模相适应，与农业科技进步和生产手段改进程度相适应。在农业适度规模经营成为必然趋势的今天，我们应该整合现有的人力和智力资源，解决好3亿农业劳动力的问题。在我国高等教育大众化的背景下，将大学生的智力优势转化成农村建设的人力资源优势不失为一种良好的路径选择。[2]

当前农村现状和土地流转的困境之一是农业生产效益低下，难以吸引企业资本，农民对土地流转缺乏主体动力。尽管大学生到农村创业的选择会受多方面因素的影响，对于大学生进入农村，有的学生和农民在思想上会排斥。[3] 但是在新农村建设的今天，我们应该看到“人的新农村建设”和“物的新农村建设”都很重要。真正理解农业产业化和现代化问题，首先得解决“人”的问题，有人才会有创造力的发挥，才能更好推动“物的新农村建设”和可持续发展。而大学生作为农村建设的人才来源，成为新型农业经营主体，加入到农业规模化生产中来，无疑会有利于土地承包权保护，改善农村土地经营权流转中信息不对称的农户“羊群行为”，[4]更好地抓住国家鼓励土地经营权流转的“红利”。大学生将给新农村建设输入新鲜血液，为农村建设提供内生动力。

(三)大学生新型农业经营主体的路径探索

1. 对家庭农场的传承

多种规模经营主体已经渐渐在农村产生，多种经营模式正在运行。理论和实践证明，在多种新型经营主体中，家庭农场是基础，也是最适合现代农业发展的适度规模经营模式，[5]而且家庭农场的经营具有稳定性强，是政府支持的直接受益主体，其发展有利于农业文化的传承等优点，大学毕业生作为刚刚走出校门经验不多甚至对农业经营毫无经验可言的主体，勇于到家庭农场中去实践和学习，并将家庭农场传承，既有利于耕地的保护和可持续利用，也是对农业发展的巨大贡献。现有研究并未将大学生引入家庭农场作为新型农业经营主体的模式思考，而是单独提

[1] 该种模式有实例，参见《云南绥江：返乡大学生夏蓝宁的创业梦想》，载纯果网：http://www.chunguowang.com/zixun/zixun-9871.html，最后访问日期：2018年1月8日。

[2] 参见吴声怡、李婷：《乡村建设的路径选择及其运行机制：以大学生工作站为例》，载《福建论坛·人文社会科学版》2011年第5期。

[3] 参见雷国铨、修新田等：《新农村建设背景下大学生创业倾向影响因素的实证研究》，载《福建论坛·人文社会科学版》2010年第10期。

[4] 杨卫忠：《农村土地经营权流转中的农户羊群行为——来自浙江省嘉兴市农户的调查数据》，载《中国农村经济》2015年第2期。

[5] 参见朱启臻：《现代农业发展的基础和条件》，载《理论研究》2015年第2期。

出培育新型职业农民。事实上,有条件的大学生进入家庭农场也是新型农业经营主体培养的方式之一。[1]

2. 特色农业经营主体

由于我国农业产业化发展程度较低,导致大学生农村创业选择范围小,成功率低。但是在产业化程度低的情况下,大学生依然可以介入种植和初始加工等环节,发展特色农业。而到了农业产业化发展程度较高阶段,创业大学生就可以介入供应原材料、生产、销售和物流等供应链的环节。大学生依托农村已有的特色农业产业进行创业,可以与农村留守劳动力相结合,在遵循农民自愿、保持农地农用的基础上发展特色农业,帮助农村劳动力就业。一方面,大学生能够利用自己专业所长发展规模经营;另一方面,农村留守劳动力能够在农业中发挥自己的所能。而在食品安全成为人们关注的焦点,城市居民对绿色、健康农产品偏好的时代,部分大学生已经看到了发展绿色农业的出路,更有大学生舍弃光鲜体面的工作,放弃“铁饭碗”而端起了“泥饭碗”。[2] 在如今大学毕业生就业形势如此严峻的情况下,良好的政策引导和资金支持能够带动更多大学生对农村创业的热情。

3. 其他类型新型农业经营主体

部分大学毕业生,特别是与种植、养殖等专业相关的大学毕业生,可利用自己的专业知识进行知识型创业模式。这种模式的发展也应该有一定的依托,比如可参照大学生工作站模式。[3] 大学生也可以通过竞价参与村民以土地承包权入股建土地合作社的模式中去,也可以成为专业合作社的成员,参与“专业合作社 + 新型职业农民 + 社会化服务体系”的新型农业生产经营体系。[4]

(四)大学生新型农业经营主体对乡村内部结构重组、实现农业现代化的重要意义

如果将1978年视为中国农村的新生之年,那么现在的中国农村已经步入中年了。少了少年的朝气、青年的锐气,承担越来越大的压力以至于有不堪重负之感。每遇病痛,无事则已,有事多半是恶疾。[5] 现在面临新农村建设号召的农村,农民主体已经有心无力,或者说他们正努力扛起建设和改革的大旗。但是,这面旗子将会由谁继续举起,现有的资本下乡是否会给农村提供“造血”功能,乡村和农民的出路在哪里等问题都值得反思。乡村的转型与复兴之路——内部结构重组才能让乡村主动向价值回归、自身造血、繁荣复兴的方向转型。[6] 将大学生纳入新型农业主体,有利于农村一向的被动转型转变为主动积极复兴。同时,年轻的、有知识文化的大学生

[1] 笔者身边就有朋友大学毕业后加入了养猪场,从事猪种的培育和种猪的交配等工作,成效乐观。

[2] 参见王冬梅:《农村正成为大学生创业热土》,载《组织人事报》2013年8月10日,第10版。

[3] 参见吴声怡、李婷:《乡村建设的路径选择及其运行机制:以大学生工作站为例》,载《福建论坛·人文社会科学版》2011年第5期。

[4] 参见张振中、杨娟:《鹊山村土地“三权分置”现活力》,载《河北科技报》2016年3月8日,A03版。

[5] 参见李寅初:《关于农村,我们的认识太肤浅》,载共识网:http://www.21ccom.net/html/2016/gqmq_0525/4491.html,最后访问日期:2016年6月9日。

[6] 参见朱霞、周阳月、单卓然:《中国乡村转型与复兴的策略及路径——基于乡村主体性视角》,载《城市发展研究》2015年第8期。

加入农村参与农业适度规模经营，才能挽救“乡村终结、乡村异化”的蜕化。确立大学生新型农业经营主体，让他们成为农村发展的主力军，改变乡村转型中一向的政府主导，“外发促内生”的被动局面，促进农业现代化发展和新农村建设。

（五）大学生新型农业经营主体引入的障碍

为了盘活农村经济，国务院印发了《农民住房财产权抵押贷款试点暂行办法》以及《关于加快转变农业发展方式的意见》，各地也纷纷出台了实施意见。农村土地流转的限制正在放开，农村土地承包经营权确权正在进行，相关配套改革特别是“户籍制度改革”应该跟上步伐。只有为大学生进入农村进行适度规模经营扫清障碍并拓宽渠道，才能将大学生数量优势转换成农村发展人力资源优势。除了大学生自己有去农村创业的意愿之外，还有农村基础设施尚待健全，医疗卫生、文化等社会性基础设施不足，城乡福利差距大，回乡创业成功率低，无资金支持等问题亟待解决。良好的政策引导之下，大学教育的配合、相关政策的落实及资金的投入等因素都是吸引大学生为农村复兴贡献力量的重要因素。

四、结语

我国是农业大国，农业现代化是整个国家现代化的基础。而随着高等教育大众化的发展，大学毕业生就业形势严峻已不可忽视。2015 年数额高达 947 万名的大学毕业生，造就了“史上更难就业年”，大学生选择创业的比例有所上升，应届大学生创业热潮兴起。[1] 将大学生就业与农村的建设结合起来可以成为我国的战略选择，既是解决大学生“就业难”的良好途径，也是解决新农村建设人才匮乏问题的重要方式。在我国乡村发展面临困境的现状下，推进农村土地流转和实施“三权分置”具有重大意义，农业适度规模经营成为趋势。而将这些国家政策资源充分利用，发挥大学生的创造力和实现自我价值，为农村复兴做贡献是一个艰巨且意义重大的工程。艰难而非不可行，可以尝试从东部沿海地区大学生创业出发，积极引导大学生进入农业生产供销环节，成为新型农业经营主体；还可以将引导原农村籍大学生返乡创业作为突破口，解决大学生就业压力。将新农村作为大学生就业、创业的阵地，开阔大学生事业新视角，更快促成我国新农村建设和农业现代化发展。

〔1〕 参见谢佳奇、李潇潇：《大学生农村创业能力的现状及培育策略》，载《继续教育研究》2016 年第 1 期。

“三权分置”背景下农村土地经营权抵押融资问题研究

周昌发* 王文文**

目 次

2013年党的十八届三中全会中共中央《关于全面深化改革若干重大问题的决定》中就明确指出，稳定农村土地承包关系并保持长久不变，在坚持和完善最严格的耕地保护制度前提下，赋予农民对承包地占有、使用、收益、流转及承包经营权抵押、担保权能。之后，中共中央、国务院于2014年发布了《关于全面深化农村改革加快推进农业现代化的若干意见》提出，在落实农村土地集体所有权的基础上，稳定农户承包权、放活土地经营权，允许承包土地的经营权向金融机构抵押融资。其他有关承包土地经营权抵押融资的文件也陆续出台。[1] 然而，我国现行物权法与相关文件中“三权分置”权利结构体系却不一致，这导致当前农村金融供给和需求之间的通道仍然不畅，农业农村经济发展的金融需求尚未得到有效满足。目前，农业发展对金融资金的需求程度显著加强，推进农村金融体制改革、发展农村普惠金融成为近年来深化农村经济体制改革的重心。[2] 毫无疑问，围绕土地经营权抵押融资的相关问题须予以深入探讨。

---

* 云南大学法学院副教授、硕士研究生导师，法学博士。

** 云南大学法学院法律硕士研究生。

〔1〕 参见国务院办公厅发布的《关于金融服务“三农”发展的若干意见》（国办发〔2014〕17号），中国银监会、农业部《关于金融支持农业规模化生产和集约化经营的指导意见》（银监发〔2014〕38号），农业部《关于推动金融支持和服务现代农业发展的通知》（农财发〔2014〕93号），中共中央、国务院《关于加大改革创新力度加快农业现代化建设的若干意见》。

〔2〕 高圣平：《承包土地的经营权抵押规则之构建——兼评重庆城乡统筹综合配套改革试点模式》，载《法商研究》2016年第1期。

一、土地经营权的权利性质

运用土地经营权抵押融资，首先必须厘清土地经营权的权利性质，才能为下一步的抵押融资提供相对清晰的制度保障。2014年中央一号文件明确了向金融机构抵押融资的是“承包土地的经营权”，但是关于这一抵押财产的权利性质是否属于物权法允许抵押的财产范围，文件并没有给出确定的答案。

按照现行法律制度的规定，土地承包经营权流转后产生的经营权应当是债权，因为只有转包、出租、代耕、入股这些债权流转才会发生承包权和经营权的分离并存的后果，但“三权分置”的经济目的在于把“三权”在私权范围内予以同一层次保护，也就是说，在制度上要把经营权作为一种物权来保护。此外，经营权在功能上也符合用益物权的性质，而在现行法下，农村土地承包关系在法律条文上的表述是“土地承包经营权”，被定义为用益物权，受到物权法定原则之“类型强制”和“内容固定”之限制，因此，如果按照该原则，只能通过修改法律赋予土地经营权以用益物权的性质。但是，在法律修改之前，从解释论的角度也可以从以下两个方面对经营权的现实属性进行分析。

（一）“三权分置”下土地经营权的权利属性

经营权与承包权权能分离的目的在于实现农地资源配置最大化，经营权人在不改变土地集体所有和农户承包的基础上，具有土地的使用权、流转权和收益权。因此，尽管经营人在保持农地用途不变的前提下可以自由使用农地，但原则上其不得长期闲置土地，而必须进行实际的农业生产活动，经营者在约定时间内能够通过各种土地流转方式获得土地经营的自主权。同时，农村土地经营权人自主进行农业生产或自由处分经营权，产生的收益都归自己享有，涉及由征收产生的土地权利纠纷时，应将经营权人实际的投入考虑在内，经营权人有权获得合理补偿，并且经营权作为一项完整的有期限的财产权，其独立的纯粹财产权属性决定了其应当允许继承。

农村土地“三权分置”的关键在于“稳定承包权”，即土地的社会保障功能通过农民享有承包权来保证，集体土地流转的只是经营权，承包权人作为集体经济组织成员的资格不受任何影响，且与发包方之间的承包合同关系维持原状，在不违反承包合同的前提下，承包人可将一定期限的经营权让渡他人，期限届满后，承包人又可以收回经营权。在此前提下，则可以“放活经营权”，把经营权进行抵押、入股，允许抵押担保的是从承包经营权中单独分离出来的经营权，承包权作为物权依然不许抵押，农民即便到期还不上贷款，失去的也不过是几年的经营权，进而失去凭借经营权可获得预期收益，并不会威胁农民的承包权，去除了农民土地被没收的隐患。[1] 为了防范可能的失地风险，可以在具体的制度设计上根据地区实际加以限制性条件，如采取土地合作社形式经营的，可规定其抵押土地面积的年限和抵押比例，实行抵押权实现时的用途管制。这样既能缓解农民贷款难，做到风险可控，又能实现土地经营权流转和集聚，发展规模经营，农民即使不需要抵押担保贷款，也可以通过土地经营权入股获得财产性收入。

---

〔1〕 参见匡小明：《试论“赋予农民更多财产权利”的政策含义和对策建议》，载《中国井冈山干部学院学报》2014年第6期。

(二)土地经营权的抵押融资功能

《中华人民共和国物权法》(以下简称《物权法》)第184条第1款第2项规定:“耕地、宅基地、自留地、自留山等集体所有的土地使用权,但法律规定可以抵押的除外……”可见,我国法律是禁止抵押土地承包经营权的,但在现实中已经突破了。[1] 立法者可能考虑到,如果作为债务人的土地承包经营权人无法履行债务,就会使土地移转于他人之手,发生与转让一样的效果,由此影响农民最基本的生活,但土地承包经营权也是农民最重要的财产,除此之外几乎再没有像样的担保融资的财产,如果一味禁止,就会影响农民以及农村的发展。近年来各地政府也积极鼓励农民抵押贷款,并相应地出台了一些法规。例如,2010年11月重庆市出台《关于加快推进农村金融服务改革创新意见》,其中明确规定,“将在全市推广农村土地承包经营权抵押融资”;2007年4月江西省出台了《关于全面开展林权抵押贷款的指导意见》;2009年河北省农村信用社与省政府出台了《林权抵押贷款管理办法》。[2] 经营权是从土地承包经营权中延伸出来的,我国法律目前只是明确禁止了土地承包经营权进行抵押,但并没有禁止经营权的抵押,而且经营权的抵押并不会与法律保护农民的目的相违背,所以经营权可以随意去抵押,但不能改变农地的用途。更加大胆的实践已经完全超越了现行法律制度,例如,武汉农商行提出“三权分置”的构想,即将农村土地的“所有权”“承包权”“经营权”进行概念拆分,尊重集体“所有权”,保留农户“承包权”,仅赋予“土地经营权”以抵押融资权能,从而最大限度地排除了法律风险,为实现农村土地抵押融资功能夯实了“软件”基础。[3] 此时设定的抵押权支配的交换价值不是土地承包经营权本身,而是流转土地承包经营权为他人设定新的权利的交换价值。

二、土地经营权抵押融资的规范动因

在明确土地经营权之权利性质的前提下,为了清楚土地经营权抵押融资的规范动因,需要从以下两个方面着手。

(一)土地承包经营权的功能扩大

一直以来,国家法律和基本政策在土地承包经营权上甚为保守和审慎的原因就是,承包的土地不仅是农民最重要的生产资料,而且更重要的是其承担着保障农民基本生活的任务,而不在利用效率上。因此,我国相关法律对农地流转的限制性规定主要有两点:一是法定的流转方式仅限于转包、出租、互换、转让以及其他符合有关法律和国家政策的方式;二是转让条件限制,转让的对象必须满足的条件中,其一是稳定的收入来源或者非农职业,其二是必须经发包方同意。

但是,在我国已经解决农民温饱问题的情况下,“三农”问题备受社会关注,城乡居民收入差距问题显然已经逐渐成为农村发展主要障碍,农村所面临的主要矛盾早已不再是农民的生存问题,而是如何更加富裕、更加小康的问题,因此,以社会保障为目标的土地承包经营权,转向为有效提高土地利用效率问题成为农村发展的必然选择,土地利用效率的提高将更进一步巩固土地

[1] 参见郭继:《土地承包经营权抵押的实践困境与现实出路》,载《法商研究》2010年第5期。

[2] 参见张仁枫、杨继瑞:《我国农村“三权”抵押贷款的实践与存在的问题》,载《南方农村》2012年第9期。

[3] 参见陈世杰:《唤醒“三权”的巨大能量》,载《中国农村金融》2014年第22期。

对农民的社会保障功能。但是,现行法律下的土地承包经营权所负载的社会保障功能早已不能满足农村的发展需求,必须突破现有法律的束缚,在国家政策的指导下,另行建构相应的法律制度,如以土地经营权的经营收益解决农民的社会保障问题。

因此,基于土地承包经营权功能扩大的需求,对土地经营权享有权益的农业经营者在占用一定规模的土地的情况下,更需要的是利用其占用的土地资源进行融资,需要庞大的资金支持进行扩大农业再生产,而现行法律并没有赋予其抵押融资的效力,妨碍了农业规模化,集约化经营的发展。

(二)土地经营权抵押融资的自身优益性

"三农"问题受到社会各界广泛关注,农业生产的高风险和低回报导致社会资金投入农业生产的意愿不足,"三农"贷款由于缺乏有效抵押物,导致"三农"信贷投入不足,资金不足成为"三农"发展的主要"瓶颈"。但是,以农村土地经营权作抵押实现融资,可使土地作为资本要素的属性得到充分释放,成为解决农村土地流转和规模化经营进程中信贷"瓶颈"的有效手段。

首先,土地经营权抵押融资可为形成规模化、现代化的农业经营者群体提供重要的资金支持。农业现代化是经济社会全面实现现代化的重要基础。巨大的农业经营者群体对资金的需求旺盛,然而在缺乏相应政策支持的情况下,经营者没有可供抵押的财物以获得充足的资金,这一部分群体规模和人数将会极具缩减,这也是为何我国农村经济发展迟缓的重要原因。

其次,土地经营权抵押融资可为农村金融领域改革提供契机。目前,农村贷款难的现象仍然比较突出。一项调查显示,约有50%的农村小企业和私营业主反映贷款需求未得到满足。适用于农村地区的信贷和服务产品较城市少得多,农村部分居民个性化金融服务需求难以得到满足。县域资金通过银行体系流出仍然较多,股份制商业银行在县域主要以吸收存款业务为主,农村资金被大量输出到大中城市,被称为农村资金的"抽水机"。信用评价体系的不完善、信用担保体系的不健全,以及农民、农业企业有效抵押物的缺失,也制约了农村金融发展。但是,在国家对重庆试点改革政策中,以农村土地经营权抵押融资已经取得了很好的成就,相关政策的实施成果可以适用于我国农村地区,可以借鉴重庆改革试点的有益成果,将土地经营权抵押融资纳入农村金融改革的具体实践中。

最后,土地经营权抵押融资可为农村土地产权制度的发展完善提供动力。土地产权是指权利人在其权利存在的土地上,为实现其利用土地的目的,分别依法行使其权利时对土地的用益、流转、管理权。农村土地产权是农村经济中尚待发掘的资产。土地经营权抵押融资正是对农村土地产权制度改革的实证,充分发挥土地经营权抵押融资,将对未来土地产权交易制度的建立起到不可估量的作用,因此,通过制度创新,释放土地产权的资本属性,探索推行以农村土地经营权作为抵押品进行融资,就成为缓解农业规模化进程中融资"瓶颈"的一个可行选项。

农村土地经营权中蕴藏的抵押融资担保功能是农村土地金融领域未曾被开发的财富,而我国现行法律领域对其规范的缺失,无法将其本身最大的效能得以发挥,我们明显可以效仿改革试点所取得的有益成果,并将试点成果在农村范围内实施,而这些都需要相关政策的支持和法律的出台。

三、土地经营权抵押融资主体探讨

从国务院《关于开展农村承包土地的经营权和农民住房财产权抵押贷款试点的指导意见》(以下简称《指导意见》)中所称的“承包土地的经营权”内涵分析中,可以表现为两种不同的法权形式:当土地由承包农户自己经营时,承包土地的经营权属于农户,此时,融资主体中的抵押人身份只能是农户自己,权利表现形式仍然是土地承包经营权,无须进一步区分为土地承包权和土地经营权,而抵押权的标的只能是土地承包经营权。当承包土地由其他农业经营主体经营时,权利表现形式是该农业经营主的土地经营权,此时,融资主体中的抵押人只能是其他的土地经营者,而这些经营者一般表现为在农业生产领域里比较有竞争力的专业大户、家庭农场、农民合作社、农业企业等。

当农户自己以土地承包经营权作为抵押的标的时,将会与我国现行物权法可以抵押的财产范围产生矛盾。如果在试点地区推行土地承包经营权抵押融资就应该暂停相关条款的实施。此时,这就产生了另外一个现实问题,不同抵押人在办理抵押融资贷款时,势必产生不同效应。例如,有丰富种养殖经验的普通家庭农户和有一定资金积累并具经营规模的新型农业经营主体之间必然对资金需求程度、对土地的依赖程度存在差异。根据中国银监委下发的《农户贷款管理办法》(银监发〔2012〕50号)第14条的规定,农户贷款分为农户生产经营贷款和农户消费贷款两类,显然,相较于普通农户,银行等金融机构更愿意也更有积极性与新的经营主体合作,从而影响普通农户的抵押融资问题,如何解决大户与小户间的融资矛盾,需要银行等金融机构社会化服务目标清晰的分类和细化措施。

在抵押权人方面,从当前各地土地承包经营权抵押试点的情况来看,抵押权人均限于银行等金融机构,其优势在于规范,资金雄厚,但条件限制多,成功办理有难度。土地经营权赋予抵押、担保权能后,尽管2014年中央一号文件强调的政策是“允许承包土地的经营权向金融机构抵押融资”,但是现实生活中,土地承包经营方可能会因应急需要(如上学、治病、还款等),将承包土地的经营权进行抵押,其可行的选择只能是自然人或其他组织,一般组织或个人也能成为抵押权人。[1] 此外,《中华人民共和国担保法》第4条规定的反担保情况,即第三人为债务人向债权人提供担保,其可以要求债务人提供反担保。在这种情形下,债务人以土地经营权设置担保,向非银行等金融机构第三人存在提供反担保可能。如果一般自然人和普通企业法人成为抵押权人,容易产生两个问题:一是可能引发高利贷;二是可能引发以抵押担保为名的私下土地买卖。[2]

应该承认,设立土地经营权抵押制度的初衷在于解决承包方农业生产经营资金不足问题,其抵押融资应设计为针对农业生产经营的专项融资。尽管抵押权的实现具有或然性,但承包地流转的潜在风险毕竟存在。鉴于我国目前农村法制还很薄弱,土地经营权设立抵押还处于初始阶

---

〔1〕 参见韦福:《农村土地承包经营权抵押关系主体及其权利义务的立法构想》,载《广西社会科学》2012年第6期。

〔2〕 参见陈锡文:《农村土地制度改革,底线不能突破》,载《人民日报》2013年12月5日,第2版。

段,经营权抵押完全市场化还有一段距离,在规范抵押权人上尚需十分审慎,现阶段将抵押权人限定为银行等金融机构十分必要。

四、土地经营权抵押融资时的处置问题

由前所述,根据抵押标的不同,当实现抵押权时,其处理的方式亦有所不同,主要表现在以下两个方面。

第一,当土地经营权人直接以其依法取得的土地经营权设定抵押,土地经营权抵押权实现时,直接依据《物权法》第195条的规定处置土地经营权即可。在借款人不履行到期债务或者发生当事人约定的情形时,抵押权人可以与土地经营权人商议以土地经营权折价,或者协议拍卖、变卖该土地经营权并以变价款优先受偿;不能达成协议的,抵押权人可以申请人民法院强制拍卖、变卖土地经营权,人民法院依实现担保物权案件的特别程序作出许可拍卖、变卖土地经营权的裁定;不能达成协议时,抵押权人也可以直接向人民法院提起民事诉讼,人民法院依普通民事诉讼程序作出民事判决或裁定。抵押权人可以基于上述裁决向人民法院执行机构申请执行,强制拍卖、变卖涉案土地经营权。执行完毕,抵押人丧失其土地经营权,但此时并不影响"农户承包权",因为土地承包经营权仍由农户享有,执行程序中的受让人仅仅只是取得土地承包经营权之上的土地经营权,而且只是剩余使用期限内的土地经营权。

第二,当农户直接以其土地承包经营权设定抵押,在借款人不履行到期债务或者发生当事人约定的情形时,无论是依据《物权法》第195条规定的上述哪一种处置方式,均将导致农户土地承包经营权的丧失,此时即无法"保证农户承包权"。虽然《指导意见》的这一限制与农地市场化改革趋势并不相符,但稳定农户的承包权确实是目前农村土地制度改革的政策目标,无论土地经营权怎么流转,均须保证农户的承包权。在此种背景下,土地承包经营权的处置就不能采取《物权法》第195条明确规定的方式。强制管理就成了可行的路径,即通过委托他人管理抵押财产,并以其所收益使债权得以优先受偿,[1]其与强制拍卖、强制变卖等的最大区别在于不改变抵押财产的权属,抵押人仅在一定期限内丧失对抵押财产的使用、收益权,仅以抵押财产的收益来满足强制执行权,在强制执行权得以满足之后,抵押人仍然享有对原抵押财产的完整权利。至于强制管理的具体方法,可以由执行法院或管理人在涉案土地承包经营权之上为他人设定土地经营权。虽然学界对我国法律上是否存在强制管理这一执行措施尚存争议,[2]但司法实践中多有强制管理执行制度的探索。[3] 由于"强制管理措施对执行债务人而言比起强制拍卖来具有更少的深刻

---

〔1〕 参见房绍坤:《论土地承包经营权抵押的制度构建》,载《法学家》2014年第2期。

〔2〕 参见最高人民法院《关于适用〈中华人民共和国民事诉讼法〉若干问题的意见》第302条。有学者认为该条即是我国强制管理制度的规定。参见孙加瑞:《中国强制执行制度概论》,中国民主法制出版社1999年版,第543页;谭秋桂:《民事执行原理研究》,中国法制出版社2001年版,第247页。但是,这一规定仅将管理作为一种拍卖最后得以顺利进行的手段,是一项暂时性措施,而不是独立的执行措施,并未体现任何"强制性"。同时,从强制管理的特征来看,上述条文规定的"申请执行人管理"与传统意义上的"强制管理"相去甚远。

〔3〕 参见郭春雨:《延吉市强制托管效果好》,载《人民日报》2007年6月3日,第1版。

后果",[1]契合了目前保证农户承包权的公共政策目标。但如采取强制管理方式实现抵押权,则抵押权人权利的满足必定多费时日,除了抵押权人可以获得强制管理期间的相应期限利益(利息等)之外,抵押权人的利益较受限制。[2]

无论采取何种方式处置抵押物,最终能够实现抵押权是其主要目标,因此,在承贷银行实现抵押权时,还需注意以下几个问题。

第一,当借款人不履行到期债务或者发生当事人约定的实现抵押权的情形时,如果抵押权人与抵押人就抵押权的实现方式不能达成一致意见,那么抵押权人可以寻求公力救济。公力救济路径有两种:一是向人民法院提起民事诉讼,抵押权人取得生效胜诉裁判之后,可据以申请人民法院强制拍卖、变卖涉案土地经营权;二是向人民法院申请启动实现担保物权案件的特别程序,抵押权人取得生效许可拍卖、变卖土地经营权的裁定后,据以申请人民法院强制拍卖、变卖涉案土地经营权。对于两种公力救济程序,抵押权人有选择权,前者程序复杂、冗长,但生效裁判具有确定力和执行力,非经审判监督程序不得被撤销;后者程序简便、迅捷,但生效裁定只具有执行力,没有确定力,易受对方当事人和利害关系人的异议。

第二,土地经营权上抵押权实现时不宜规定集体经济组织成员的优先权。有学者主张,在土地承包经营权抵押权实现时,基于稳定村社构成、保障社会稳定的政策考量,应当参照土地承包经营权转让的规定,赋予本集体经济组织成员在同等条件下享有优先受让权。[3] 笔者对此并不认同,理由如下:(1)土地经营权的设定本身即为土地承包经营权流转的形式,依法设定的土地经营权多已满足《中华人民共和国农村土地承包法》(以下简称《农村土地承包法》)第33条规定的条件,即已尊重本集体经济组织成员的优先权。此际,土地经营权已是市场化的产物,在土地经营权抵押权实现之时,只需依市场规则变价即可,无须考虑本集体经济组织成员的优先权。(2)"经营权既不像所有权有特定的身份,也不像承包权有特定的对象",[4]本集体经济组织成员和其他农业经营主体的市场地位平等,并无优先考虑的政策依据。在土地承包经营权之上设定土地经营权后,对其行使和处分仅应受强制性规定和土地经营权设立合同的约束。《农村土地承包法》第33条第5项关于本集体经济组织成员优先权的规定仅仅及于土地承包经营权流转之时,而不能约束流转后的权利处分行为。在土地经营权上抵押权实现之时,参与受让的农业经营主体的地位平等,本集体经济组织成员并不具有当然的优先性。(3)在农村土地产权交易平台进行土地经营权交易时,清晰、明确的权属现状是市场交易的前提。通过对土地承包经营权登记簿的查询,可以探知土地经营权的权利主体、权利剩余期限、权利行使限制等,但如果仍然赋予本集体经济组织成员以优先权,就会徒增潜在交易相对人的征信成本。例如,有的地方规定,这些

---

[1] 参见[德]恩斯特·里特尔:《对不动产的强制执行》,杨柳译,周翠校,载《强制执行法起草与论证》(第2册),中国人民公安大学出版社2004年版,第158页。

[2] 参见高圣平:《农地金融化的法律困境及出路》,载《中国社会科学》2014年第8期。

[3] 参见韦福:《农村土地承包经营权抵押关系主体及其权利义务的立法构思》,载《广西社会科学》2012年第6期。

[4] 张军:《农村产权制度改革与农民财产性收入增长》,载《农村经济》2014年第11期。

交易均须"经村社员(股东)或社员代表(股东代表)大会2/3以上同意才能进行",烦琐的程序让农户及金融机构望而却步。[1] 当然,对于在土地承包经营权上直接设定抵押权并采取协议变价方式实现的,仍应尊重本集体经济组织成员的优先权。

第三,抵押物处置难是金融机构惜贷的主要原因之一。[2] 党的十八届三中全会中共中央《关于全面深化改革若干重大问题的决定》明确提出,"建立农村产权流转交易市场,推动农村产权流转交易公开、公正、规范运行"。《指导意见》进一步强调:"依托相关主管部门建立完善多级联网的农村土地产权交易平台,建立'两权'抵押、流转、评估的专业化服务机制。"无论是协议处置还是强制处置,土地经营权均可在农村土地产权交易平台上挂牌交易。农村土地产权交易平台是重要的金融基础设施,其构建和运行有利于形成公平合理的市场交易价格,为土地经营权的价值评估提供依据,还能克服信息不对称的弊端,快速撮合市场交易,及时处置土地经营权,[3] 便于抵押权人顺利实现土地经营权抵押权。目前,许多地方建立了多种形式的农村产权流转交易市场和服务平台,但普遍存在平台建设滞后,供求服务、基准价格、评估机制、价格及收益增长机制尚未真正建立,交易程序不规范等问题,增加了农村产权交易平台的交易风险。[4] 这些问题无疑是在农村产权交易平台建设和规则制定时应当注意的。

总之,承包的土地经营权作为抵押融资手段具有很大的合理性,在新一轮的农村土地改革中,土地的经营权与承包权分离,并赋予其抵押和担保的权能,对于推动农村金融领域改革,促进农村资源优化配置,打开农村金融市场将起到无可替代的作用,但是,以土地经营权抵押融资还存在一系列我们必须面对和解决的问题,如经营权的强制管理制度。新的"三权分置"权利结构虽然在政策方面已经得到肯定,但最重要的是亟须法律层面的支持,政策预期的实现离不开法律制度形式对其性质、内涵作出回应,只有这样,才能对农村土地制度改革提供最有效的依据、保障和规范,这也是全面推行依法治国的必然要求。

---

〔1〕 参见郑仲华、周忠:《农村产权交易中心的一个案例样本——基于浙江省象山县的实践》,载《中国农村金融》2013年第1期。

〔2〕 参见钟甫宁、纪月清:《土地产权、非农就业机会与农户农业生产投资》,载《经济研究》2009年第12期;汪险生、郭忠兴:《土地承包经营权抵押贷款:两权分离及运行机理——基于对江苏新沂市与宁夏同心县的考察》,载《经济学家》2014年第4期;中国人民银行南昌中心支行课题组:《破解农村土地制度改革和两权抵押贷款试点的实践障碍与法律约束:江西视角》,载《金融与经济》2014年第9期。

〔3〕 参见阎庆民、张晓卜:《农村土地产权抵质押创新的实现路径》,中国经济出版社2015年版,第125页。

〔4〕 参见吴群:《农村产权交易市场发展若干问题思考》,载《现代经济探讨》2014年第10期;刘可:《农村产权制度改革:理论思考与对策选择》,载《经济体制改革》2014年第4期。

新型城镇化与土地所有权市场建构研究

邹爱华*

目　次

诺贝尔经济学奖得主斯蒂格利茨曾经预言：中国的城镇化和美国的新技术革命将是21世纪带动世界经济发展的两大引擎。[1] 近年来，随着中国城镇化不断持续推进，到2012年我国城镇化率已超过50%，各大中小城镇规模迅速扩张。但传统城镇化在推动经济社会快速发展的同时也产生了诸多矛盾及问题，如城镇化质量相对不高、城镇化与工业化不协调、二元制度下的"半城镇化"、土地财政主导下的"造城运动"等，[2] 这些问题的存在严重影响我国城镇化的健康发展。党的十八大明确提出"新型城镇化"，为今后我国城镇化发展释放了转型的新信号，并且随着国务院《国家新型城镇化规划（2014—2020年）》的出台，新型城镇化成为中国未来经济增长亮点，新型城镇化理论研究、实践探讨已成为我国城镇化研究领域的热点话题。在研究过程中，虽然学者们提出了一些改革方案，以落实新型城镇化发展战略，但尚未见到有学者探讨建构土地所有权市场与新型城镇化之间的关系。本文认为，为了落实新型城镇化发展战略，需要建构土地所有权市场。

一、新型城镇化的含义

检索中国知网可知，"新型城镇化"这个概念的首次出现在2003年，有两篇文章。一篇是从

---

* 湖北大学政法与公共管理学院院长助理，教授，法学博士、西南政法大学法学博士后。

本文系国家社科基金重点项目"中外土地征收制度比较研究"（编号：14AZD075）、国家社科基金一般项目"土地征收权研究"（编号：12BFX102）、中国博士后科学基金特别资助项目"土地征收权配置优化研究"（2013T60834）、湖北省教育厅哲学社会科学重大项目"土地管理制度改革与经济转型研究"（编号：14ZD013）、湖北大学创新团队建设项目"经济转型与土地管理改革研究"（编号：13hdcx05）的阶段性成果。

〔1〕 参见于猛、宋家宁：《我国城镇化模式研究综述》，载《中国土地》2013年第3期。

〔2〕 参见简新华、罗钜钧：《中国城镇化的质量问题和健康发展》，载《当代财经》2013年第9期。

理论上探讨中国城市化发展道路的文章。当时,中国的学者对我国的城市化发展不同道路存在着不同观点,有大城市发展重点论、中等城市发展重点论、小城镇发展重点论、大中小城市发展并举论以及大中小城市与小城镇功能互补论等近10多种观点。针对这些不同的观点,有学者提出,中国应当努力"消除不利于城镇化发展的体制和政策障碍",走出一条与新型工业化道路相呼应的城乡共同繁荣的"新型城镇化道路"。这条新型城镇化道路具有以下特点:(1)规划起点高。科学规划城镇建设,让城镇规划在规划中合理布局,要使城镇规划在城市建设、发展和管理中始终处于"龙头"地位,从而解决城市建设混乱、小城镇建设散乱差、城市化落后于工业化等问题。(2)途径多元化。中国地域辽阔、情况复杂,发展很不平衡,在基本原则的要求下,中国城镇化实现的途径应当是多元的。(3)聚集效益佳。城镇最大的特点是具有聚集功能和规模效益。要在增加城镇数量、适度扩大城镇规模的同时,把城镇做强,不能外强中干,现在有些城市就"虚得很"。(4)辐射能力强。利用自身的优势向周边地区和广大的农村地区进行辐射,带动郊区、农村一起发展,这是城镇责无旁贷的义务,它应该做到而且也可以做到,问题是我们要有这种意识、视野、规划和措施,千万不能搞成孤岛式的城镇。(5)个性特征明。中国的城镇要有自己的个性,每个地方的城镇,每一个城镇都应该有自己的个性,要突出多样性。城和镇都是有生命的,都有自己不同的基础、背景、环境和发展条件,由此孕育出来的城镇也应显示出自己与众不同的特点。(6)人本气氛浓。我们不能为城镇而城镇,发展城镇的目的是为人服务。所以,城镇的一切都应当围绕人来展开,要树立牢固的人本思想,创造良好的人本环境,形成良好的人本气氛,产生良好的为人服务的功能。(7)城镇联动紧。其内涵是要把城市的发展和小城镇的发展作为一个有机的整体来考虑,解决好非此即彼或非彼即此的问题。600多个大中小城市和两万多个小城镇本来就是一个完整的梯队,不能人为地分割开来。(8)城乡互补好。中国的城镇化一定要体现一盘棋的思想,要打破二元结构,形成优势互补、利益整合、共存共荣、良性互动的局面。绝不能以牺牲农村的发展来谋求城镇的进步,这是一些发达国家曾经走过的老路,是一条教训,当引以为戒。[1] 另一篇是从实践的角度介绍了位于山东省龙口市前宋村的南山集团将农村变成小城镇的过程和经验。[2]

遗憾的是,中国2003年后的城镇化建设存在许多问题。有学者将其概括如下:(1)只化地:土地过度城市化。城镇建成区面积是描述土地城市化的重要指标。1981年中国建成区面积为7438平方公里,2012年为45,566平方公里,增幅512.63%,即新增建成区面积是原来的5倍。相应的城市密度从1978年的每平方公里2.32万人,下降到2012年的每平方公里1.56万人,每平方公里净下降0.756万人,土地城市化严重过度。(2)不化人:人口不完全城市化。户籍人口和常住人口城市化率的比较,可以反映人口城市化的状况。1978年城镇人口(常住和户籍人口)城市化率为17.92%;到2012年,常住人口城镇化率已达52.7%,但是享受均等公共服务的城市户籍人口仅仅达到36.2%,2012年仅接近为1978年的2倍;常住人口城市化率增幅为193.36%,户籍人口城市化率的增幅为96.93%,2012年不到1978年的1倍。人口存在半城市化,与超过4

---

〔1〕 参见谢志强:《新型城镇化:中国城市化道路的新选择》,载《社会科学报》2003年7月3日,第4版。

〔2〕 参见徐建华:《一条新型城镇化之路——南山经验解读》,载《小城镇建设》2003年第5期。

倍的土地城市化相比，人口城市化严重滞后。(3)只化城：出现大量“空城”。空城是一些地方的政府追逐不正确的政绩观，仅仅注重建设城市表面的基础设施，受土地财政的驱使，与追逐开发利润的房地产开发商联合，一味进行大规模的住房开发的结果。2014年据《21世纪经济报道》记者调查，全国超过70座通高铁的新城沦为空城。2015年笔者在东北某市调研时也发现，在其人口处于下降状态的情况下，该市同时在原城市的东西南北各开发了一个新城，导致建成的新城成了空城，没建好的新城出现停工和烂尾。(4)不化市：出现大量“鬼城”。2014年某市场化研究机构根据住建部的占用地标准——每1平方公里建成区容纳1万人口。设定城区人口每平方公里低于5000人，且短期内难以超过5000人的，作为问题“城”的临界值，发现目前许多城市处在临界值以下，存在不同程度的空城、“鬼城”等问题。如果考虑一个城市里的不同区域，应该有更多城市存在区域性的空城和“鬼城”现象。比较严重的有二连浩特、钦州、拉萨、嘉峪关、井冈山、威海、锡林浩特、嘉兴、石嘴山、三亚。(5)政府化：政府主导城市化。政府代替作为市场供给主体的企业和需求主体的家庭进行资源配置，政府控制土地和资金供给需求与价格，控制着劳动力的流动与价格及其公共服务。一方面，政府垄断土地进行直接经营，通过卖地和造城获取土地收益；另一方面，不愿给进城后为城市做出税收贡献的居民提供必需的公共服务。由此，导致人口半城市化、土地过度城市化以及大量空城、“鬼城”出现。(6)不同化：出现大量的“病城”。首先，整体上城市基础设施建设和公共服务的提供速度赶不上城市人口的增加速度，即“化城”与“化市”赶不上“化人”，也将带来“城市病”。其次，城市居民在空间上的职住过度分离也将导致“城市病”。一些城市在某些区域只注重居住功能，建成规模巨大的居住区，忽略产业交易功能，成为名副其实的“睡城”；在另一些区域只注重产业功能，没有居住区的规划和建设。职住分离导致城市人口在不同区域潮汐性流动。最后，不同行政级别城市之间公共服务差异分布，导致人口向大城市过度聚集，带来“大城市病”。[1]

为了解决城镇化建设存在的问题，也为了促进我国经济的转型升级和可持续发展，2012年开始，中央提出了新型城镇化发展战略。党的十八大报告提出：“坚持走中国特色新型工业化、信息化、城镇化、农业现代化道路，推动信息化和工业化深度融合、工业化和城镇化良性互动、城镇化和农业现代化相互协调，促进工业化、信息化、城镇化、农业现代化同步发展。”2012年的中央经济工作会议则提出“把生态文明理念和原则全面融入城镇化全过程，走集约、智能、绿色、低碳的新型城镇化道路”。2013年党的十八届三中全会通过的中共中央《关于全面深化改革若干重大问题的决定》关于新型城镇化建设的表述则是“坚持走中国特色新型城镇化道路，推进以人为核心的城镇化，推动大中小城市和小城镇协调发展、产业和城镇融合发展，促进城镇化和新农村建设协调推进。优化城市空间结构和管理格局，增强城市综合承载能力”。比较分析这三份重要的决定可以发现，其对新型城镇化发展战略的表述不完全相同。党的十八大报告强调的是城镇化与工业化、信息化和农业现代化的协同发展；2012年中央经济工作会议强调的是城镇化建设中的绿色化；党的十八届三中全会的决定强调的则是人的城镇化。虽然这三份决定的表述之间并不矛盾，但是，由于三份决定的表述并不完全一致，突出的重点不同，导致我们无法准确地得知

[1] 倪鹏飞：《新型城镇化需“返璞归真”》，载《中国经济报告》2016年第2期。

新型城镇化发展战略的具体内容。

学者对新型城镇化发展战略的内容也存在分歧,表述不尽相同。有学者认为,所谓新型城镇化是以民生、可持续发展和质量为内涵,以追求平等、幸福、转型、绿色、健康和集约为核心目标,以实现区域统筹与协调一体、产业升级与低碳转型、生态文明和集约高效、制度改革和体制创新为重点内容的崭新的城镇化过程。推行新型城镇化是为了:(1)积极应对国内外政治、经济发展的新形势;(2)弥补长期以来高速城镇化带来的弊端和损失;(3)最大限度地将改革开放成果惠及广大人民;(4)促进未来中国城乡建设的可持续发展。[1] 另有学者认为,新型城镇化的重心是人的城镇化。新型城镇化的要旨是实现城乡居民共建共享。推进以人为核心的新型城镇化,必须着力破除城乡二元结构、推动城乡发展一体化,要旨是使城乡居民共享改革发展和城镇化成果。这方面做好了,就会给城乡经济社会发展注入强大动力。[2] 王发曾认为,新型城镇化包括外延扩张和内涵优化两个进程,并指出追求外延扩张与内涵优化和谐统一,是新型城镇化最本质特征;[3]仇保兴则认为新型城镇化是从城市优先发展、高能耗、数量增长型、高环境冲击型、放任式、少数人先富的城镇化向城乡协调发展、低能耗、质量提高型、低环境冲击型、集约式社会和谐的城镇化转型发展;[4]倪鹏飞认为新型城镇化是以人口城镇化为核心内容,以信息化、农业产业化和新型工业化为动力,以"内涵增长"为发展方式,以"政府引导、市场运作"为机制保障,走城乡一体化的可持续发展道路;[5]吴殿廷认为新型城镇化是以人为本、注重质量、统筹城乡及绿色发展的城镇化发展道路;[6]张荣天认为,新型城镇化内涵的基本核心是"人的城镇化",强调的是城镇内涵增长及其质量持续升级,是依托于新型工业化的发展,以现代新兴技术为主要动力,以城乡一体化和城市现代化为目标的可持续发展的集约型城镇化。[7] 另外,有些学者开始从文化资本理论视域、人本视角等对新型城镇化内涵及特征进行尝试性描述;[8]还有学者对安徽、河南、江苏等地域的特色新型城镇化基本内涵进行了判读与解析。[9]

综合中央的决定和学者的研究,我们可以将新型城镇化发展战略的内容概括如下:(1)把"化人"放在核心位置,推进以人为本的城市化。实现人口从乡村到城镇的迁移与人口从农民到

[1] 参见单卓然、黄亚平:《"新型城镇化"概念内涵、目标内容、规划策略及认知误区解析》,载《城市规划学刊》2013年第12期。

[2] 参见周庆智:《新型城镇化核心是人的城镇化——海南省琼海市推进新型城镇化的实践与启示》,载《人民日报》2016年5月26日,第7版。

[3] 参见王发曾:《从规划到实施的新型城镇化》,载《河南科学》2014年第6期。

[4] 参见仇保兴:《新型城镇化:从概念到行动》,载《行政管理改革》2012年第11期。

[5] 参见倪鹏飞:《新型城镇化的基本模式、具体路径与推进对策》,载《江海学刊》2013年第1期。

[6] 参见吴殿廷:《新型城镇化的本质特征及其评价》,载《北华大学学报》(社会科学版)2013年第6期。

[7] 参见张荣天:《中国新型城镇化研究综述与展望》,载《世界地理研究》2016年第1期。

[8] 参见李萍、田坤明:《新型城镇化:文化资本理论视域下的一种诠释》,载《学术月刊》2014年第3期;徐选国、杨君:《人本视角下的新型城镇化建设:本质、特征及其可能路径》,载《南京农业大学学报》(社会科学版)2014年第2期。

[9] 参见李明:《安徽特色新型城镇化的内涵和路径》,载《安徽日报》2012年3月14日,B03版;梁广前:《河南省推进新型城镇化研究》,河南大学经济学专业2012年硕士学位论文;李红波、张小林:《我国发达地区新型城市化的内涵及测度研究——以江苏省为例》,载《地域研究与开发》2011年第6期。

市民职业身份转换同步推进。(2)对"化地"提出了新的标准,推进集约紧凑的城市化。根据资源环境承载能力,优化城镇与乡村聚集区的布局,提升城市和乡村集聚区的人口密度;促进城市产业布局的集群化和城市土地利用的集约化,提高国土空间利用效率。(3)把"化市"作为主要内容,推进产城融合的城市化。新型城镇化将"化市"与"化城"融合发展,以城市为基础,承载产业空间和发展产业经济,以产业为保障,驱动城市更新和完善服务配套,可以达到产业、城市、人之间有活力、持续向上发展。城市有产业支撑,可以避免"空城";产业有城市依托,可以避免出现"鬼城"。(4)让市场"自化"发挥主导作用,推进政府善治下的城市化。针对政府主导的传统城镇化带来的诸多问题,新型城镇化应坚持使市场在资源配置中起决定性作用,更好发挥政府作用。政府应着力创造适宜的硬件和软件环境,包括完善市场机制。(5)把"化城"放在辅助位置,推进具有个性特色的城市化。(6)把"绿化"放在突出位置,推进绿色低碳的城市化。鉴于传统城镇化带来严重的环境污染和生态破坏,新型城镇化在经典城市化基础之上提出把生态文明理念全面融入城镇化进程,着力推进绿色发展、循环发展、低碳发展,节约集约利用土地、水、能源等资源,强化环境保护和生态修复,减少对自然的干扰和损害,推动形成绿色低碳的生产生活方式和城市建设运营模式。(7)把"空间优化"纳入考虑范围,推进倾斜平坦的城市化。在城市规模和城市间发展关系方面,走大城市、中等城市、小城市和小城镇协调和联合发展的城市集群化和网络化发展道路。(8)把"同化"作为重要原则,推进统筹协同的城市化。通过政策引导,推动信息化和工业化深度融合、工业化和城镇化良性互动、城镇化和农业现代化相互协调,促进城乡要素平等交换和公共资源均衡配置,形成以工促农、以城带乡、工农互惠、城乡一体的新型工农、城乡关系。[1]

二、新型城镇化需要土地所有权市场

我国宪法规定,禁止土地买卖。这就意味着当前我国没有土地所有权市场。在土地所有权市场缺乏的背景下,国家不能直接向农民购买集体所有的土地,而只能通过土地征收程序将集体所有的土地转变为国家所有的土地。通过兴办工商业而富裕了的农村集体经济组织也不能通过市场购买其他集体经济组织土地的所有权。土地所有权市场的缺乏导致市场在我国当前的土地资源的配置中发挥的作用有限。拥有土地的农民想通过出售土地所有权而获得城市市民资格的愿望难以实现。一些拥有创新能力的农民企业家的智慧无法施展。没有市场的约束,土地的节约和集约利用在实践中难以落实。也就是说,土地所有权市场的缺乏,阻碍着农民的城镇化,市场难以在城镇化中发挥主导型作用,土地的集约利用难以实现。为了实现新型城镇化,有必要允许国家和农村集体经济组织之间以及农村集体经济组织之间买卖土地所有权,发挥市场在土地资源配置中的作用。

(一)人的城镇化需要土地所有权市场

所谓"人的城镇化",指的是农民的市民化。根据学者的研究,农民的市民化需要巨额成本。

---

〔1〕 参见倪鹏飞:《新型城镇化需"返璞归真"》,载《中国经济报告》2016 年第 2 期。

2012年10月中国社会科学院城市发展与环境研究所发布的城市蓝皮书《中国城市发展报告(2012)》指出,从乡村型社会向城市型社会转型是一次重大的社会变革。如果未来中国的城镇化率以每年0.8~1.0个百分点的速度推进,到2020年前后中国的城镇化率将超过60%。这同时意味着今后20年内,中国将有2亿多名农民需要转移到城镇就业和居住,再加上近年来已经进入城镇但还没有完全市民化的农民,未来全国将有4亿~5亿名农民需要实现市民化。据初步测算,仅解决社会保障和公共服务,农民市民化成本至少人均10万元。在未来20年内,至少需要支付40万亿~50万亿元的成本。

对于中国社会科学院城市发展与环境研究所的这种预测,可以从两个方面来进一步探讨。

一是农民市民化的规模究竟有多大。中国社会科学院城市发展与环境研究所的这种预测是假设农民都愿意市民化。这种假设可能不一定符合现实。2016年4月中国社会科学院在京发布《中西部工业化、城镇化和农业现代化:处境与对策》一书,其中一项"中西部农民向城镇转移意愿分布"调查显示,"很想"向城镇转移的农民工占11.83%,"比较想"的占21.73%,"一般"的占17.45%,"不太想"的占24.82%,"完全不想"的占24.13%,约一半农民工不想进城,另外66.1%的农民工认为到了一定年龄就想回乡。〔1〕这个数据说明,在当前的社会制度背景下,城市生活的高成本,物质基础的缺乏,导致许多农民不想到城市生活。当然,这个数据也说明还有一半的农民是愿意变成市民的。事实上,这个数据有一个缺陷,即没有分析不同年龄段的农民到城市生活的意愿。20世纪80年代、90年代和21世纪到城市打工的农民对留在城市生活的意愿并不完全相同。越年轻的农民越倾向于留在城市生活。20世纪90年代后进城打工的"新生代农民工对城市的认同感与城市化意愿,较之以前的农民工明显增强。第一代农民工是'候鸟型'的:他们只是把进城务工作为获取经济收入的主要途径,与农村、农民身份联系紧密,因此在城市与农村之间如候鸟一样不断地迁徙,且大部分最终仍然是回到农村,土地仍然是其最后的保障。而在现代生活观念、文化熏陶下成长起来的新生代青年农民工,相对于第一代农民工,他们大多没有从事农业生产的经历,受到农村传统生活方式的影响十分有限。与其父辈相比,受教育程度较高,大部分青年农民工具有初中或高中以上文化,接受新事物的能力强,同时追求平等、实现自我价值的意识强烈。无论他们出生在城市还是乡村,相对于第一代农民工,他们中的相当一部分人对农村的认同感较弱,农民身份正在淡化,期望以城市生活、城市待遇为依归"。〔2〕也就是说,如果考虑发展趋势,农民是越来越愿意市民化的。

二是农民市民化的巨额资金如何筹集。即使按照中国社会科学院的统计,只有一半的农民愿意到城市生活,这个数量也是非常庞大的。根据城市发展与环境研究所的预测,将预测中的一半农民市民化所需要的成本也在20万~25万亿元。这个成本如果都由政府财政来承担,很显然是不现实的。当前,社会保障和城市公共基础设施的开支主要由地方政府财政负担,而当前地方政府的财政负担很重,背负着巨额的债务。要想让地方政府再承担巨额开支,这是不现实的。在土地制度不变的情形下,让农民自己承担或者承担一半,以农民当前的收入计算,农民也很难

---

〔1〕参见王品芝:《城市难留66.1%农民工希望到年龄就回乡》,载《中国青年报》2016年4月26日,第7版。

〔2〕杨慧:《青年农民工"城市化"的问题与对策》,载《云南社会科学》2008年第2期。

承担。

在青年农民越来越倾向于在城市生活，政府和农民难以承担农民市民化成本的背景下，放开土地所有权的买卖，建立土地所有权市场，赋予农民更多的土地财产权利，可以为想进城的青年农民提供一定的物质基础。

(二) 市场主导的城镇化需要土地所有权市场

宪法规定城市的土地属于国家所有，所以农民集体所有的土地只是在特殊情形下才能用于非农建设。农民集体所有的土地只有通过征收程序转化为国有土地才能用于城市建设。正是基于这种制度规定，我国当前的城镇化是政府主导的城镇化，而不是市场主导的城镇化。

值得指出的是，在政府主导城镇化的大背景下，也有农民集体通过自己的力量建设小城镇的案例。例如，山东省龙口市南山集团就是一个成功案例。山东省龙口市南山集团位于胶东半岛，原名前宋村，改革开放前全村共 4 个生产小队，240 多户，800 多人，是一个出了名的穷山村。改革开放以来，他们本着“控制分配、增加积累、滚动发展、共同致富”的原则，不断发展壮大，先后兼并了周围 8 个村庄，行政域名统一为南山村，由一个队办小厂发展成为占地面积达到 45 平方公里，员工 3.6 万人，总资产 106 亿元，以股份制为主体的村企合一的现代化国家级大型企业集团。短短 20 年，龙口市南山村由一个贫穷偏僻的小山村发展成为一个花园式的现代化的农民新城，村民实现了由传统农民向现代城市市民的转换，生活形态和生活方式已彻底改变，并荣获“全国小城镇建设示范区”等荣誉。南山走出了一条具有自身特色的农村城镇化之路，即山城企区(园区)一体化并与区域经济融为一体。[1] 江苏的华西村和河南的南街村也是这样的成功案例。

政府主导的城镇化需要向市场主导的城镇化转变，这种转变需要建立在一个制度转变的基础上：土地所有权能够买卖，包括农民集体在内的各种公有制单位都能够在符合土地规划的地方修建城镇。没有这种制度转变，市场主导的城镇化不可能出现。

(三) 土地节约集约利用的城镇化需要土地所有权市场

2006 年 7 月 14 日，时任中国建设部部长汪光焘在北京召开的全国建设科技工作会议上痛心地指出，当前城镇建设中土地浪费现象普遍存在，城镇的粗放式发展模式严重阻碍了城镇综合质量的提高和功能的正常发挥，降低了城镇的承载能力，影响了城镇化的健康发展。1996 年之后中国进入了城市化快速发展期，城市化率由 30% 上升到 2002 年的 39%。与此同时，土地粗放利用和浪费的现象也越来越严重，一些地方政府用地观念落后，一味着眼于新占地、多占地，而不是节约和集约利用好存量土地，城市建设用地已经面临总量失控、结构失衡的局面。统计数字表明，1990 年到 2004 年，全国城镇建设用地面积由近 1.3 万平方公里扩大到近 3.4 万平方公里；同期，41 个特大城市主城区用地规模平均增长超过 50%。城市建设用地供应总量的失控，使土地这种本属稀缺的资源屡屡被粗放利用。专家指出，目前中国人均城市建设用地高达 130 多平方米，远远超过发达国家城市建设用地人均 82.4 平方米和发展中国家人均 83.3 平方米的水平。汪光焘指出，当前城镇建设总体上是粗放式的增长方式。高消耗、高污染、高投入、低效益问题突

---

[1] 参见徐建华：《一条新型城镇化之路——南山经验解读》，载《小城镇建设》2003 年第 5 期。

出,土地浪费现象普遍存在。[1]

各地层出不穷的高新科技园、产业园、大学城等,成千上万亩地圈占土地;一些企业也是厂内多空地,厂房多平房;高速公路大量修建;农民的土地撂荒、老房子不拆不住、新房子增盖不断等。这些现象与我国国情相比,与占用这些土地后所产生的实际作用或土地利用率相比,与用地单位对土地符合经济原则的实际需要相比,都是极大的浪费。

我国人均国土面积很小,人均可用土地面积更小,人均耕地面积少之又少。应惜地如金,但事实上是土地被大量浪费。原因就在于土地太廉价,使用者太容易获得,因而不珍惜。如果政府征用农民土地的权力受到严格制约,公共用地能够被严格界定,具体到任何一项公共基础到底算不算公共设施、是否需要征地、需征多少土地、该征何处土地等,都由公民或其代表和专家一起讨论鉴定。对于真正需要的公共用地,补偿价格也通过谈判确定,则土地的使用情况定会大不相同。

很显然,要想实现节约集约用地的新型城镇化,非常有必要建立土地所有权市场,不管是市场交易还是国家征收土地,都需要按照市场价格进行交易或者补偿。

三、建构土地所有权市场的可行性

(一)政治上可行:中共中央提出市场应在资源配置中发挥基础性作用

1992 年党的十四大将经济体制改革的目标确定为实行社会主义市场经济体制。既然是要建立社会主义市场经济体制,就必须大力发展土地市场。正是基于土地市场的重要作用,中共十四大的报告将发展土地市场作为培育市场体系的重点。其实,早在 1987 年的中共十三大上,中国共产党人就已经认识到了建立社会主义土地市场的重要性。中共十三大报告指出,社会主义市场体系由消费品和生产资料等商品市场和生产要素市场组成,这些生产要素包括资金、劳务、技术、信息和房地产等,要想很好地发挥市场机制的作用,不能只靠商品市场。这里所说的房地产市场就是土地市场和房产市场的统称。土地市场的建立和完善对于社会主义市场经济体制的建立和完善具有至关重要的作用,其原因就在于,土地是任何生产都不可缺少的要素之一,土地的市场化是其他生产要素和商品真正市场化的前提,否则,其他生产要素和商品的市场价格是扭曲的,完善的市场经济体制就没有真正建立起来。

土地的市场化要求土地的所有权人在不损害社会公共利益和他人合法权益的情形下,能够按照自己的意愿在市场上处置自己的权利,通过市场交易获得收益。也就是说,土地的市场化意味着市场是配置土地资源的基础,市场的交易对象不仅有使用权,还应当有所有权[2]等其他与土地相关的权利。真正实现土地市场化才意味着完善的土地市场的形成。当前,我国的土地市场是不完善的。这种不完善的土地市场已经造成了土地资源配置效率的低下和社会福利的损

〔1〕 参见阮煜琳:《中国城镇建设土地浪费现象普遍存在》,载《广西城镇建设》2006 年第 7 期。

〔2〕 参见茹英杰:《关于集体经济组织市场主体地位的确立与土地所有权市场构建的探讨》,载《中国土地科学》1994 年第 2 期;黄贤金:《略论我国土地所有权市场》,载《农业经济问题》1994 年第 11 期。

失,[1]成为阻碍中国经济发展方式转变的主要障碍之一。[2]

长期以来,中央一直坚持社会主义市场经济体制的改革方向。党的十八大报告进一步提出:"经济体制改革的核心问题是处理好政府和市场的关系,必须更加尊重市场规律,更好发挥政府作用。"党的十八大报告中"更加尊重市场规律"的提法表明中央决心进一步发挥市场的作用。党的十八届三中全会的决定在此基础上更进一步强调要发挥市场在资源配置中的基础性地位。"经济体制改革是全面深化改革的重点,核心问题是处理好政府和市场的关系,使市场在资源配置中起决定性作用和更好发挥政府作用。市场决定资源配置是市场经济的一般规律,健全社会主义市场经济体制必须遵循这条规律,着力解决市场体系不完善、政府干预过多和监管不到位问题。必须积极稳妥从广度和深度上推进市场化改革,大幅度减少政府对资源的直接配置,推动资源配置依据市场规则、市场价格、市场竞争实现效益最大化和效率最优化。政府的职责和作用主要是保持宏观经济稳定,加强和优化公共服务,保障公平竞争,加强市场监管,维护市场秩序,推动可持续发展,促进共同富裕,弥补市场失灵。"

在中央强调发挥市场在资源配置中的基础性地位的背景下,在不改变土地公有的前提下,允许土地所有权可以交易,建立土地所有权市场的主张具有可行性。

(二)经济上可行:具备了进行市场交易的要素

要想进行土地所有权交易,需要具备以下几个条件:有众多的市场交易主体、确定的交易客体、可以评估的市场交易价格和为市场交易服务的中介组织。

在不对国有土地所有权主体制度进行改革的前提下,进行土地所有权市场交易的主体数量也够了。据统计,目前我国有68万个行政村。如果对国有土地所有权主体进行改革,赋予省、市、县和乡镇土地所有权,可以进行土地所有权交易的主体数量将进一步增加。据统计,目前我国有23个省,5个自治区,4个直辖市,2个特别行政区,50个地区(州、盟),661个市。其中,直辖市4个,地级市283个,县级市374个,县(自治县、旗、自治旗、特区和林区)1636个,市辖区852个。总计省级34个、地级333个、县级2862个。另外,11个区公所、19,522个镇、14,677个乡、181个苏木、1092个民族乡、1个民族苏木、6152个街道,即乡镇级合计41,636个。

目前我国农民集体土地所有权的登记发证工作已经基本完成了,土地所有权市场交易的客体也已经确定了。进入21世纪后,我国政府非常重视集体所有权的确权和登记发证工作。2001年11月国土资源部下发了《关于依法加快集体土地所有权登记发证工作的通知》《集体土地所有权调查技术规定》两个文件,强调在全国进行全面部署加快集体土地所有权的登记工作。2009年中央一号文件又指出"强化对土地承包经营权中的物权保护,并做好集体土地所有权确权的登记颁证工作"。2010年中央一号文件中强调"加快农村集体土地的所有权、集体建设用地使用权、宅基地使用权等确权的登记颁证工作",力争用3年时间把农村集体土地所有权证确认到每个具有所有权的农民集体经济组织。此后,2012年、2013年中央一号文件都对这项工作提出要求。2013年6月27日,时任国土资源部地籍管理司巡视员兼副司长冷宏志在接受访谈时说,截

---

[1] 参见张丽雅、李世平:《土地所有权市场的经济行为与效率分析》,载《农村经济》2007年第2期。

[2] 参见吴敬琏:《经济转型存在体制性障碍》,载《中国城乡金融报》2010年4月8日,A03版。

至 2012 年年底,全国农村集体土地所有权累计确权登记发证约 620 万宗,发证率达到 94.7%,基本完成了农村集体土地所有权确权登记发证任务。

我国当前已经有了评估市场价格的依据。2003 年 4 月 8 日,国土资源部颁布了《农用地估价规程》,该规程从 2003 年 8 月 1 日起实施。该规程规定了农用地被征收时,评估该农用地的市场价格的方法。该规程规定了综合法、比较法和征收区片价系数修正法三种方法。(1)综合法。采用综合法所评估的农用地征收价格等于农用地价格、地上附属物价格和社会保障价格之和。评估待估农用地价格可采用收益还原法、市场比较法、剩余法、成本逼近法、评分估价法和基准地价修正法等。计算地上的建筑物和构筑物价格可利用重置价格折旧法进行评估。计算青苗、树苗、鱼苗的价格,根据各省、自治区、直辖市的有关补偿规定计算。(2)比较法。在征地案例比较多的地区,农用地征收价格可以直接采用比较法进行评估。(3)征收区片价系数修正法。该法是指通过对待估宗地征收地价影响因素的分析和确定,利用征收区片价修正系数,对农用地征收区片价进行修正,估算待估宗地客观征收价格的方法。该规程还规定,应采用两种或两种以上方法对农用地征收价格进行评估,并结合当地实际情况对不同评估结果进行分析,确定最后的估价结果。[1] 虽然目前国土资源部还没有颁布农村集体建设用地市场价格的评估标准,但是,我们可以参照国家质量监督检验检疫总局 2001 年 11 月 12 日颁布,2002 年 7 月 1 日起实施的《城镇土地估价规程》,[2] 评估拟被征收的农村集体建设用地的市场价格。之所以可以参照,是因为两者的主要区别只在于所有权主体不同。《农用地估价规程》《城镇土地估价规程》的颁布,为计算被征收的集体土地的市场价格提供了依据。

我国当前也已经有了评估市场价格的主体。早在 1993 年 2 月 13 日,国家土地管理局就发布了《土地估价师资格考试暂行办法》,该办法为建立一支高素质的从事市场经济条件下的土地估价工作的职业人员奠定了基础。该办法第 2 条规定了土地估价职业的市场准入原则,规定只有按本办法通过全国统一考试,并获得土地估价师资格证书的人员,才具有独立从事土地估价工作的资格。后来,1999 年国土资源部发布了《关于土地评估机构与政府主管部门脱钩的通知》。该通知提出,为了建立一支与社会主义市场经济发展相适应的土地评估中介队伍,保证评估机构独立、客观、公正执业,根据中共中央、国务院关于社会中介机构与政府主管部门脱钩的有关精神,决定对土地评估机构进行改革,将土地评估机构改制为两类机构:一类是改成市场化的中介服务机构。这类机构将按照公司法或合伙企业法等有关规定进行改制,变成由土地估价师或其他专业人员出资设立的合伙制企业或有限责任公司,成为参与市场竞争、独立核算、自负盈亏、自我发展、自我约束、享有民事权利、承担民事责任的市场主体。另一类是改制成事业单位性质的土地评估机构。这类机构将按照《事业单位登记管理暂行条例》进行登记,专职承担政府职能性、公益性、社会服务性的土地评估,主要涉及落实政府职能所需的评估,如基准地价、标定地价、出让底价的评估等,这类机构及下设的附属评估机构将不再承担土地评估的中介业务。该通知

---

[1] 中华人民共和国国土资源部《农用地估价规程》,中华人民共和国国土资源行业标准 TD/T 1006—2003。

[2] 中华人民共和国国家质量监督检验检疫总局《城镇土地估价规程》,中华人民共和国国家标准 GB/T 18508—2001。

还要求各地在2000年9月底以前成立市场化的中介服务机构。土地评估职业的市场准入制度和市场化的中介服务机构性质的土地评估机构的建立，为土地所有权交易的市场价格的评估提供了评估主体。

（三）实践中已经有一些成功案例

虽然宪法明确规定，土地所有权不能买卖，但是，实践中已经发生了所有权转移的成功案例。只不过是，这种土地所有权的转移是以富裕村庄兼并贫穷村庄的方式完成的。

案例一：岳各庄兼并罗家沟。1992年1月1日，北京市平谷区经济富裕的岳各庄兼并了地处深山区、经济落后的罗家沟。根据双方的协议，岳各庄兼并罗家沟后，岳各庄承担罗家沟的债权、债务，罗家沟村民享受岳各庄村民的一切待遇，并于年内全部由山上迁至县城附近的岳各庄居住；罗家沟原有的梯田耕地、山场林地由岳各庄统一进行开发利用。[1]

案例二：南山集团兼并周边8个村。南山陆续兼并了后隋家、西马、达沟、南张家、西涧、曲家、上观和刁崖家3个乡镇的8个穷村，总共1547户农民，连人带地一起吸纳过来。对兼并过来的村民统统实行南山的“待遇”，数百万债务由南山偿还，数千劳力安排到南山就业，子女到南山学校上学，1500多户村民也都住进每户一幢的别墅。8个穷村一夜之间由“小农”进入“小康”。对兼并过来的8个村的土地，南山对其实行总体规划，整合资源，依山建城，使每一寸土地都得到了充分利用。[2]

案例三：邱二村兼并泗港村。改革开放以来，浙江省宁波鄞州区邱隘镇邱二村以市场为导向，大办工业和第三产业，走上了农工商高速协调发展、集体个人共同富裕的道路。到1992年，邱二村社会总产值已超过1亿元，集体资产达7200万元，人均收入3000多元，成为闻名遐迩的“小康示范村”。随着经济的发展，邱二村的劳力、土地资源渐显不足，该村的经济迫切需要寻找新的生长点。这时，他们把发展的目光投向了邻村——泗港村。毗邻的泗港村因缺少资金、技术和必要的管理人才，村民以种粮为主，仅得温饱。当地政府对全体村民进行问卷调查，结果98.4%的人表示赞成并入邱二村。1992年1月1日，两村打破行政区划，正式合二为一，定名为邱二村。泗港村的并入，大大增强了邱二村的实力。1年来，已有百余名泗港村人充实到邱二村下属的企业职工队伍中。由于原泗港村700亩耕地整片划入，邱二村的耕地面积增加1倍。更重要的是，这个村因此得以同宁波市的小港经济技术开发区连为一体，凭借这一优势，增加投入，逐步成为一处优质农副产品生产、销售中心。1年后，原泗港村民收入翻了一番，家家用上了自来水，人人享受合作医疗，老人按月领取养老金……贫穷的泗港村民也开始走上了富裕之路。1993年成为邱二村经济发展最快的一年。全村社会总产值达到3.5亿元，利润1500多万元，均比上年增加约1.5倍。村民人均收入近4000元，是浙江省人均收入的两倍多。[3]

案例四：永联村兼并永新和永南两村。1995年9月在张家港市南丰镇，富裕的永联村兼并了邻近的永新和永南两个穷村，永新和永南两村的建制取消。永联村的人口一下子从900多人增

---

〔1〕 参见《京郊新鲜事：富村“兼并”穷村》，载《扬子晚报》1997年8月10日，第5版。

〔2〕 参见徐建华：《一条新型城镇化之路——南山经验解读》，载《小城镇建设》2003年第5期。

〔3〕 参见民乐：《浙江富村兼并穷村》，载《农村科学实验》1994年第4期。

加到5531人,增加了5.9倍;面积从半个多平方公里增加到4.52平方公里,增加了8.2倍。永联村成了不仅是张家港市,而且是苏州市的地域最大、人口最多的第一大村。[1]

四、建构土地所有权市场的制度建议

当前的宪法和法律不允许转让土地所有权。要想建构土地所有权市场,必须修改宪法和相关法律。

(一)修改宪法允许土地所有权交易

2004年的《中华人民共和国宪法》(以下简称《宪法》)第10条第4款规定:"任何组织或者个人不得侵占、买卖或者以其他形式非法转让土地。土地的使用权可以依照法律的规定转让。"如何理解改款规定,值得研究。有学者认为,《宪法》第10条并未明确禁止集体与集体之间土地所有权的买卖和转让,所以实践中有人主张可以允许集体之间的土地所有权转让,但《宪法》第10条第4款明确规定了集体土地使用权的转让,却未规定集体土地所有权的转让,表明宪法排除了集体之间土地所有权的流转,能转让的只能是使用权。[2] 根据该学者的解读,需要研究的问题是,《宪法》第10条是否明确禁止集体与集体之间土地所有权的买卖和转让?本文认为,《宪法》第10条第4款规定得很清楚:"任何组织或者个人都不得买卖土地"。也就是说,《宪法》明确禁止土地所有权成为市场交易的客体,即使是国家也不能通过市场交易的方式购买土地所有权。正因如此,所以《宪法》第10条第4款的第二句紧跟着规定"土地的使用权可以依照法律的规定转让"。

为了建构土地所有权市场,应当修改《宪法》第10条第4款,将其内容修改为:任何组织或者个人不得侵占或者非法转让土地。土地的所有权、使用权和其他权利可以依照法律的规定转让。

(二)修改《宪法》中"城市的土地属于国家所有"的规定

1982年《宪法》在生效时,其第10条第1款和第2款就我国土地所有权的归属,进行了一个原则性地抽象划分。"城市的土地属于国家所有。农村和城市郊区的土地,除由法律规定属于国家所有的以外,属于集体所有;宅基地和自留地、自留山,也属于集体所有。"如何理解宪法规定的"城市的土地属于国家所有",则是一个富有争议性的问题。

学者基于不同的价值观和解释方法,[3]提出了不同的见解。综合两个学者[4]的观点,本文认为这些观点可以概括为:(1)在宪法颁布时,中国城市的私人所有的土地所有权转变为国家所

---

[1] 参见吴祥钧:《对富村兼并穷村的思考》,载《江南论坛》1996年第4期。

[2] 李忠夏:《农村土地流转的合宪性分析》,载《中国法学》2015年第4期。

[3] 美国学者也认为,关于宪法解释方法的探讨是宪法学者之间争议性最大的问题。See Martin H. Redish, Matthew B. Arnould, "Judicial Review, Constitutional Interpretation, and the Democratic Dilemma Proposing a 'Controlled Activism' Alternative", *Florida Law Review*, Vol. 64, Issue 6 (December 2012), pp. 1485 – 1538.

[4] 参见程雪阳:《论"城市的土地属于国家所有"的宪法解释》,载《法制与社会发展》2014年第1期;成协中:《城市土地国家所有的实际效果与规范意义》,载《交大法学》2015年第2期。成协中教授总结有6种,本文认为有3种虽然涉及"城市的土地属于国家所有"这个主题,但由于不是直接研究该问题,所以,本文没有采纳成协中教授的观点,全部列举出来。

有权,以后新划入城市规划区的土地的所有权也立即变成了国家所有;[1](2)在1982年《宪法》颁布时,城市建成区范围内的土地所有权全部变成国有,《宪法》颁布后划入城市规划区的土地经过征收才可以转变为国有土地;[2](3)1982年《宪法》颁布时,国家只获得了城市私有房屋所有者的土地的名义上的所有权,该土地的使用权和管理权依然属于私有房屋所有者;[3](4)1982年《宪法》颁布时,国家获得的所有权只是“主权意义上或行政管辖意义上的所有权”,而非财产权意义上的“所有权”;[4](5)“城市的土地属于国家所有”的含义应当解释为“城市的土地可以属于国家所有”;[5](6)“城市的土地属于国家所有”的规范含义具有政治内涵、公法意义和私法意义三种。政治内涵是消灭剥削,实现社会正义。公法含义是这一条款属于社会主义基本经济制度的范畴,确立了城市土地的国家所有制,原则上排除了国家之外的任何组织或个人对城市土地主张所有者权利,赋予了国家成为城市土地所有者的权能和资格,既不能实现所有权变更的功能,也不指向城市土地完全或只能由国家所有享有这一法权结构。私法含义是国家对城市的土地所有权作为所有权的一种,享有占有、使用、收益和处分等多项权能,所有权的取得、内容和行使等应当有法律依据,受法律保护。[6]

本文认为,现有的观点在方法论方面值得商榷。虽然有些观点也从动态的角度解释了“城市的土地属于国家所有”的含义,但最后多从静止的角度来解释“城市的土地属于国家所有”,好像“城市的土地属于国家所有”只有一种含义。本文认为,应当从动态的角度来阐释“城市土地属于国家所有”的含义,该条款的含义并不是固定不变的,应当随着时间的变化而变化。[7] 从文本的角度来分析,宪法颁布时的含义应当是“城市建成区的私有土地变为国有土地”;从立法和执法的实践角度来看,宪法颁布后的含义应当是“城市规划区集体所有的土地变成国有土地才能用于城市建设”。[8]

根据《宪法》规定的“城市的土地属于国家所有”的授权,立法机关和行政机关执行的是国家垄断城市建设用地一级市场的制度,这是一种城乡分割的土地制度,不能建立城乡统一的土地所有权市场。为了构建土地所有权市场,应当修改《宪法》第10条第1款的规定,将其修改为:城市的土地属于国家所有,集体所有的土地符合规划的也可以用于城市建设。

---

[1] 参见王维洛:《1982年一场无声无息的土地“革命”——中国的私有土地是如何国有化的》(上),载《国土资源》2014年第10期;王维洛:《1982年一场无声无息的土地“革命”——中国的私有土地是如何国有化的》(下),载《国土资源》2014年第11期。

[2] 参见杨俊锋:《现行城市土地制度的来龙去脉》,载《南方周末》2012年7月12日,第31版;陈沉:《正确运用“城市土地属于国家所有”》,载《资源导刊》2012年第3期。

[3] 参见张千帆:《城市土地“国家所有”的困惑与消解》,载《中国法学》2012年第3期。

[4] 华新民:《中国城市土地所有权的梳理和追问》,载《东方早报》2012年11月27日,第8版。

[5] 程雪阳:《论“城市的土地属于国家所有”的宪法解释》,载《法制与社会发展》2014年第1期。

[6] 参见成协中:《城市土地国家所有的实际效果与规范意义》,载《交大法学》2015年第2期。

[7] 有美国学者认为,宪法的含义从来没有固定过,相反,它会随着环境和价值观的变化而变化。See Terrance Sandalow, Constitutional Interpretation, *Michigan Law Review*, Vol. 79, Issue 5(April 1981), p. 1033.

[8] 参见邹爱华:《“城市的土地属于国家所有”含义的历史演变论》,未刊稿。

(三)修改宪法明确规定土地征收的补偿标准

2004年《宪法》修订前的第10条第3款规定:“国家为了公共利益的需要,可以依照法律规定对土地实行征用。”2004年修订后的第10条第3款规定:“国家为了公共利益的需要,可以依照法律规定对土地实行征收或者征用,并给予补偿。”修订后的《宪法》第10条第3款增加规定,国家征收土地时需要给予补偿。这个增加规定并没有对实践产生什么实际的影响。因为在实践中,国家征收土地时都给予了补偿,只是没有按照被征收土地的市场价格给予补偿。仅仅增加规定给予补偿,而不明确规定补偿标准,不利于构建土地所有权市场。因为宪法没有明确规定补偿标准,实践中的土地管理法规定的按照被征收土地的年产值的倍数给予补偿的标准就可以继续实施。由于现在执行的补偿标准不是被征收土地的市场价格,而是低于被征收土地的市场价格,这个补偿标准就会鼓励国家通过征收方式获得集体所有的土地,而不是通过市场交易的方式获得集体所有的土地,就不利于土地所有权市场的构建。

当前学者对应当采用的土地征收补偿标准存在争议。有学者认为,应当采用合理的补偿原则。根据该补偿原则,应当按照被征收财产的市场价格对被征收财产的全部的直接损失给予补偿,但对征收引起的间接损失[1]不予补偿。[2] 另有学者认为,应当采用公平的补偿原则。[3] 但是,该学者没有明确地主张按照被征收土地的市场价值给予补偿,而只是建议提高补偿标准,补偿数额应当市场化。还有学者主张采用公正补偿原则。[4] 该原则的内涵是,在一般情形下,坚持“完全补偿”原则,在确定补偿数额时,应当根据被征收人的损失以及考虑到征收对被征收人的生存和发展利益的长远影响。[5]

本文认为,为了构建土地所有权市场,应当按照被征收土地的市场价格,给予被征收人公正补偿。[6] 因此,笔者建议将《宪法》第10条第3款修改为:国家为了公共利益的需要,可以依照法律规定对土地实行征收或者征用,并给予公正补偿。

---

〔1〕 该学者所说的直接损失和间接损失与法国土地征收法所规定的直接损失和间接损失不同。该学者所说的直接损失仅仅只指被征收财产的价值损失,其他损失都属于间接损失,而法国《土地征收法》的直接损失是指和征收之间有直接的因果联系的损失,其他损失才属于间接损失。这就意味着有些损失在法国《土地征收法》上属于直接损失,而根据该学者的界定,则属于间接损失。例如,出租的房屋被征收后房东丧失的租金收入,房客失去栖身之所后的损失。关于法国《土地征收法》上的直接损失和间接损失的规定,参见王名扬:《法国行政法》,中国政法大学出版社1997年版,第393页。

〔2〕 参见王利明:《我国民法典重大疑难问题之研究》,法律出版社2006年版,第429~432页。

〔3〕 参见李集合、彭立峰:《土地征收法的内部冲突及其化解路径》,载《西北大学学报》2008年第4期。

〔4〕 有的学者用“公平”,有的学者用“公正”,这两个概念常常混用,在翻译西方国家的征收条款时,不同的学者使用的概念也不同。本文认为,“公平”和“公正”看问题的角度不同。“公平”这个概念是从被征收人的角度来说的,如果被征收人得到了应有的补偿,可以说补偿原则是“公平的补偿原则”;而“公正”这个概念是从国家或征收申请人的角度来说的,如果国家或征收申请人给予了被征收人应有的补偿,可以说补偿原则是“公正补偿原则”。

〔5〕 参见沈开举:《征收、征用与补偿》,法律出版社2006年版,第247~248页;李蕊:《中国土地征收制度研究》,中国人民大学法学院2005年博士学位论文,第156~158页。

〔6〕 2011年1月21日,国务院颁布的《国有土地上房屋征收与补偿条例》第2条规定的补偿原则是公平的补偿原则。该条原文是“为了公共利益的需要,征收国有土地上单位、个人的房屋,应当对被征收房屋所有权人给予公平补偿”。根据本文对“公平”和“公正”的理解,本文认为该条的“给予公平补偿”的用语不是很妥当,改为“给予公正补偿”更好。

“三权分置”下承包权与经营权的利益协调机制

程彦绫*

目　次

一、引言

从党的十八届五中全会到中央农村工作会议，到《深化农村改革综合性实施方案》，再到“十三五”规划纲要均提出落实集体所有权，稳定农户承包权，放活土地经营权是土地改革的基本方向。在逻辑路径上，与初次分离相同，其试图在承包经营权中析出经营权，不断做强经营权，释放新一轮的土地红利。而基于承包权与经营权此消彼长的关系，经营权越强则承包权就越弱，最后全社会可能只认可经营权，承包权被架空，所有权进一步被虚置，这并非承包权与经营权再次分离所欲追求的效果。再分离相较初次分离而言，各权利主体间的利益冲突也将更激烈。在初次分离中，面对农民的生存发展需求，作为国家代表的农村集体经济组织，在土地公有制的名义下成全农民强大的承包经营权，分离主体之间的不对位博弈保障了初次分离的顺利完成。而承包权与经营权的再次分离，是平等市场主体之间的利益博弈，出于理性经济人的假设，权利主体间的利益冲突势必更激烈。

二、承包权与经营权分置的功能目标分析

土地承包经营权与农民集体土地所有权之“两权分离”的模式，仅仅调动了农民的劳动积极性，提高了农业生产效率，而并未彻底解决土地资源的优化配置问题。两权分离模式仅仅解决了“人”的积极性，而并未激活“地”的灵活性。在大量农村劳动力向第二、第三产业转移，农村社会

* 西南大学法学院硕士研究生。

结构深刻变动,农业规模化经营要求土地流转,改变"人均一亩三分地"土地细碎化现象的背景下,土地承包经营权分离能够适应生产力的发展要求,发挥其强大的制度优势。

首先,"三权分置"可以打破承包经营权流转的身份固化藩篱。"三权分置"的前提是坚守承包权主体必须是作为集体经济组织的成员这一原则,而土地经营权基于其灵活性和可交易性,可不受身份限制而在市场中自由流转,能够在更大范围内优化配置土地资源,有助于培育新型的农业经营主体,发展多元化的土地经营方式,构建集约化、组织化、社会化相结合的新型农业经营体系。

其次,"三权分置"可以提升土地效率,创造经济效益,又能兼顾土地保障农民生存之功能。土地承包经营权之分离,将土地经营权从承包农民手中流转,增加了农民的财产性收入渠道,解决了其资金周全问题,能够极大地促进农业生产发展,推动农业经营的现代化、规模化、专业化和市场化。同时,土地承包经营权之分离是在坚持农民承包权不变的前提下的分离,承包权不会随着经营权的流转而易主,因此,土地承包经营权保障农民生存的基本功能并未丧失,农民永久享有土地的承包权。

再次,"三权分置"可以盘活土地二级市场的流转。允许农民对土地经营权的灵活流转能充盈土地二级市场的交易内容,让更多闲置、荒废的承包土地进入市场,由市场这双"看不见"的手合理配置土地资源,推动土地市场的有序经营。同时,土地二级市场的繁荣能够让更多资源、资金涌向土地,将充分调动农民合理使用承包土地的积极性,推动农业生产的发展,从而加快城乡一体化建设。

最后,"三权分置"可以破解目前农村土地抵押的困局。在两权分离的情况下,土地经营权的抵押并不会使农民丧失其土地承包人的地位,因此,即使在抵押后农民到期无法履行债务,债权人也是通过土地经营权来实现其债权,待抵押的土地经营权行使期限届满,因农民承包人地位不变,土地经营权将再次复归至农民手中。[1] 如此,既免去了农民丧失土地的担忧,又能够鼓励社会资金向农业、农村流动,扩充农业生产发展的资本源流。

三、承包权与经营权利益冲突的权源

土地承包经营权因集体经济组织的发包而取得,其依附于农户具备承包土地之资格而存在。这种资格直接源于农民的集体经济组织成员身份或者社员权,并据此而使得农民取得分配承包地的权利,也就是承包权。严格来说,承包权并不具备确定的利益内容,而仅仅意味着利益实现之可能,因而不是真正意义上的权利。只有承包权与经营权相结合并共同构成土地承包经营权时,其利益内容方可确定。因此,在不考虑其他因素的前提下,土地承包经营权之所以被称为一种用益物权,皆因其中蕴含着"经营权"的权能内容。对于承包权和经营权的外延属性,可以从权利属性和权利内容两个方面来进行考察。

(一)权利属性

不同的属性会受到不同的法律调整,作为法律权利,首先要明确其法律属性。当前,关于再

[1] 参见韩松:《坚持农村土地集体所有权》,载《法学家》2014年第2期。

分离后经营权的性质界定充满争议。主要观点可归纳如下：其一，承包权仅是一种资格，经营权为物权。此种观点认为承包权是成员权的一种，是成员获得承包土地的资格，还不是一种实实在在的财产权。而经营权来自承包土地使用权，故属于物权范畴。其二，承包权和经营权均为物权。此种观点主张承包权与经营权分离后，两者皆为物权，农户因集体成员资格而取得土地承包权，承包权是一种单独的物权性质的财产权，经营权来自承包权，也是一种物权。其三，承包权为成员权，经营权为用益物权。此种观点主张将承包权界定为成员权，不可抵押流转，经营权为物权，可以流转抵押。其四，主张承包权与经营权分离后，其制度构造参照清朝的田底权与田面权，拥有田底权地主的收益权就是坐地收租，而享有田面权的“二地主”的权利主要在于得到土地经营的收益。

尽管土地经营权是作为土地承包经营权的派生权利而存在，但是土地经营权的权利属性并不当然地就与土地承包经营权一致。我国奉行严格的物权法定原则，所谓物权法定，系指物权的种类、内容、效力和公示方法需要法律加以规定，不允许当事人以自由意志加以创设或者更改。土地承包经营权是物权，系物权法直接规定，而物权法并未规定土地经营权。那么根据现行法，该权利不可能是一种物权，而只能是一种债权。〔1〕 事实上，透过上文分析，能够产生新权利（土地经营权）的土地承包经营权流转方式，“出租”和“转包”产生的权利的确是债权型的权利。以“出租”方式所形成的权利，性质上属于租赁权，是一种典型的债权，而以“转包”方式形成的权利，实质上与租赁权别无二致，亦应属于债权。故而，以物权法的解释论为中心，“三权分置”所创设的土地经营权应是一种债权。但笔者认为有必要对土地经营权进行物权塑造，其应该是具有物权属性的权利。理由在于：一是此次土地制度变革核心内容是“三权分置”，即突破当前农村耕地地权两权并立的格局而实现农民集体土地所有权、农户承包权、土地经营权的三权并立。三权并立的一个基本要求就是三个权利之间具有对抗性，相互制衡，在权利效力上没有明显差别。根据当前的法律制度安排，农民集体土地所有权和农户承包权是物权，而土地经营权是债权。权利的效力差异明显：一方面，因为物权为对世权，而债权为对人权。物权可以向一切人主张权利，债权仅能对特定人主张权利；另一方面，因为物权效力优于债权，物权人可以基于其物权收回其权利客体，而很多时候债权人在面对此类困境时只能要求物权人承担违约责任。〔2〕 二是由于当前对土地承包经营权的流入方的保障力度不够，即采用一种债权型权利保障的方式，使农村土地承包经营权不能更有序和规范地流转，一部分对农业有意的资本还在犹豫观望，裹足不前。三是身份性要求对土地资源的有效配置和成熟土地市场的形成造成了相当的阻碍。但是，农村土地物权的身份性要求又是当前阶段对农民基本生存利益进行有效保障，防止外来资本挤压农民基本生存空间的必要前提。

具体而言，承包权是一项独立的物权，性质也为用益物权。承包权本就来自承包经营权，其性质与承包经营权一样，符合权利分离的构造规则。承包权的取得与承包权的性质不能混同。从承包权的取得来看，只有本集体经济组织的成员才有资格承包，因而具有身份性，但这并不意

---

〔1〕 参见叶兴庆：《从两权分离到三权分离》，载《中国党政干部论坛》2014 年第 6 期。

〔2〕 参见马凤娟、赵红霞、孙秀芳：《对我国农地产权“三权分离”相关问题的思考》，载《农业经济》2015 年第 1 期。

味着承包权就是某种身份权。承包权的独立也是要为农民创造更多权益的，其指向的客体主要是财产。我们绝不能因为承包权的取得具有身份性，就将其界定为身份权。承包权的取得尽管具有身份限制，但其客体指向财产收益，因而为财产权，主要权能体现为监督流转农地的利用、到期收回承包地、再次承包续包、有偿退出和流转等。

（二）权利内容

承包权与经营权分离后，两者的权利内容如何确定，这是“三权分置”的关键与核心，将直接影响甚至决定我国农业绩效，进而影响国家粮食安全和农村社会公平、稳定发展。“像物权法中表述为占有、使用、收益的权利，这种所有权主义的立法，是保护所有权、弱化使用权的立法，不符合现代物权法立法精神。”因此，在以使用权为核心的农地产权制度下，仅从传统的角度将承包权界定为占有、使用、收益和处分的权能，这并不能真正明晰承包权的权利内容，还应从具体的价值体现角度对承包权进行阐释和分析。根据《中华人民共和国物权法》（以下简称《物权法》）第125条、第126条、第128条和第132条的规定，土地承包经营权包含占有、使用、收益、流转、承包续期、征收补偿等权利内容。2014年中央一号文件提出赋予农村土地“抵押、担保”权能后，农地承包经营权会拥有更丰富的权利内容，分离后的承包权与经营权的权利内容也应随之变化。

农村土地所有权、承包权、经营权“三权分置”后，由于权利分离形式的不同，承包人可能继续占有、使用承包地，也可能丧失土地占有、使用权（将土地经营权设定抵押、入股、信托时）。但在更多情形下，“三权分置”后经营权人会取得集体土地的占有权、使用权。具体而言，承包权与经营权分离后，承包人主要享有承包地位维持权、分离对价请求权、征收补偿获取权、继承权、退出权等，其中承包地位维持权是承包权中最重要的身份性权利，是分离对价请求权、征收补偿获取权等财产性权利的基础。

肯定经营权的物权性质，经营权人和承包人之间的关系就更稳定，这可以有效抑制承包人随意撕毁合同的行为，经营权人就可以放心地长期投资。作为一种物权性权利，土地经营权主要表现为对土地的直接支配和使用，但并不构成土地权利的全部内容。经营权人有权占有、使用土地，在土地用途不发生变化的前提下按照自己的意愿进行农业耕作；其享有一定的处分权，可以不经承包人同意而将经营权入股、设置担保或信托。同时，由于没有类似承包权人必须是集体经济组织成员的资格要求，经营权可以在更广阔的范围内流转，工商资本可以进入农业、农村和农民的事务领域，农村土地资本被激活。农地经营权更多地体现为一种财产性权利。承包权与其权利人的集体经济组织成员身份紧密相连，并且非因法定事由不得任意剥夺和做出限制。经营权却可能因为各种原因而被剥夺和限制，其连续性和稳定性还须强化，但这种表面上的不稳定性却是经营权存在的需要。这是因为承包权的对象范围更抽象。换言之，承包人自己并不确知其将要获得哪块土地。经营权作为依附于承包权的另一权利束，其稳定性直接决定于承包权的具体期限。实际上，经营权的行使需要权利人直接或委托他人间接占有和使用土地，并且务求经营行为能够及于所经营土地的全部范围。

四、利益冲突的表现及协调机制的构建

从20世纪80年代初农地所有权与承包经营权初次分离，到现在的承包权与经营权再分离，

本质上都是农地利益的再分配。再分离后的承包权与经营权,在归属不同权利主体时,必然面临利益冲突的问题。我国农村土地负载着多重功能。2014 年中央一号文件将承包权与经营权分离,提出要稳定承包权,放活经营权,是为了满足不同群体农民对于生存和发展不同层次的需求。具体来说,稳定承包权,就是要保障农民的生存问题,彻底解除农民流转农地的后顾之忧。而放活经营权,容许经营权抵押,则是鼓励农民扩大农地经营规模,利用经营权抵押获取资金进行农业生产,以解决发展问题。总之,承包权与经营权分离,不仅仅是权利的形式分离,更是农地负载功能的分离。分离之后,承包权与经营权分别负担农民生存与发展的功能,在两权归属不同主体时,很容易出现“两权角力,一权虚化”的权利冲突窘境,最终导致农民利益受损。毕竟农民生存与发展所需利益都需要以实实在在的农地为载体,而农地的利用在同一时间只能属于一个主体。举例来说,农民为了获取生产资金,将经营权抵押给银行,在农民经营不善无法按约还款时,银行不得不拍卖抵押的经营权,于是,承包权与经营权主体发生分离。在无地可种又无其他生计可施时,失去经营权的农民的生存保障问题凸显,此时强调农民仍享有承包权,经营权压制承包权,实质性地控制了承包地的占有、使用和收益的权利,承包权沦为虚化的期待型权益。

承包权与经营权分离为两种独立的权利,在两权归属不同主体时,两权之间的利益协调关系重大。从宏观层面来说,再分离要防止“经营权一权独大、符号化所有权、虚化承包权”。对于实践中的农地流转,一方面,要禁止农民长期流转经营权并一次性交租金。因为承包权人流转的经营权期限越长,手中的承包权就越虚弱,承包权负载的生存保障功能就越虚化。反之,经营权流转的期限过短,经营权就越虚弱,其所欲达到的通过农业规模化生产来获取更大经济效益的目标可能落空,毕竟农业生产是一个耗时耗力的生产过程。为有效发挥两权分离后各自的功能,既要禁止承包权人一次性转让剩余承包期限的经营权,谨防“承包权虚化”,也要适度鼓励经营权的中长期流转,以便受让人能够作长远规划,稳定经营,真正“实化经营权”。在具体实践中,经营权流转期限可以 3～10 年为参照。另一方面,因地制宜地调配集体经济组织的角色,发挥其在促进农业现代化发展、增加农民收入等方面的作用。总之,要协调农地三权关系,防止“经营权一权独大、符号化所有权、弱化甚至虚化承包权”,真正实现农地“三权分置”的功能价值。

从微观层面来看,要处理两权分属不同主体时,在承包地被征收、收回、灭失等不同情景下的利益冲突问题。

(一)承包地灭失

在“三权分置”的背景下,承包权人主要的收益来源是收取分离收益,而经营权人则取得了承包地的实际利用。承包权人的分离收益取决于经营权人对承包地的利用,经营权人利用承包地也有赖于其为承包权人提供分离收益。[1] 但如果承包地灭失,该如何分担风险呢?笔者认为,应区分不同情况,本着平衡双方利益的原则来处理承包地的灭失。如果是因为洪水、地震等不可抗力造成的灭失,应赋予经营权人解除合同的权利,按照合同解除的方式来处理损失分担。如果是由于承包权人或经营权人一方的原因导致承包地灭失,则另一方有权提请违约或侵权损

〔1〕 参见刘守英:《农村集体所有制与三权分离改革》,载《中国乡村发现》2014 年第 3 期。

害赔偿。如果是其他主体造成承包地灭失,则承包权人和经营权人都有权要求赔偿损失。赔偿款可参考经营权流转合同的期限、价款等因素,在承包权人、经营权人之间合理分配,同时考虑集体经济组织的利益。

(二)承包地的征收

为了公共利益的需要,国家可以依照法律权限和程序征收单位和个人的动产或不动产。《物权法》第132条明确承包经营权人有权获得征地补偿,但由于土地管理法、土地管理法实施条例并没有进行相应的修改,使该条规定形同虚设,缺乏可操作性。农地征收后,其补偿款主要包括土地补偿费、安置补助费、地上附着物和青苗补偿费,如何在承包权人与经营权人之间分配这些款项是个难题。对于青苗补偿费,考虑到经营权人实际在投入经营承包地,故应归属于经营权人;对于土地附着物,则应按照附着物的权属来界定。对于土地补偿费,根据《中华人民共和国土地管理法实施条例》第30条的规定,应归农村集体经济组织所有,实质上是对集体土地所有权的补偿,但这显然对承包经营权人不公平。在实践中,集体经济组织获得土地补偿费后,需要将一部分分给承包农户,但究竟按多大比例分配则各不相同。有学者提出全国统一按照一定比例,把绝大部分土地补偿费分配给被征地农户。[1] 这种办法能很好地解决土地补偿费在农户和集体经济组织之间分配的问题,值得赞同。然而,在承包权与经营权分离后,还需解决土地补偿费如何在承包权人与经营权人之间进行分配的问题。笔者认为,可以按照经营权人享有的经营权期限占剩余承包期限的比例来分配土地补偿费,同时考虑经营权流转的费用。如果补偿费并不足以弥补经营权人的损失,则可以通过调整经营权流转费用、置换其他承包地等方式来平衡双方利益。至于安置补助费,考虑到其主要目的在于保障失地的本集体经济组织农民的生活,而经营权的流转对象并不一定是本集体经济组织成员,故宜将安置补助费给予承包权人。当然,为更好补偿承包经营权,今后应单设承包经营权补偿费,根据承包权人与经营权人之间的流转合同的费用、期限等要素,合理分配补偿费。

(三)承包地的收回

为了保护承包人的土地承包经营权,原则上发包方不得收回承包地,除非承包方全家迁入设区的市,转为非农业户口,出嫁妇女或者丧偶妇女在新居住地取得承包地。此处的“全家”应当指与发包方签订承包合同的农户的全部家庭成员。除上述情形以外,发包方收回承包地都是违法的。当然,如果承发包双方在合同上有相应的因承包方违约将被收回承包地的约定且该约定没有违反法律法规的强制性规定,发包方可以依据合同约定收回承包地。对于承包权人流转经营权后,经营权人连续2年抛荒弃耕、导致承包地被动收回的,承包权人可以向经营权人请求赔偿。对于承包权人全家迁入城市、转为非农业户口,承包地需要被收回的情况,经营权人可以要求承包权人将承包权转让给本集体经济组织的其他农民,以延续经营权流转合同。承包权人不愿意转让、主动将承包权交回给集体经济组织的,经营权人与发包方之间延续经营权转让合同。

---

〔1〕 参见潘俊:《新型农地产权权能构造——基于农村土地所有权、承包权和经营权的权利体系》,载《求实》2015年第3期。

（四）农业补贴

我国历来重视对“三农”的扶持，中央每年都对此投入大量的补贴，主要包括种粮补贴、农资综合补贴、良种补贴以及农机具购置补贴等。农业补贴对我国农业发展、农民增收功不可没，但也存在补贴不精准、激励不明显等问题。例如，实践中的种粮补贴通常是通过承包土地的面积来发放，发放给承包权人。在承包权与经营权同为一个主体时，补贴到位没有问题，但当两权归属不同主体时，这些农业补贴归谁就成为问题。当前大部分地区的做法都是将补贴发给承包权人，真正种地的人反而拿不到钱。尽管这种做法在一定程度上挫伤了种田者的积极性，但事实是，受让人通过流转获得他人农地时，并不认为自己有独立的权利，大多认为自己是在租用他人农地，补贴当然归属他人。有人对此表示赞同，认为种粮补贴应该归原土地承包人，理由是基于公平原则。在税改之前，他们承担了国家的赋税，国家进行税改之后，补贴是对其原来纳税行为的一种利益补偿。[1] 笔者认为，此种观点并不正确，农业补贴主要用于补贴从事农业生产的农民，保障国家的粮食安全。在承包权与经营权分离的情形下，承包权人通常是常年进城务工的农民，给予他们补贴并不能引导其返乡从事农业生产，补贴对他们从事农业生产的利益导向作用基本消失，而经营权人实际种粮种田，补贴不到位会挫伤他们的种粮积极性。由此，在2014年中央一号文件提出承包权与经营权分离，经营权成为独立的权利后，两权对峙将不可避免，如何分配“三农”补贴至关重要。为响应2014年中央一号文件的精神，应完善农业补贴政策，将农业补贴同粮食生产挂钩，让实际种粮和多生产粮食的主体多得补贴，真正提高种粮积极性，保障国家粮食安全。

五、结语

改革开放近40年来的农村土地法律制度改革，是从对单一的集体所有、集体劳动改革为以家庭联产承包责任制为核心的“两权分置”过程，即集体所有权和土地承包经营权两种权利的分置。其重要目的是要弱化所有权的权能，强化农户的承包经营权，从而激发农民的生产积极性。此后，在中央政策提倡的承包关系长期稳定不变的语境下，承包经营权逐渐强大起来，集体所有权有被形式化之虞。[2] 为承载“平均地权”的功能负载，实现农地的集约高效利用，兼顾农地的社会保障功能和财产功能，中央提出将承包权与经营权分置，建立所有权、承包权及经营权“三权分置”的农地权利体系，为建立财产型的农地权利制度、发挥农地的融资功能提供了制度基础。而再分离后的承包权与经营权，在归属不同权利主体时，面临着承包权和所有权被架空的危险。因此，承包权与经营权再分离后，在宏观层面上，需要妥当处理所有权、承包权与经营权的功能定位问题，避免“经营权一权独大、符号化所有权、虚化承包权”，遏制工商资本兼并农地和改变农地用途的冲动。在微观层面上，要合理厘定再分离后承包权与经营权的权能与性质，平衡两权分离后归属不同主体时的利益冲突。

---

〔1〕 参见李爱红：《完善农村集体土地“三权分置”下的法律制度》，载《重庆行政》2014年第10期。

〔2〕 参见韩永廷：《加快构建“三权”分离的农地制度》，载《蚌埠党校校报》2014年第1期。

论机制的改革与改革的机制

——集体土地增值收益分配机制的重构探讨

龚暄杰*

目　次

土地问题是新型城镇化进程中的基础性问题,而土地价值是备受关注的问题,主要的价值理论有三种,即劳动价值论、新古典价值论、斯拉法价值理论。而集体土地增值收益[1]的分配和改革更是土地价值问题的重中之重,围绕集体土地增值收益分配与改革的争论已经愈演愈烈,相关的理论、观点与实践值得我们认真研究。

一、集体土地增值收益分配与改革的主要观点

(一)集体土地增值收益分配的主要观点

针对农村集体土地增值收益的归属问题,主要有四种观点。

第一种观点“增值归公”论,以孙中山的平均地权理论为理论基点,可以归纳为“核定地价、

---

* 西南政法大学中国农村经济法制创新研究中心助理研究员,西南政法大学—四川省社科院联合培养博士后。

本文是2017年重庆市社科博士项目(项目编号:2017bs36)阶段性成果。

[1] 目前对“集体土地增值收益”的概念和范围尚存在一定争议,一般认为,集体土地增值收益是指农业用地转为建设用地并进行相应开发后,达到建设用地的某种利用条件而发生的增值,但这只包括了农地转非情况下的增值,比较合理的一种解释是指改变土地现有用途或增加开发强度新增的纯收益。在征地情况下其范围一般为土地出让总价款扣除地上附着物补偿费、青苗补偿费、拆迁补偿费、土地开发费和相关业务费5类费用后,剩余金额可视为土地增值收益,也有人认为应扣除税费、投资利息、投资利润等费用,我们姑且认为这是广义和狭义的区别,因为从分配改革的角度来看,税费、投资利息、投资利润不管是作为成本还是收益,最终权益的享有者是没有争议的。而对于分配的方式,除货币补偿外,国土资源部提出了“因地制宜探索”“留地”“换地”“留物业”四种新的基本途径,此外还有个别存在但有巨大争议的“土地换住房”等方式。

照价收买、照价征税、涨价归公”，孙中山先生主张地价的增长部分应收归国有，涨价归公是“平均地权”的核心。后来不少学者也认为，农地流转带来的增值收益理应收归国有，由于社会的经济发展而导致土地增值，应该由社会共享这部分收益。这部分学者的观点还考虑了我国的土地所有权制度和公平原则。

第二种观点是“增值归农”论，认为土地增值应归原土地所有者所有。其中以周其仁早前的论述为代表，这部分学者反对农业用地转换用途而带来的增值收益收归国有，认为“涨价归公”的错误理念来自“各种资源的市值是由其成本决定”的错误观念，权利本身就应该有价。土地从农用转为城市土地用地的过程中，增值收益被政府和并非集体土地所有者的开发商分享了，而农民却分文不得。这部分学者的观点支撑主要来源于物权原则。

第三种观点是“公私兼顾”论，提倡分配中“公私兼顾”，以周诚为代表，主张“充分补偿，剩余归公，支持全国”，其认为土地收益和土地增值的分配应该注重公平，要优先对失地农民进行公平补偿，剩余部分再收归中央政府，用于农村建设。这部分学者采取价值还原的分析方法，认为土地的价值贡献主要存在三方主体：一是政府；二是公众；三是农民。政府贡献的是管理权、规划权和征收权，而公众贡献的则是经济发展所带来的外部收益，如孙中山眼中的“社会改良和工商业进步”，而农民贡献的则是农地的承包经营权、社会保障权和农地发展权。并认为地价的上涨是地租未来资本化的反应，应由政府、公众和农民共同分享。

第四种观点是“国家排除”论，认为国家不应直接参与土地流转收益分配，土地流转收益只是在土地所有者和土地使用者之间按相应比例分配，提倡国家提供公共产品的回报应局限于税收，认为政府参与分配将容易导致腐败。

从国际层面来看，对于土地增值利益的分配，在美国，在 20 世纪 60 年代之前受经济自由主义的影响，涨价归私思想在土地增值利益的分配中占据了主导地位，这其中包括了正增值和负增值两种情形，但 20 世纪 80 年代以来，很多州开始征收“开发影响费”。在英国，主要受涨价归公思想主导，但基于土地私有制度，土地增值收益的分配的具体方案仍然反复变化中。在日本，则支持“公私兼顾”论，通过 1989 年日本《土地基本法》第 5 条“适当返还因土地价值的增加而产生的利益”的规定确定了土地开发利益制度，试图在政府、土地所有者、土地使用者之间为合理分配土地增值收益。但总的来讲，其实不管是哪种观念占据了主导，实际上最后的分配结果都是在相关利益者间的微妙平衡，不过是由于不同历史时期的具体的经济、社会状况影响者最终的方案。而在我国，长期以来受涨价归公思想的影响，特别是地方政府在主导分配与改革，《中国国土资源报》《中国经济时报》的调查报告均指出：土地第一次交易政府收取 30% ~80% 的土地收益；土地第二次交易增值额为 20% 的免交增值费，超值部分政府收取 30%；其他标明的政府还要收取管理费 2%，没有标明的则是土地评估费、土地颁证费等，预计政府在土地流转中收取比例占到 40%。然而，政府没有集体土地所有权，参与流转分配不合法理。城市投资增殖论却为政府参与分配提供了支撑，农村土地升值是因为城市投资农村的公路、通信、水电气、上下水道等基础设施形成的，级差地租应归投资者享有。但以城带乡、以工促农论者则却坚定地支持“增值归农”论，他们认为，农民自中华人民共和国成立以后以工农产品价格剪刀差、土地、工资差和未上社保等几种形式向工业化和城市化提供的积累，最保守估计也高达 30 万亿元。工业化、城市化的资金长期依赖集体土地，正是农民贫穷、农业落后、农村发展缓慢的症结。理论界对于分配集体土地增值收益的分歧迄今没有定论。应该说，目前实务界和理论界逐步趋同于“公私兼顾”论，不是在增值利益共享方面对基本理论问题达成了共识，而是基于社会稳定和利益分享的考虑作出的现实妥协，而且即便是在“公私兼顾”上形成的共识，也由于运用不用的研究分析方法，在参与分配主体、分配标的、分配方式等方面得出了不完全相同的结论。

（二）集体土地增值收益分配改革的主要观点

针对农村集体土地增值收益改革的方式，目前主要有四类观点。

第一类是主张通过加强分配机制的建立来改革，这类理论观点包括：提出运用联盟收益分配机制实现增值收益分配的共赢；通过引入竞争因素，让竞争机制来决定政府和农村集体的土地收益分配比例；利用土地收益调节机制，防止农地过度非农化，减少非农化收益的流失；引入利益相关者理路，提出一个比较可行的公平的农地征收收益分配模式；主张“农民—公司—业主”的土地股份合作制、出租土地以收取租金和土地权益入股的集体土地收益分配模式；探索了土地补偿方法和土地增值分配相结合的土地股权形式。

第二类是主张通过完善政府行政管理来改革，这类理论观点包括：建立科学的政府行为激励机制和监督机制，完善征地纠纷解决制度来促进被征土地增值收益的合理分配；建立防投机联盟博弈机制以限制政府的行政权和发展农民利益表达组织；建议推行年租制和强化监督制约机制，以建立科学合理的土地出让收益分配代际关系。

第三类是主张通过财政金融创新来来改革，这类理论观点包括：主张运用税收等手段对意外所得进行调节以促进社会公平；提出中央政府拥有城市土地的绝对地租，地方政府获得相应的级差地租和垄断地租；建议征收集体建设用地流转累进税补贴偏远农村等方式建立合理的土地收益分享机制；组建国有土地资产管理公司和变国有土地有偿使用费为企业所得税。

第四类是主张通过权利、法律创新来改革，这类理论观点包括：农地发展权理论，提出农民独立受偿模式，农村集体经济组织与土地承包经营者共同分享农地发展权收益，政府以收取行政规费和税收的方式参与农地发展权收益分配。

综合来看，这四类观点在目标上是一致的，都是以提高土地利用的效率、实现土地可持续利用、维护土地制度的相对稳定为基本目标。改革路径一般是从农民权益保护、平衡中央和地方收益、代际公平、可持续发展、征地制度改革、推进农村集体建设的角度入手，而由于各自分析工具和理论出发点不同，对改革的具体切入点和改革重点的认识而有所不同。集体土地增值收益分配的改革是一个系统工程，有足够的体量容纳不同学科、不同的研究方法，因此，对于集体土地增值收益分配的改革应该综合运用政治学、社会学、经济学、法学、统计学等方法，进行开放性的研究。在现实层面，各方面也非常重视土地增值收益分配改革，寻求不同利益主体（政府、集体、农民、土地使用者及其他主体）之间的利益平衡点。从现实效果来看，中央政府主要对改革的理念、结构有比较多的考虑，强调公平与稳定，而地方政府则“真刀真枪”地在进行试点改革，由于经济发展阶段和区域文化方面的差异，各地政府对土地增值收益改革的思维方式、政策手段也不尽相同。但值得注意的是，由于土地增值利益分配已经成为地方政府“亚财政”的重要组成部分，这导致在中央政府、地方政府、农村集体、农民（包括失地农民和有地市民）、土地使用者和其他相关各方之间确定土地收益的分配比例以及具体的分配形式显得比较混乱，地方政府普遍采取了带有一定灵活性、非系统的处理方式，也热衷于改革，其中既有认真解决问题的人，却也不乏浑水摸鱼者。

二、集体土地增值收益分配改革存在的问题

（一）征收过程中的土地增值收益分配改革存在的问题

1. 农地征收收益分配的现状

集体土地流转收益及征地补偿款分配模式，主要有以下五种：第一，收益由农户独享。村民自行与用地业主签订租赁合同，流转收益由村民与业主自行确定，集体组织不介入流转收益分配。第二，收益由政府与农户共享。政府牵头联系引进企业与农户签订流转合同，政府从流转收益中收取一定比例的管理费，其余的流转收益由占地农户享有。第三，由集体享有。主要是集体组织将二轮土地承包之后村社预留的机动地，或集体所有的林地、草地、荒地等土地流转出去后，以承包费的形式获得收益，此种收益大多以集体积累的方式留作集体公益事业的储备资金，以减轻集体经济组织成员因为集体公益事业（如村级公路的修建等）建设需要而产生的经济负担。第四，由本集体经济组织成员共享。在集体收益积累较多的情况下，根据本集体经济组织成员身份，以成员权为基础进行平均分配。第五，由本集体经济组织及其成员共享。主要用于征地补偿款分配。土地补偿款除了直接支付给被拆迁村民的以外，由集体统一管理、使用、分配。一部分分给集体组织成员，另一部分由集体统一管理，利息或投资收入作为集体收入累积后在适当时机进行分配。无论哪一种分配模式，其实都是涉及政府、集体、农民之间的权利实现问题，这一系列的利益分配的矛盾来源是法权冲突：一是集体与个人的权利冲突。我国现有法律规定，农地所有权归属集体，这使在土地征收中形成的主要经济利益如土地补偿费等主要归农民集体所有，而农村集体经济组织及其成员界定模糊，导致收益分配在运作过程当中出现了很多问题，村、组以各种名义将征地补偿款进行截流，没有分配到农民个人，尽管在整体补偿款的发放管理制度中进行了改革，强化了土地补偿款分配流程的行政监管，但集体经济组织法律地位虚化的根本问题不解决，以集体利益的名义侵占个人利益的事情就不可能杜绝，仍然是农地流转收益分配中存在的主要问题。二是政府与农民的权利冲突。农民个人利益失去了制度保护。在市场经济条件下，谁是农村集体土地所有者的真正主体，我国法律未能作出明确规定，这就在实践中造成农村集体土地所有者的主体缺位。尤其是我国没有做实农民土地使用权，农民缺少对集体土地真正意义上的收益和处置权。土地的实际支配存在几个层面的不同理解。在观念层面上，农民认为土地是自己的；在法律层面上，土地是农村集体的；而在实际操作层面，只有政府能够决定土地是否能够流转和流转增值的程度。现实操作中，部分基层政府因为招商引资，不当介入农地流转，在选择项目、业主、拟定合同等重大事务中被迫依赖政府，一旦因流转费用等发生纠纷，农民往往将矛头指向政府。三是现有集体成员之间的权利冲突。集体土地使用权人之间的收益分配纠纷。随着粮食价格的上涨及中央惠农政策的不断出台和实施，土地承包较以往可以获得较大收益。在利益驱动下，二轮承包中没有分到土地的农民，以及先前将土地流转给他人的农民，纷纷要求承包土地或收回土地。此外，在用地需求剧增的大环境下，大量农户私自进行土地流转，而且不签书

面流转合同或不经发包方同意或备案,流转不规范常常导致土地流转收益分配纠纷。四是现有成员与潜在成员的权利冲突。经济社会发展带动农村人口流动,集体经济组织已经或者正在发生着一系列人员变化,而现有的规定在成员资格认定方面具有理解上和操作上的困难,制度性设计往往让位于个别化的特殊处理。如承包期内妇女结婚外嫁,在新居住地未取得承包地的;妇女离婚,回到了原集体经济组织的;农村居民升学、入伍转正引起的户口迁移等人员户口变化,造成有人无地或有地无户口的状况,容易在分配土地相关收益时产生纠纷。

2. 土地征收收益分配问题的成因

(1)土地流转收益分配纠纷的形成

一是参与分配的主体构成不合理。现行法律规定,我国农村集体土地所有权的行使主体一般包括乡村集体经济组织、村委会和村民小组等。多元化主体使流转主体混乱不清,集体经济组织概念模糊,造成主体严重“虚位”,导致部分乡村、社组织甚至是乡、村、社干部直接充当土地流转的主体,不尊重农民的意愿,随意改变土地的承包关系,强制土地进行流转。

二是流转不规范埋下纠纷隐患。村社内农户耕地流转多以自行流转为主,流转随意性大,流转行为不规范。例如,同一土地承包经营权几经易手,流转链条过长,容易产生矛盾;耕地流转多以口头约定为主,产生纠纷后难找依据;即使有合同约定,其权利义务内容不明确、不完善,有的甚至内容显失公平,产生纠纷后仍不易解决。土地流转市场的不健全,导致流转信息缺乏、不对称,交易成本极大。往往出现农户手中闲置土地却找不到承租方,而需要土地经营的人却又找不到土地来源,极大地影响了土地生产要素的合理流动和优化配置。

三是土地流转收益分配涉及的关系复杂。第一层是集体土地使用权人和集体土地所有权人之间的收益分配关系。集体土地使用者转让集体土地使用权时必须向集体土地所有权主体缴纳地租,以保证集体土地“所有权在经济上得以实现”。这个层次上的关系实质上是土地使用权出租与承租的关系。第二层是集体土地所有权人和政府间的分配关系。集体土地所有者拥有占有、使用、收益和有限处分集体土地的权利,有权以租赁等有偿方式经营土地,地租便是以出租的方式经营土地的具体成果。但因为在集体土地所有权之上还有更高一级的所有权——国家主权存在,国家有权以税收形式从土地所有者那里分取一部分地租收入,用来满足社会公共事务需要。此外,土地是农民赖以生存和发展的最基本的生产资料和生活资料,土地流转收益便具有“二重性”——既具有生存利益性质又具有财产权性质。这种“二重性”无疑使土地流转收益纠纷具有政治性和法律性双重属性。

四是集体土地权利结构不尽合理。农民对土地不享有真正的所有权和处置权。我国农村集体经济实行的是统分结合的双层经营制度。农村土地承包法对农村土地承包关系作了明确规定:承包期内,发包方不得回收、调整承包地。承包方依法有权进行承包经营权的流转。但是,农民拥有的只是对土地的占有、使用、经营和收益,并没有所有权和处置权。农民只能通过集体经济组织间接享有所有权和处置权。而集体经济组织在市场经济体制下,概念越来越模糊,甚至被某小部分利益团体所替代,农民个体难以通过确定的组织途径和明确的权利义务来保障自己的土地权利。农民对土地所有权与其他权利的分离,使农地在非农化征地过程中很难保证其应有的发言权,基本丧失了与政府及开发商的博弈资本,其收益分配权很难得到充分保障。

(2)土地流转收益分配纠纷中的利益纠葛

首先,现有利益分配冲突的形成是农村土地流动加速导致的利益重构的结果。改革就是要对各种利益关系进行调整,规范各个利益主体和利益群体的行为,积极而有步骤地满足各个利益主体和利益群体的各种利益需求,在新体制和新秩序下保证和促进各项利益目标的实现。[1] 新型城镇化的进程作为一个改革发展进程必然伴随农村土地的流转和集约化经营,由于原有农业人口的城市化,必然导致土地在农业内部流动。更主要和值得警惕的是向农业外部的流动。综合来看,农业内部的土地流转是可逆性、个体性的利益再分配过程,而农业外部的土地流转则往往是不可逆性、群体性的利益再分配过程,其影响更大,利益分配的相关方更复杂。

其次,农民土地流转意向增强中的利益实现要求强化了现实冲突。土地流转过程实质上是土地收益分配重构的过程,而新型城镇化打破了原有的土地收益分配格局,一方面,由于农村土地市场的因素如土地资源逐渐减少、土地价值猛增以及效益农业的发展等提高了农村流转的收益;另一方面,政府行政推动意愿增强,热衷于重新配置土地资源的各种创新措施和“擦边球”行为。事实上,农民土地流转意愿增强的根本原因在于农村土地的市场价值在新型城镇化背景下被重估,并且政府行为使得其增量被人为放大后,触动了利益重构的开关。大量“擦边球”土地流转制度创新并不完全符合农村土地承包法,但却有它生存的社会条件。历史上源于个人利益实现的土地流转创新往往是制度纠偏的结果,目前应农民流转利益增强出现的各类所谓创新或“失范”行为尚待观察。

最重要的是,地方政府介入分配导致的利益扩张致使冲突的解决变得更加困难。在利益驱动下,地方各级政府充当着土地增值收益分配改革的急先锋,都热衷于建立土地流转管理服务中心、土地托管中心、土地储备中心、土地交易中心,在建设农村集中居住区的过程中充当土地收购者和开发主导者的作用,通过金融杠杆和资产证券化的工具使政府利益在流转中得以间接实现。行政权在土地管制上的自我松绑局面,引发了城镇化进程中有关农村土地流转的大多数创新与改革措施,在这些改革措施中,政府得到了税收之外的额外收益,政府的增值收益所得已经成为一种“亚财政”(或者说“第二财政”),并且这些收益数量巨大又缺乏有效监管,成为地方政府可以较为自由支配的资金,这大大刺激了政府部门增强土地流转的积极性。在现有制度基础上,这些改革中既有可能需要突破制度束缚,从而实现土地资产的经济价值,又可能需要寻求制度突破以实现政府的部门利益和地方利益。当然,政府的参与无疑起到了类似背书和准登记的效果,通过提供非正式制度供给的方式保证了农民土地利益的实现,但是,必须明确的是,农民和村集体依赖政府推动也是利益重构的妥协之举。地方政府在土地流转中的失范行为,可以理解为一种发展利益驱使下的制度突围,然而这一代理过程中充满了道德风险。政府利益往往最终体现为公务员个人利益,尽管这有利于公务人员的工作热情,但制度失范之下的利益扩张犹如一把达摩克利斯之剑,在农村土地纠纷和利益冲突凸显的情况下可能导致对政府公信力的巨大破坏。

(3)土地征收中增值收益分配的障碍

一是征地补偿标准不合理,补偿款被层层截留。我国的征地补偿标准是以被征地的原有用

---

〔1〕 参见赵奎礼:《利益学概论》,辽宁人民出版社1992年版,第280页。

途以“产值倍数法”的原则进行补偿的。然而,土地用途的变更使原有耕地等转为建设用地之后价值巨额增加。由于农产品生产周期长,农产品市场并非完全竞争意义上的市场,且大部分农产品都是低附加值产品,国家一般没有给农产品生产者过多的经济补贴,从而导致建设用地价值增值变化幅度要远大于农地利用的经济效益增长幅度。若以产值倍数法进行补偿,显然补偿金额太少,标准太低,严重损害了被征地者的利益,这一点已经得到了初步改善。

二是公共利益界定不清,一些地方政府以地生财。公共利益已经成为很大一部分征地过程中违规操作的遮羞布,但是土地管理法并没有明确规定公共利益的范畴,现行的征地范围已经远远超出了公共利益的界限,大部分非公益性建设用地也被打着公共利益的旗号纳入征地的范畴。地方政府这种盲目“圈地”“批地”的行为严重影响了耕地保护,并滋生出腐败。公共利益的原则、规则必须有更明确的规定,以更具可操作性、更能有效监督的法律形式予以呈现。

三是社会矛盾激化。土地对于农民来说,不仅具有生产和生活保障功能,而且具有社会保障特效。一些地方政府肆意征地的行为使越来越多的“三无”农民(种田无地、就业无岗、低保无份)成为城市的边缘人群,失地农民与有地市民两种法律规则设计之外的人群同时存在。由于我国的社会保障体系尚不完善,农村居民与城市居民在享有社会保障待遇方面存在明显差距,被征地者始终无法与城市居民享受同等的社会保障待遇。

(二)集体建设用地使用权流转中的土地增值收益分配改革存在的问题

1. 流转收益的形成及地方政府参与土地增值收益分配的状况

农村集体建设用地使用权流转包括首次流转和再次流转。集体建设用地使用权流转所产生的收益也包括两个方面:一方面是首次流转所获得的流转收益,即根据所有权与使用权相分离的原则,农村集体建设用地所有者有偿地让渡集体建设用地使用权,从而向土地使用者收取的出让价款或租金收益;另一方面是再次流转所获得的土地增值收益,即农村集体建设用地使用权人以转让、转租等形式再次转移集体建设用地使用权所获得的收益。首次流转收益在各地存在较大差异,有的是由市或县(区)土地管理部门收取,有的是由乡或镇土地管理部门进行交易,有的是由村委会代理交易。再次流转的土地增值收益则通常由流转双方协商确定。

2. 地方政府在参与收益分配的改革现状

从1996年开始,我国就一直在探寻建立规范化的集体建设用地使用权流转运行模式。目前,广东、江苏、安徽等试点省(市)都已经制定了与集体建设用地流转有关的地方性规章或规范性文件,一些试点地区甚至已逐步建立了各自的集体建设用地使用权流转管理办法。从各地试点实践来看,建立合理的收益分配管理机制仍然是各地制定集体建设用地使用权流转管理办法时所重视的核心问题。现行的集体建设用地使用权流转中的收益分配,基本上都是以“谁流转、谁受益”为原则,且各个试点地区收益分配主体、分配方式以及分配比例各不相同。

3. 农村集体建设用地使用权流转收益分配存在的问题

(1)各权利主体的利益难以保障。各地收益分配主体并不一致,有些地区注重农民集体的主体地位,有些地区则以政府收益为主导,有些地方甚至不允许地方政府参与收益分配。政府是否应该参与集体建设用地流转收益分配、如何参与分配等问题一直是理论界争论的焦点。如果地方政府不能参与流转收益分配,对基础设施建设投入、防止土地资产流失、耕地和生态环境保护等方面的支出将难以保障，容易造成地方官员私自谋利，滋生腐败，严重影响社会和谐。除此之外，由于农村土地产权不清，土地流转收益分配的公平性让人怀疑，土地流转收益又容易被部分集体经济组织层层截留，不仅滋生腐败，而且也使农民的社会生活保障问题难以解决。

(2)收益分配的理论依据和实践经验不足。由于土地收益分配改革正处于探索性发展阶段，各地的流转价格差异较大，隐性流转市场的价格更是扭曲严重。流转价格一般以经验价格或评估征地价为基准，难以体现集体建设用地使用权的真实价格。同时，国家至今都没有制定统一的政策和条例来规范集体建设用地流转收益分配方面的问题，也没有建立统一的农村土地市场，致使各试点单位因地制宜地制定各自的流转试点办法，造成收益分配主体不统一，分配比例不同，流转收益分配关系混乱。

三、集体土地增值收益分配改革的机制

(一)以社会整体利益的实现作为改革根本目标

利益公平，实质上是社会的政治公平、法律公平和社会公平的综合性反映，是对社会关系和生产关系的公平性的反映。政治学研究的是政治公平，社会学研究的是社会公平，法学研究的是法律公平，而从利益学角度研究公平问题，主要是研究利益公平，其中包括研究利益公平的社会制约因素、利益公平得以实现的诸种要求、保证利益公平的政策措施等。[1] 从建设法治国家的角度出发，制约利益公平的社会因素都集中体现为制度失衡，利益公平得以实现的诸种要求应该反映为制度诉求，保证利益公平实现的措施都应该进行相应的制度安排。城镇化进程中的土地利益分享问题是以经济利益为主的综合问题，具有整体性和全局性的特点，包含了社会共同利益和不同群体具体利益在内的综合问题，利益相关者的诉求包含了利益实现、决策参与、公平竞争等多个方面。土地产权制度改革必须得到政治、法律等其他方面改革的支持，才能有效保障农民的财产权利不受侵犯。否则，根据过去的经验，土地流转的实现反倒可以成为权势者掠夺农民土地的合法依据。[2] 就经济法部门而言，其法益结构凸显的是社会整体利益，即它虽然不将维护社会整体利益作为唯一的目标诉求，但以社会整体利益的维护为出发点和着力点，通过确立自由、公平的市场秩序和有利于持续、健康、协调发展的宏观经济环境等社会整体利益的满足所需要的规则，实现对个体利益等其他形态的利益的保护。[3] 因此，对目前情况进行回应的制度安排，绝不能仅仅局限在土地法甚至物权法的单一角度，可以以具有综合性和全局性视角的经济法为统领，综合运用各学科的方法，以社会整体利益实现为目标，进行整体性的制度设计。

(二)以完善法治化的集体土地增值利益分配市场机制为改革的具体路径

关于未来土地增值收益分配由谁主导的问题，有两种模式可供选择，即政府主导模式和市场主导模式。后一种模式更有利于解决区域经济发展不平衡问题，更有利于缩小城乡差距、地区差

---

[1] 参见赵奎礼：《利益学概论》，辽宁人民出版社1992年版，第368页。

[2] 参见吴敬琏：《当代中国经济改革教程》，上海远东出版社2010年版，第106页。

[3] 参见卢代富：《经济法对社会整体利益的维护》，载《现代法学》2013年第4期。

异,更符合社会主义市场经济体制的要求,也更符合城乡一体化要求。[1] 我国土地的所有、使用和处分都不完全属于农民,土地所有权是集体的,土地使用要受到土地用途管制,土地处分也要受到大量行政性文件的约束。法律、政策对土地流转过多的限制不利于保护农民的财产权益,使农民土地流转的获益能力低、变现能力差,遏制生产资料的自由流动导致了资源的浪费。清晰的可交易产权有助于资源利用最大化,现有的土地流转价格行政机制行政色彩浓厚,农民个人的定价权显得微不足道。为具有现实需求的土地流转提供更宽松的法律政策环境,淡化土地流转的行政色彩,政府应从土地流转的经营活动中退出来,加强市场培育、信息服务、登记备案等市场机制建设,在保障农村稳定和农业安全的前提下,赋予土地更加自由的交易权能,做实农民土地使用权,保障农民个人在土地流转中的参与权、定价权。完善市场机制,规范交易秩序,有利于降低交易费用,便于土地利益的实现,使农民获得合法的、可保障的财产性收益,进而推进城乡发展一体化。因此,必须改变国家对土地不合理的管制,赋予农村土地应有的产权权能,包括转让权、收益权等,把土地管理从国家意志、政治职能中剥离出来,建立国家与集体、集体与私人之间平等的产权交易制度。加强土地流转市场的法律制度设计,从农民可理解、市场可接受、政府可监管的角度利用市场机制解决土地流转中的利益分享问题。

目前对于土地流转市场化反对的观点中,较有代表性的是成员权理论、社会保障理论和土地用途管制理论。持成员权理论者认为,由于我国农村土地所有权和使用权分离,但农地使用权与集体身份相联系,非集体经济组织成员因身份不同而不得享有。这一观点在法院判决中多有体现,成为法院判决的基本依据。然而,尽管农地使用权与集体身份相联系,但仅表明使用权的原始取得依赖于集体身份,而在原始取得后,并不必然导致土地使用权的永久固化。尤其是在适当的制度安排下,农村土地的市场化流转不会影响集体土地所有权的行使。另一个有广泛影响的解释是社会保障理论。这种观点主张,为确保"耕者有其田,居者有其屋",在我国社会保障不够健全的情况下,若农民仓促出让土地,将会丧失基本生存条件,影响社会稳定,因此不应允许土地自由转让。这一观点在全国人大法律委员会关于物权法审议稿的几次汇报中皆有体现。随着社会保障制度的完善,土地的社会福利色彩正在逐渐消失,即使将其视为一种社会福利,农民也应有自由处分的权利。至于农民可能因一些特殊情况而随意流转土地,此种现象既不会很普遍,也不会成为主要的选择。这种"父爱"式的关怀显然夸大了当代农民在转让自己财产时的非理性和短视性的程度。还有部分人指出,禁止农村土地市场化流转的原因是为了保护耕地。但是,在农村土地市场化流转没有确立的情况下,非法、失序的体制外侵占耕地的情况已经非常严重,全国各地出现的小产权房就是典型例证。准许农村土地流转必然会引发乱占滥用耕地的行为,这种认识从理论分析上存在严重缺陷,混淆了存量交易和增量交易的区别。只要严格控制增量交易,存量交易不会引发耕地浪费的问题。

以市场化推动法治化,以法治化保障市场化,应该是土地增值收益分配的改革纳入正常的制度规范的选择。

---

〔1〕 参见刘展超:《专访廖洪乐:土地增值收益分配尚不合理农民所得比例偏低》,载《第一财经日报》2012 年 11 月 30 日,A03 版。

（三）以实现对农民进行倾斜性的保护为改革重点

土地流转过程中农民利益受损更深刻的根源是在各方利益博弈中，农民是弱势群体。这种弱势体现在经济地位和政治地位两个方面，真正解决土地流转过程中农民利益受损的问题，也需要从这两个方面着手。目前农村土地收益分配标准不清，作为土地所有者的农村集体经济组织和农民之间往往通过政府规定、私下协商或“村规民约”来确定分配比例，有的村组“占多伤农”，而有的地方农民对收益分光、用光，甚至农民个人对于政府出台的各方分配比例没有协商、参与的权利。在新一轮土地改革中，必须处理好两者关系，既保护农民土地物权，使农民能带着财富进城，也要保障村组集体土地所有权，筑牢新农村发展的基础。[1] 从各方面的情况来看，农民在利益分配中弱势地位必须通过还权于民的方式解决，明确产权界限，将土地产权还给农民，通过权利的明确化保障利益的合法实现。此外，村民自治为当前农民提供了一个政治参与渠道。这就需要完善村民自治，应当考虑成立维护农民利益的社会组织，从而在土地流转过程中实现均衡的利益博弈。

目前国家非常重视提高农民在土地增值收益中的分配比例，主要采用了三种办法：第一种办法是直接提高征地补偿倍数或增加补偿费用。第二种办法是统一片区综合征地补偿标准。第三种办法是返还给农民集体经济组织一定比例建设用地或建设用地指标。但是上述三种办法有一个共同的致命缺陷，即农民所得征地补偿数额与比重取决于政府意愿，与土地市场价格关联度不大。政府调整征地补偿标准和返还地比例的意愿，主要受城市利益集团和农民共同影响。相对而言，诸如开发商和作为现行征地制度受益方的地方政府等城市利益集团更能影响政府意愿。因此，农民土地增值收益分配比例偏低的根源在于现行征地制度。[2] 土地管理法修改过程中，可以借鉴消费者权益保护法的权利义务语义模式，明确农民在增值收益分配中的收益权、知情权、意见表达权、监督权、获得帮助的权利等权利群的同时，规定相关政府机构和用地者的义务与责任。通过法律的方式使弱者变强，才能使法律本身变强。

（四）对政府利益实现进行法律规制是改革难点

现实农村土地权利变迁，总是趋向于不断强化国家或政府利益而削弱集体和农民权益。土地流转中强大的行政推动力，是以政府同样强大的财政实力和紧紧围绕政府的市场力量作后盾，在反哺或回报农民的旗帜下而进行的。政府的人力资源和财政资源大量投入，在一定程度上取得了农民的信任，释放了农民的不满情绪，使农村地区保持了极强的经济活力和稳定的社会环境，但这是以土地利益增量稳步提升为前提的。不可否认的是，在城镇化过程中土地流转必然导致土地增值，既体现为土地征用中的现实价差，也体现为未来的土地溢价。政府在自我制度松绑的情况下，控制了利益分配格局的主导权，但是，从法治政府的角度出发，政府必须从土地流转的直接利益分配中退出，政府介入直接利益分配存在着巨大的政治和社会风险，政府在城镇化过程

[1] 参见刘守英、李松、王政：《半月谈：现行土地制度的五个不可持续》，载人民网：http://cpc.people.com.cn/pinglun/n/2013/1014/c78779-23189753-2.html，最后访问日期：2017年10月15日。

[2] 参见廖洪乐：《提高农民在土地增值收益中的分配比例》，载中国农业新闻网：http://www.farmer.com.cn/xwpd/zjdp/201309/t20130916_888353.htm，最后访问日期：2014年7月15日。

中实现的是整体利益、发展利益和远期利益。建立一项完全以土地效率价值理念为目标的农村土地利用法律制度,必须同时建立土地资源利益的新调节机制和土地资源利益还原社会的制度机制与体系。由于土地的公共资源属性,土地财产权人在享有土地财产权的同时,应当承担相应的社会责任,特别是土地权利的税费义务。〔1〕 政府的责任在于加强土地制度设计与税收征缴,而不是直接参与土地的流转。此外,政府应尽早结合城镇化规划将失地农民社会保障问题纳入资金安排机制予以统筹考虑。明确国有土地经营收益不能成为政府财政的当期盈余。〔2〕 不容乐观的是,各级地方政府出于政治利益和经济利益的考虑,对于直接参与土地流转乐此不疲,甚而饮鸩止渴,而法律却不能有效制衡。此外,中央政府和地方政府的土地利益分配之争〔3〕也必须通过统一市场和进一步的财税改革来解决。

四、结语

体制改革,是社会机体组织及其功能结构的变动或再造,也是约束社会组织形态的规则重塑。土地收益分配的改革变迁在中国历史上从来没有停止,但却总是不尽如人意,有时甚至成了社会变革的根本性原因。中国在近几十年时间里处在前所未有的城镇化进程中,在这一进程中,集体土地增值收益的分配和改革更是土地问题的重中之重,历史貌似进入了又一个循环,但却又很容易发现不同。在全球化、分权化、法制化和市场化的大背景下,不仅对于土地增值收益的分配问题的解决需要有市场化、法治化的思维,更重要的是,对于分配改革本身的整体设计应该回应经济民主的呼声,符合法治的基本要求。之前的改革不免让人有摸着石头过河的感觉,改革试点显得有些盲目,所幸中央政府已经开始更加注重顶层设计,开始注意改革的法治化和改革设计的体系化,对于地方的改革权力有所控制。集体土地增值收益的分配改革是一个长期、渐进的过程,需要与政治、经济和社会相关改革的同步、协调进行。

〔1〕 参见刘俊:《创新土地产权,构建中国特色的农村土地法律制度》,2009年在9月7日在“城乡资源双向对进与重庆统筹城乡发展”论坛上的讲话。

〔2〕 参见刘守英、周飞舟、邵挺:《土地制度改革与转变发展方式》,中国发展出版社2012年版,第211页。

〔3〕 参见马刚:《土地政策和经济发展方式转变》,经济科学出版社2012年版,第70页。

图书在版编目(CIP)数据

农村土地“三权分置”法治保障研究 / 卢代富主编
. -- 北京 : 法律出版社, 2018
(中国农村法治论坛 ; 第5卷)
ISBN 978-7-5197-2157-2

Ⅰ. ①农… Ⅱ. ①卢… Ⅲ. ①农村-土地法-研究-中国 Ⅳ. ①D922.324

中国版本图书馆CIP数据核字(2018)第075478号

农村土地“三权分置”法治保障研究
NONGCUN TUDI “SANQUANFENZHI” FAZHI BAOZHANG YANJIU

卢代富 主编

策划编辑 陈 妮
责任编辑 陈 妮
装帧设计 汪奇峰

出版 法律出版社
总发行 中国法律图书有限公司
经销 新华书店
印刷 北京京华虎彩印刷有限公司
责任校对 马 丽
责任印制 吕亚莉

编辑统筹 财经法治出版分社
开本 787毫米×1092毫米 1/16
印张 14.25
字数 330千
版本 2018年5月第1版
印次 2018年5月第1次印刷

法律出版社/北京市丰台区莲花池西里7号(100073)
网址/www.lawpress.com.cn
投稿邮箱/info@lawpress.com.cn
举报维权邮箱/jbwq@lawpress.com.cn
销售热线/010-63939792
咨询电话/010-63939796

中国法律图书有限公司/北京市丰台区莲花池西里7号(100073)
全国各地中法图分、子公司销售电话:
统一销售客服/400-660-6393
第一法律书店/010-63939781/9782
西安分公司/029-85330678
重庆分公司/023-67453036
上海分公司/021-62071639/1636
深圳分公司/0755-83072995

书号:ISBN 978-7-5197-2157-2
定价:58.00元
(如有缺页或倒装,中国法律图书有限公司负责退换)